중국인을 위한 한국어 유의어 연구

추육영(邹毓莹)

중국 산동 연태(煙台) 출생
중국 산동대학교(山東大學校) 한국어대학 한국어과를 졸업하고
한국의 건국대학교 대학원에서 문학박사 학위를 취득하였다.
현재 중국 청도농업대학교(靑島農業大學校) 외국어대학 조교수로 재직하고 있다.
최근의 연구로는 ≪关于国内高等学校韩国语口语教学的几个问题和建议≫,
≪沟通式教学法在初级教学中的运用≫ 등이 있다.

중국인을 위한 한국어 유의어 연구

초판 인쇄   2014년 2월 18일
초판 발행   2014년 2월 25일

지 은 이 ┃ 추육영
펴 낸 이 ┃ 박찬익
편 집 장 ┃ 김려생
책임편집 ┃ 박예진
펴 낸 곳 ┃ 도서출판 **박이정**
주   소 ┃ 서울시 동대문구 천호대로 16가길 4
전   화 ┃ 02) 922-1192~3
팩   스 ┃ 02) 928-4683
홈페이지 ┃ www.pjbook.com
이 메 일 ┃ pijbook@naver.com
등   록 ┃ 1991년 3월 12일 제1-1182호

ISBN   978-89-6292-627-9 (93710)

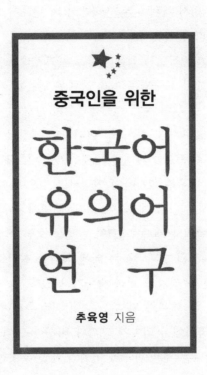

중국인을 위한

한국어 유의어 연구

추육영 지음

도서 출판 박이정

▌ 책을 내면서

이 책은 필자의 박사 학위 논문「한국어 유의 관계어 오류 분석과 교육 방안」을 다듬어 펴낸 것이다.

한국어 교육의 최종적인 목적은 자유로운 의사소통이라고 말할 수가 있으며, 의사소통에서 요구되는 어휘 능력은 단순히 개별 단어의 형태와 의미를 아는 것을 넘어 실제 언어생활에서 상황 맥락과 의도에 맞게 활용하는 능력을 요구한다. 즉, 양적 어휘력보다 질적 어휘력의 신장은 언어 교육에서 더욱 중요한 자리를 차지하고 있다. 최근에 질적 어휘력의 중요성은 이미 대부분 학자들이 인정하고 있으며 이에 따라, 어휘의 음운, 형태, 통사적 결합 관계, 의미, 용법에 대해 꾸준히 연구해 왔다. 특히, 유의 관계, 반의 관계 등 계열적 관계를 보인 어휘들이 어휘 확장과 어휘의 의미를 정확히 파악하는 데에 역할을 한다고 인식함에 따라 이 분야에 대한 연구 성과도 점점 많아지고 있다. 그 가운데서도 유의 관계를 중심으로 한 연구가 해마다 늘어나는 추세이다.

일반적으로 한국어에서 의미가 같거나 비슷한 단어들을 유의어라고 한다. 유의어가 많다는 것은 한국어 어휘의 제일 뚜렷한 특징이며, 학습 과정에서 유의어의 파악 문제는 학습자들에게 많은 어려움을 느끼는 부분이기도 하다. 하지만, 만약 학습자들이 한국어의 유의어를 제대로 파악한다면, 김광해(1193)에서 지적했듯이, 학습자들의 언어 구사 능력인 예술적, 문학적 표현의 능력까지 성숙될 수가 있다. 지금까지 유의어와 관련된 선행 연구들을 보면, 대부분 한국에 있는 중·고급 수준의 중국인 유학생들을 대상으로 하였으며, 연구 내용도 어휘 전체보다 명사류, 동사류, 형용사류, 고유어, 한자어 등 부분적인 연구가 대부분이었다. 이는 단계별, 품사별로 유의어를 학습할 때에는 효과적으로 적용할수가 있지만, 한국어를 체계적으로 학습하는 중국내 4년제 한국어 전공학생들에게는 다소 문제점이 있다. 그리고 기존의 유의어에 관한 논문들은 대부분 말뭉치를 이용하여, 해당 유의어간의 사소한 의미 변별에중점을 두었는데, 이는 실제 교육 현장에서 적용하는 데에 실용성이떨어질 수도 있다.

　이 책에서는 선행 연구들의 한계점들을 보완하기 위하여 중국내 4년제 대학생들을 연구 대상으로 설정하고, TOPIK의 유의어 문항들을 연구 내용으로 선택하여 설문 조사를 실시했다. 조사 결과 처리는 먼저정답률에 따라 숙달도로 나누어 각 숙달도에 있는 문항들을 정리한 다음에, '평가 문항별 오류 원인'과 '학습자 학습 환경에 따른 오류 원인'두 가지로 나누고 다시 등급별, 학년별로 분석·정리하였다. 마지막으로오류 원인을 유형별로 나누고 각 유형에 있는 문항의 숙달도를 정리하여, 숙달도가 낮은 유형에 대해 교육 방법과 해결 방안을 제시한다. 이책에서는 TOPIK에 있는 유의어로 출제하는 문항들을 평가 유형을 재분석하고 다시 유형별로 나눈 것은 기존 연구에서 유의어 문항에 있는유의어군만 분석하는 것과 다르다. 그리고 이 책의 연구 대상은 중국에서 한국어과가 많이 개설된 산동(山東)성의 청도(靑島)에 있는 대학의한국어과 학생들을 중심으로 연구하였다. 유의어 문항들을 재분석하여유형별로 교육 방법을 제시한다면 중국내 한국어과 대학생들에게 도움이 될 것이라고 생각했기 때문이다. 또한, 책에서 조사 대학의 교재,교과 과정, 교수자, 학생 등 교실 활동의 요인들에 대하여도 다각도를 조사하였다. 따라서 국내 한국어학과의 설립에도 도움이 될 거라고 생각한다. 마지막으로, 이 논의가 중국인을 대상으로 한 유의어 연구와 교육에 있어서 작은 보탬이 되기를 기원한다.

　십여 년 전, 한국어를 전혀 몰랐던 제가 오늘날 학자로서의 작은 걸음을 내딛을 수 있게 된 것은 많은 분들의 따뜻한 사랑과 끊임없는 응원이 있었기에 가능했다. 이 자리를 빌려 그분들께 감사의 마음을 전한다.

　먼저 여러 모로 부족한 저를 학문의 길로 불러 들여 오늘의 제가 있게 해 주신 평생의 스승이신 지도교수 조오현 교수님의 은혜에 고개 숙여 존경과 감사의 마음을 올린다. 그동안 교수님으로부터 받은 큰 사랑과 학문하는 자세와 열정들을 마음 속 깊이 새기며, 앞으로 미혹 받지 않는 학자의 길을 바르게 걸어가는 것으로 교수님의 큰 은혜에 보답하겠다. 박사학위논문 심사 과정에서 부족한 논문의 심사를 맡아 주시고 조언해 주신 전정예 교수님, 허원욱 교수님, 김용경 교수님, 허재영 교수님께 깊이 감사드린다. 특히, 연구와 강의로 바쁘신 중에도 격려와 함께 논문의 세세한 부분까지 꼼꼼하게 지적해 주시고 정밀한 논리와 넓은 시야를 가지도록 귀중한 가르침을 주신 김용경 교수님께 거듭 감사의 마음을 올린다. 선생님 덕분에 이 책은 더욱 설득력을 가게 되었다. 외롭고 힘든 유학 시절 내내 아버지처럼 늘 저에게 신경 써 주신 부천대 정변훈 교수님께 진심으로 감사드린다. 그리고 급하게 부탁함에도 불구하고 논문의 오타를 꼼꼼하게 봐 주고 수정해 준 안신혜 언니에게도 대단히 감사하게 생각한다. 또한, 이 연구가 가능할 수 있도록 설문 조사에 적극적으로 참여해 주신 중국 청도에 있는 한국어과 王延红 선생님을 비롯한 여러 선생님들과 조사 결과의 수집 및 정리에 기꺼이 도움을 준 黃松, 聶庆娟, 马悦, 王爽, 翟富强, 周聪 등 사랑하는 학생들에게도 감사의 마음을 전한다. 논문을 쓰면서 어렵고 힘들던 시절 제 곁에서 응원해 주고 힘을 준 친구인 춘연이, 주림에게도 고마운 마음을 전하며 학문이 대성하길 기원한다.

어린 시절부터 늘 사랑과 관심으로 인생의 든든한 후원자가 되어 주신 어머니와 아버지의 희생과 사랑이 없었으면 오늘의 제가 될 수가 없었을지도 모른다. 학문에 대한 아내의 욕심을 넓은 아량과 큰 사랑으로 받아 주고, 언제나 곁에서 든든한 벗이 되어 준 남편에게도 깊은 사랑과 감사의 마음을 전한다. 그리고 내 눈에서 언제나 어린이라고 생각했지만 이제 어른이 다 된 여동생 毓敏에게도 미안하고 고맙다는 말을 전한다. 언니가 공부하겠다고 늘 집에 없었는데 언니 대신에 효도를 많이 해서 정말 고맙다. 이 외에도 미처 언급하지 못한 고마운 분들이 너무 많다. 이분들께 일일이 감사의 마음을 전할 수 없어 안타까울 뿐이다. 항상 바르고 밝은 모습으로 이분들께 보답하겠다.

마지막으로, 어려운 출판 여건에도 기꺼이 출판을 허락하신 박이정 출판사의 박찬익 사장님과 김려생 편집장님께 감사의 마음을 전한다. 그리고 이 책이 세상에 나와 빛날 수 있게 예쁘게 꾸며 주신 편집진께도 진심으로 감사드린다.

2014년 2월

지은이 씀

목차

1. 서론

이 책은 제2언어로서의 한국어를 학습하는 중국 내 4년제 대학생들이 한국어 유의 관계어 파악하는 데 있어서 나타나는 오류 원인과 어려움을 분석하고 그에 대한 교수 방법과 해결 방안을 제시하기 위해 쓴 것이다.

인간은 어휘를 통하여 서로 의사소통을 하며 다른 사람과 교류한다. 어휘는 의사소통의 기본 단위로 존재한다. 외국어 교육에서 언어 교수, 학습의 일차적 목적도 의사소통이다. 이충우(1994:19)는 일반적으로 언어의 사용 능력은 어휘에 대한 정확한 이해와 함께 어휘의 양이 얼마나 되느냐에 큰 영향을 받는다고 하였으며, 어휘를 모르면 언어생활이 거의 불가능하다는 것이 일반적인 생각이라고 지적하면서 어휘의 중요성을 강조하였다. 외국어의 학습에 있어서도 가장 기본이 되는 것은 어휘이고, 어휘 학습은 외국어 학습의 시작이며 귀착점이다. 어휘 교육은 외국인 학습자들에게 지속적으로 교육해야 하는 항목이며, 다른 부분보다 시간을 제일 많이 투자하는 부분이기도 하다. 따라서 외국인 학습자는 평생 어휘를 학습해야 한다.

어휘 학습은 외국어 학습에서 중요한 위치를 차지하고 있지만, 전통적인 외국어 교수법들에서 어휘 교육은 문법 설명이나 다른 기능의 교육을 보조하는 수단으로 위상은 높지 않았다. 청각구두식 교수법(Audio-Lingual Method)과 구조주의 접근법에서는 어휘 교육이 무용하다고 보았으며, Rivers(1968)에서도 지나치게 많은 어휘 교육은 필요없다는 입장이었다. 1960년대의 변형문법 역시 어휘는 주변적인 것이며 질서 있는 문법의 불규칙한 부분으로 여겼다[1]. 그 이후, 의사소통 접근법((Communicative Language Teaching)이 등장하면서 외국어 교육에서 어휘 교육의 중요성이 부각되었다. Wilkins(1972)의 '문법이 없이는 의미가 거의 전달되지 않지만 어휘가 없으면 의미는 전혀 전달되지 않는다'는 지적은 성공적인 제2언어 학습을 위해서 어휘 교육이 많은 부분을 차지해야 한다는 입장을 지지하고 있다[2]. 한편, Blass(1982)에서 어휘상의 오류가 문법상의 오류보다 3~4:1로 많다고 지적하였으며, 실제로 한국어 학습자를 대상으로 한 오류 분석 연구 결과에서도 한국어 학습자가 범하는 오류 중 가장 많은 비중을 차지하는 것이 어휘 사용 오류로 나타난다. 이렇듯, 외국어 교육에서 어휘 교육의 중요성이 점차 높아져 갔으며, 그 결과 한국어 교육에서는 어휘 교육의 방안과 전략에 대한 연구가 점차 활발하게 이루어지고 있다.

하지만, 아직도 어휘 교육은 한국어의 문법이나 기능 등의 보조적인 요소로서만 다루고 있고, 어휘의 양적 능력에만 집중되어 질적 능력에 대한 연구가 부족한 편이다. 어휘의 의미와 관련된 부분은 질적 능력의 중요한 부분이지만, 한국어 교육 역사 속에서 어휘의 의미 교육을 주제로 한 연구가 많지 않고, 대조적 연구가 이루어지지 못한 영역도 더러 있다.[3] 특히, 의미장, 유의어, 반의어 등 의미 관계에 따른 분류에 대한

---

1) 허용 등(2012), 『외국어로서의 한국어교육학 개론』, 박이정, p140.
2) 위 책, p140 참조

12   중국인을 위한 한국어 유의어 연구

연구는 부족한 편이다. 의미 파악을 통해 어휘 학습의 중요성과 필요성을 고려해 볼 때, 어휘 의미 교육 방안을 모색하는 작업이 시급하다.

일반적으로 현대 언어에는 의미가 같거나 비슷한 단어들은 유의어라고 한다. 유의어가 많다는 것은 한국어 어휘의 제일 뚜렷한 특성이고, 어휘 확장을 위한 교육 방법에서 유의어 교육을 가장 널리 사용하고 있다. Channell(1981)은 기본적인 어휘를 학습한 후 제2언어 학습자가 겪는 어려움은 대부분 어휘적인 것이라고 하는데, 이때 학습자에게 필요한 지식은 어휘의 기본적인 지식뿐만 아니라 그 어휘가 다른 유사한 의미의 어휘와 어떤 관련을 맺고 있는가와 그 어휘가 어떤 환경에서 어떤 어휘들과 함께 결합하는가에 대한 문제라고 하였다. 이를 통해 유의어의 의미 차이에 대한 학습의 중요성을 확인할 수가 있다.

그런데, 유의어의 변별과 사용은 직관을 가진 모국어 화자에게도 쉽지 않은 문제이고 외국인 학습자들에게는 더 큰 어려움이 따른다. 교육 현장에서 유의어와 관련된 질문들은 외국인 어휘 질문 중의 40%나 차지하고 있으며,[4] 비록 고급 학습자들에게도 그리 쉬운 일이 아니다. 반면에, 외국인 학습자들이 유의어를 정확하게 이해하고 적절한 상황에 맞게 선택할 수 있다면, 더 유창하고 완벽한 의사소통을 할 수가 있을 것이다. 김광해(1998)에서 유의어군에 대한 비교·분석은 어휘량의 확장, 사고력, 통찰력의 형성 및 언어 구사 능력인 예술적, 문화적 표현의 능력까지 성숙하는 데 도움이 될 수가 있다고 강조하였다.

한국 교육인적자원부에서 2011년 4월 1일에 발표한 통계에 따르면, 한국 내 총 89,537명의 유학생 중, 중국 유학생은 59,317명으로 전체

---

3) 강현화(2013)에 의하면, 최근 10년의 한국어 어휘 연구에서, 주제별 영역 중 대조적 연구가 이루어지지 않은 영역은 교재 분석, 다의어, 문화어휘, 반의어, 방언, 속어, 어휘 전반, 유의어, 유행 신조어, 의미관계, 의미장 등이 있다.

4) 이재욱(2001)에서 '외국인 교수에게 자주 하는 100가지 질문 중 15개가 어휘에 대한 것인데 그 중 40%에 해당하는 질문이 유의어의 의미 차이를 묻는 것이다'는 지적이 있었다.

유학생의 66.2%를 차지하고 있다. 그리고 언어별, 단계별 어휘 오류를 조사한 결과에 따르면, 중국어권 학습자의 어휘 오류률은 다른 언어권에 비해 가장 높은 것으로 나타났다.[5] 특히, 중국인 학습자들은 어휘를 학습하는 데 있어서 의미가 비슷한 단어들은 한국어를 중국어로 옮길 때 나타나는 중국식 표현이라든가 불완전한 표현, 문법에 맞지 않는 표현을 하는 등의 오류를 빈번하게 발생하고 있다. 이런 문제점을 고려하여, 한국내 중국인을 대상으로 한 유의어 연구가 점점 많아지고 있지만, 대부분 한국에 있는 중국인 유학생들을 대상으로 하여, 중국내 대학생들을 대상으로 한 유의어와 관련된 연구는 미흡한 편이다. 하지만 중국에서 한국어 교육은 최근의 발전 속도로 볼 때[6] 중국내 대학생들을 대상으로, 어휘의 질적 능력 향상에 목적을 둔 유의어 오류 분석, 교수 학습 방안을 모색하는 연구가 반드시 필요하다.

지금까지 한국어 유의어에 관한 선행 연구를 살펴보면, 국어 교육 분야와 한국어 교육 분야로 나눠 볼 수가 있다. 국어 교육에서의 유의어 연구는 심재기(1964)를 비롯하여 1970년대에 본격화되기 시작하였으며, 한국어 교육에서의 유의어 연구는 80년대 이후에 와서 활발히 이루어졌다. 그리고 중국에서의 한국어 유의어 연구는 최근에 들어 시작하였으며, 류차이오운(刘巧云, 2010), 리은숙(李银淑, 2012), 하오휘(郝会, 2012), 린리(林丽, 2012), 류웨이(刘薇, 2013) 등이 있다[7]. 하지만

---

5) 김미옥(2003)에서는 한국어 학습자의 단계별, 언어권별 어휘 오류를 조사했는데, 그 결과 영어권, 러시아권, 일본어권, 중국어권 학습자 중에서 중국어권 학습자의 어휘 오류율이 가장 높은 것으로 나타났다. 또한 최선영(2005)에서는 학습자 오류에 대해서 한국어 모국어 화자들에게 평가를 하게 했는데 모국어 화자들이 가장 이해하기 어려워했던 부분도 문법이나 발음 오류가 아닌 어휘 오류였다.

6) 2011년까지 중국에서 한국어과를 설립한 대학은 총 107개나 된다.

7) 刘巧云(2010), "韩汉时间副词 '금방' 与 '马上' 语义句法功能辨析", 『语文学刊-外语教育教学』.
郝会(2012), 『韩国语时间副词的近义词研究』, 青岛大学, 硕士学位论文.
李银淑(2012), "韩国语时间副词 '지금'와 '이제' 对比研究", 『科教文汇』.

논의 내용 및 연구 방법에서 한국과 크게 다르지 않아, 본 논의에서는 한국어 교육에서의 유의어 연구를 중심으로 다룰 것이다.

한국어 교육에서의 유의어 연구는 주로 유의어 어휘 교육에 관한 논의, 교육용 유의어 어휘의 선정 연구, 외국인 대상으로 한 유의어 사전의 편찬 연구, 대상 및 품사에 따른 유의어 교육 방법 연구 등 몇 가지가 있다.

첫째, 유의어 어휘 교육에 관한 논의는 조현용(2000), 박재남(2002), 유현경·강현화(2002), 임지아(2005) 등이 있다.

우선, 조현용(2000)은 어휘 교육의 중요성부터 출발하여, 유의어 교육의 현황과 문제점을 분석한 다음에 유의어 수업의 예를 짧게 보여 주었다. 이 연구는 유의어의 개념 정의부터 특징, 교육 방안까지 전반적인 한국어 유의어 교육에 대한 기초적인 틀을 제공해 주었다는 측면에서 중요한 가치가 있다고 본다. 이어서 박재남(2002)은 한국어 학습자들에게 조사를 통해 유의어 교육의 중요성을 파악하고 치환 검증법을 사용하여 의미 차이를 분석한 뒤에 의미적, 화용적, 통사적 관점에서 유의어를 재분류하였다. 그리고 유현경·강현화(2002)는 유의어를 '유사 관계'라고 새로이 정립하고, 유사 관계를 가지는 어휘군에 대한 정보를 어떻게 활용할 것인가에 대한 논의하였으며, 실제로 몇 개의 동사와 형용사의 유사 어휘군을 분석해 보았다. 임지아(2005)는 2개 대학교 중급 교재를 바탕으로 유의어의 교육 양상을 살펴본 다음에, 품사별로 유의어들을 분석하고 목록화 하였다.

둘째, 교육용 유의어 선정 연구이며, 최경아(2007), 권혜진(2008), 박아름(2009), 황성은(2010), 윤소영(2011), 고은정(2011), 이혜영(2012) 등에서 찾아볼 수가 있다.

林丽(2012), "韩国语近义词分类法及教学方法初探", 『当代韩国』.
刘薇(2013), "浅论中韩翻译过程中同类同义单词的择选原则", 『云梦学刊』.

최경아(2007), 권혜진(2008)과 이혜영(2012)은 시간부사 유의어의 선정에 초점을 맞췄는데, 최경아(2007)는 한국어 교재를 분석하여 단계별로 유의어를 선정·배열하며, 학습 단계별 유의어 교육 내용과 방안을 제시하였다. 이혜영(2012)은 최경아(2007)의 선정 기준을 보완하면서 기존 연구자들의 공통 시간 부사와 5가지 교재와 종합해서 한국어 교육용 등급별 시간부사 유의어 목록을 다시 정하였다. 그리고 권혜진(2008)은 시간부사 유의어에 고유어와 한자어의 대응을 중심으로 유의어 목록을 작성하고, 사전을 참조하여 유의 관계에 대해 논의하였다. 그 이외, 박아름(2009)과 황성은(2010)은 명사를 중심으로 교육용 유의어를 선정하고 분석하였으며, 윤소영(2011)과 고은정(2011)은 형용사 유의어 선정을 연구하였다.

셋째, 외국인들을 대상으로 한 유의어 사전 편찬 연구이며, 이지혜(2006), 봉미경(2009)과 맹지은(2011) 등이 있다.

이지혜(2006)는 총 29개의 심리 형용사 유의어군을 중심으로 전산화된 말뭉치에서 심리형용사와 결합하는 연어 정보 분석하고 심리형용사 유의어 사전 기술 방안에 대해서도 모색하였다. 봉미경(2009)은 국내외 유의어 사전에서 변별 정보 기술 방법을 모색하고 한국어 학습용 유의어 사전의 기술 모형을 제안하였고, 맹지은(2011)은 영어와 중국어 유의어 사전의 내적 구조와 외적 구조에 대해 살펴본 다음에, 고급 단계 학습자를 대상으로 한 유의어 사전의 개발을 시도하였다.

넷째, 대상 및 품사에 따른 유의어 교육 방안의 연구들이며, 비중은 제일 크다. 대부분 중국인을 대상으로 하였으며, 품사별로 볼 때, 부사와 형용사가 제일 많고 동사는 비교적으로 적다. 그리고 한자어, 한자어와 고유어간 등 유의어 변별 및 교육 방안의 제시 연구도 있다.

(1) 부사 유의어 연구

부사 유의어를 중심으로 한 유의어 교육 방안 연구는 이효정(1999), 강현화(2001), 봉미경(2005), 김지혜(2010), 정영교(2011), 왕리후에이(2012), 양선희(2012), 여위령(2011), 웅문도(2011), 만리(2012), 최옥춘(2013) 등이 있으며, 정도부사, 시간부사, 양태부사 등 다양하게 진행하고 있다.

이효정(1999)은 정도부사의 결합 양상과 의미를 정리한 후에, 이를 바탕으로 올바른 학습 순서와 모형을 제시하였고, 양선희(2012)는 정도부사 유의어 4쌍의 말뭉치 용례를 바탕으로 의미 변별 기준을 제시하고 교육 방안을 마련하였다. 왕리후에이(2012)도 정도부사 유의어에 중점을 맞췄으며, 등급별 정도부사 유의어 목록을 정한 다음에, 각 단계별 교육 방안을 제시하였다. 그리고 이수남(2012)은 정도부사 '다만, 단지, 단, 오직' 4개를 사전적, 의미적, 통사적으로 분석한 후에 각각 대응하는 중국어 표현까지 논의하였으며, 학습지도안을 제시하였다.

한편, 강현화(2001)와 봉미경(2005), 여위령(2011), 웅문도(2011), 만리(2012), 최옥춘(2013)은 시간부사를 중심으로 연구하였다. 강현화(2001)는 6가지 순서대로 시간부사 유의어를 변별하고 '격자틀', '정도 비교선'과 '군집'을 이용하여 교수 현장에서 교수 방법을 제시하였으며, 봉미경(2005)은 말뭉치 용례 분석을 바탕으로 '방금'과 '금방'의 어휘적 특징을 다각도로 밝혀 의미 변별 기준을 제시하였다.

양태부사에 대한 논의는 많지 않아, 김지혜(2010)와 정영교(2011) 등이 있다. 김지혜(2010)는 단지 '아마'와 '혹시'를 연구했고 정영교(2011)는 8개 쌍 양태부사 유의어를 선정하였으며, 의미적 차원에서 분석하였다.

여위령(2011)은 '지금'과 '방금'을 중심으로 치환 검증법을 통해 의미 분석을 하였으며, 초급 중국인 학습자를 교육-학습 방안을 마련하였다. 웅문도(2011)는 '벌써'와 '이미'를 중심으로 차이 분석을 통해 교육 내용을 체계적으로 정리하였고, 만리(2012)는 6개 대학교와 1개 대학기관 이외의 한국 교재에서 공통적으로 나온 5쌍 시간부사 유의어를 사전의 의미, 의미 분석, 한중 대조 등을 통해 공통점과 차이점을 분석하였다. 최옥춘(2013)은 한중 시간부사의 의미, 용법상의 공통점과 차이점을 분석하여 유의어 변별과 교육 방법을 제시하였다.

(2) 형용사 유의어 연구

형용사를 중심으로 한 연구에서는 정화란(2007), 강현화(2005), 이소현(2007), 유지연(2020), 조미영(2009), 김지선(2011), 사미란(2013) 등이 있으며, 대부분 심리형용사를 중심으로 연구하였다.

그중에서 정화란(2007)은 '기쁘다'와 유사한 어휘군을 다시 정의를 내렸으며, 통사적 분석을 통해 의미 차이를 밝혔고, 강현화(2005)는 중, 고급 학습자를 대상으로 기쁨과 슬픔을 나태나는 형용사의 통합관계를 중심으로 유의 관계 변별을 시도하였고 교수 방안도 제안해 보았다. 그리고 이소현(2007)은 '부끄럽다', '창피하다', '쑥스럽다', '수줍다', '수치스럽다' 등 5개 어휘를 긍정과 부정 상황으로 나누어, 의미 및 사용되는 상황과 특징을 정리한 후 차이점을 변별하였으며, 효과적인 어휘 제시 순서와 지도 방법을 모색하였다.

이어서 장면과 상황을 중심으로 한 감정 형용사 유의어 교육 방안을 연구한 조미영(2009)이 있다. 그 뒤에 조미영(2009) 연구의 한계점을 보완하여, 시적 맥락을 통해 감정 형용사 유의어 교육 방안을 제시한 김지선(2011)이며, 그는 수업에 활용할 수 있는 모형을 제시함으로써 수업 단계와 지도안을 구성해 보았다.

그리고 유지연(2010)은 형용사 유의어군 '아름답다', '예쁘다', '곱다'의 사전적 의미 풀이를 비교해 본 다음에, 초급 교재에 있는 용례 분석을 통해 수업 자료를 제시해 보았다. 사미란(2013)은 중국인 학습자에게 감정 형용사 유의어군을 대상으로 역할극을 활용한 의미 지도 방안 및 수업 모형을 구안하였고 중국 현장에 있는 대학생들을 대상으로 교육 효과를 검증하였다.

(3) 동사 유의어 연구

동사 유의어 연구는 수량이 비교적 적으며, 양순영(2010), 김유정(2011), 박종호(2011) 등이 있다.

양순영(2010)은 86쌍 중급 동사 유의어쌍을 선정하여, 사전 등의 용례를 바탕으로 4단계의 절차를 통해 의미 변별을 시도하였고, 김유정(2011)은 10가지의 분석 기준에 따라 '죽다'류 어휘 중 13가지의 사용역을 분석하였다. 그리고 박종호(2011)에서는 중급 단계 3쌍의 동사 유의어를 대상으로 학습자의 유의어 인식 실태와 의미 변별을 살펴본 다음에, 연어 사전, 말뭉치 등을 활용하여 다양한 명사 논항 제시를 통해 효율적인 학습 방안을 제시하였다.

(4) 전체 어휘를 중심으로 한 유의어 연구

문금현(2004), 이연경(2009), 강수지(2010), 가재은(2009), 조민정(2010), 주하(2010), 왕애려(2012) 등이 전체 어휘를 중심으로 유의어 교육 방법에 대하여 연구하였다.

문금현(2004)은 유의어를 변별하는 기준을 제시하였으며, 중급 유의어를 예로 교수 방안을 제시하였고, 이연경(2009)은 교육 현장에서 시트콤을 활용한 유의어 교육 방안을 모색해 보았으며, 품사별로 각각 고유어간, 한자어간, 고유어와 한자어 간 세 종류의 예들로 실제 교육 방안을 제시해 보았다. 그리고 가재은(2009)은 초급 중국인 학습자 대상으로 유의어 교육 방안을 제시하였고, 주하(2010)는 중국인 학습자들이 유의어의 인식도, 유의어 교육 실태 등 조사한 다음에, 5쌍 유의어를 선정하여 고급 학습자를 대상으로 유의어 교육 방안을 제시하였다.

강수지(2010)는 서울대학교 교재를 바탕으로 품사별 단계별 유의어 양상을 파악한 후, 학습 단계별 유의어 교육 방안과 수업 모형도 제시하였으며, 조민정(2010)은「연세 현대한국어 사전」을 기반으로 유의어 변별 방법에 대해 논의하였다. 왕애려(2012)는 김광해(2003)의「등급별 국어교육용 어휘」4급 어휘를 대상으로 유의어 목록을 선정하여, 50쌍을 추출하였으며, 한국 경희대학교와 중국 길림화교외국어학원의 학습자에게 설문 조사를 실시하였고 결과에 따라 교육 방안도 제시하였다.

(5) 한자어, 고유어와 관련된 유의어 연구

마지막으로, 품사별 이외에 어종 차이에 따른 유의어 교육 연구가 최근에 들어 나타나기 시작하였다. 주로 한자어 대 고유어 간의 유의어 연구에 집중돼 있으며 한자어쌍에 대한 연구도 섞여 있다. 유추문(2011), 강미함(2011), 방가미(2012), 박새미(2012), 이희재(2013) 등의 연구에서 볼 수가 있다.

강미함(2011)은 중급 중국인 한국어 학습자를 대상으로 고유어와 한자어 간의 유의어 36쌍의 사용 양상을 조사하고, 중국인을 대상으로 한 유의어 교육의 방안을 다각도 제시하였다. 유추문(2011)은 한국어 교육에서 고유어와 한자어 간의 유의어 쌍 학습 목록을 단계별로 총 791개 유의어 쌍을 추출하였으며, 단계별 유의어 교육 방안을 마련하였다. 방가미(2012)는 TOPIK 중급 어휘에 있는 83쌍 한자어 유의어를 품사별로 중국어와 대조를 통해 양국 유의어 한자어 목록을 추출하였으며, 박새미(2012)는 고급 학습자들을 대상으로 의미 변별을 활용하여 고유어대 한자어 유의어 교육 방안을 연구하였다. 이희재(2013)도 고급 학습자를 대상으로 고유어와 한자어 간의 유의어군 목록을 만들었으며, 의미 정보, 연어 정보, 화용 정보를 중심으로 의미 변별을 하고 교육 방안을 제시하였다.

지금까지 유의어에 관한 기존 연구를 보면, 한국어 교육에서 유의어 변별을 통한 교육 방안의 제시에서는 대부분 자료를 바탕으로 해당 지도 방안을 마련하고 있으며, 오류분석 방법을 많이 사용해서 상당히 긍정적인 성과를 거두었다고 할 수 있다. 그러나 기존의 유의어 연구가 좀 더 체계적, 과학적으로 이루어지기 위해서 다음과 같은 문제점을 정리하면서 본고의 연구대상, 연구내용 및 연구방법을 정하고자 한다.

첫째, 많은 연구는 개별 품사에 집중돼 있으며, 전체 어휘에 대한 연구가 많지 않다. 그 중에서도 형용사, 부사는 전반적으로 다루는 것보다 감정형용사, 시간부사, 정도부사 등을 중심으로 연구되고 있음을 확인할 수가 있다. 하지만 어휘는 체계적으로 이루어져 있고, 각 품사 간에 서로 적용되며 전체 품사에 대한 유의어 연구가 필요하다. 따라서, 본고에서는 개별 품사보다 전체 어휘를 중심으로 연구할 것이다.

둘째, 대부분 유의어의 추출은 한국어 교육용 어휘, 교재와 유의어 사전 등에서 대표적인 유의어군을 연구해 왔다. 하지만, 현재 한국어가 모국어가 아닌 화자들의 한국어 능력과 수준을 평가하는 도구들 중에서 가장 대표성을 가지고 있는 평가는 바로 TOPIK이다.[8] TOPIK에서 추출된 유의어군들에 대한 연구는 학생들에게 더 실용적이고, 연구의 의미가 비교적 크다.

---

8) 한국어능력시험(韓國語能力試驗TOPIK; Test of Proficiency in Korean)은 국가기관인 국립국제교육원에서 주관하는 한국어 능력 시험으로 국가가 직접 운영하는 시험이다. 시험 대상은 외국인이나 한국어를 모국어로 하지 않는 사람들이다. 1997년 한국학술진흥대단에서 처음 시행하였으며, 사업 주관기관은 1999년부터 한국교육과정평가원으로 변경되어 2011년1월부터 국립국제교육원으로 재변경되었다. TOPIK은 시행 주체가 국가기관인 유일한 공인 시험으로서 응시자의 한국어 숙달도를 측정, 평가할 수가 있을 뿐만 아니라, 한국에 있는 대학 입학과 졸업, 교원 자격증 취득 등에 있어서 필수적인 기준이자 요건으로 자리잡아가고 있다.

셋째, 등급으로 볼 때 중, 고급 대상으로 한 연구는 비중이 제일 크고 초급 단계는 그다지 많지 않다. 하지만, 초급에서 유의 관계를 가진 어휘들이 적지 않아, 초급부터 유의어에 대한 변별을 인식시키고 제대로 기초를 해 놓는다면, 고급 단계의 학습에도 도움이 많이 될 것이다. 그래서 단순히 중·고급만 다루는 것보다 초급 단계를 포함한 단계별 유의어 학습·교육 방안의 개발이 실질적인 의미를 가진다. 또한, 학습자들이 해당 학습 단계에 있다고 해서 반드시 해당 능력을 가지고 있다는 것이 아니다. 그러므로 본 책에서는 초급 단계의 유의어도 포하시킬 것이며, 조사 과정에서는 중급 학습자들에게 초급 어휘, 고급 학습자들에게 초, 중급 어휘의 파악 양상도 같이 검토할 것이다.

넷째, 지금까지 논의는 외국인 대상으로 하는 경우가 많고, 한국에 있는 중국인 유학생들을 중심으로 한 연구가 대부분이다. 현재 중국에서 한국어 교육의 발전 속도와 규모를 볼 때, 중국내 한국어학과 학생들을 대상으로 한 연구가 실질적인 의미를 가진다. 지금 중국 한국어과를 개설된 대학은 107개이며, 화동지역과 동북지역은 제일 많다. 그리고 화동지역에서 한국어과 개설된 26개 대학은 모두 산동성에 있으며, 청도(靑島)는 한국어학과를 설립한 대학교가 8개이다. 대개 외국어 사설 한국어 학원(17개), 직업기술학교(9개)9), 각 대학교의 독립 학원(3개)10), 각 4년제 정규 대학교11)(5개) 등으로 나눌 수가 있다.

---

9) 青岛财经职业学院,青岛旅游学校,青岛求实职业技术学院,青岛港湾职业技术学院, 青岛飞洋职业技术学院,青岛黄海职业技术学院,青岛恒星职业技术学院,山东外贸职业学院,青岛滨海学院。

10) 각 대학교의 독립학원은 각 대학교는 국가기관이외에 사회조직이나 개인은 투자하여 운영하는 학교를 말하는 것이며, 민간 운영하는 대학교의 한 가지다. 중국 독립학원 온라인 사이트 통계에 따르면, 2012년 5월까지 나라에서 허가를 받는 독립학원은 전국 총 298개 있으며 산동성은 12개가 있다. 한국어과를 개설된 청도에 있는 독립학원은 3개가 있다. 즉, 青岛农业大学海都学院,青岛理工大学琴岛学院,中国海洋大学青岛学院,

11) 中国海洋大学,青岛大学,青岛科技大学,青岛理工大学,青岛农业大学。

여섯째, 어휘 학습은 학습자가 학습의 주체가 되지만 그 밖에 교실 활동에서는 교수자, 교재와 교과 과정 등도 포함돼 있다. 이런 요소들을 같이 힘써야 교육 목표가 달성되어 성공적인 제2언어 학습이 완성되는 것이다. 현 유의어 교육 연구는 유의어 간의 사소한 차이에 대한 변별을 중점으로 하였으나 그 외의 요소를 전혀 다루지 않았다. 하지만, 유의어 학습에서 학습자는 내부 요인이라면 교수자, 교재, 교과 과정 등 외부 요인도 중요한 역할을 담당하고 있으며 학습에 영향을 많이 미치고 있다. 그래서 효과적인 유의어 교육을 위하여 이런 요소들도 같이 분석해야 한다.

본 책의 대상은 중국에서 한국어 교육이 활발하게 진행되는 산동 청도(青島)로 한정하여, 4년제 대학교중 중국해양대학(中国海洋大学), 청도대학(青岛大学), 청도과기대학(青岛科技大学), 청도이공대학(青岛理工大学),청도농업대학(青岛农业大学)의 5개 대학을 설정하였으며, 연구 범위는 외국인 한국어 수준을 평가하는 TOPIK 7회부터 26회까지에서 유의어와 관련된 문항을 추출하였다.[12]TOPIK 내용은 이해 영역(읽기, 듣기)과 표현 영역(어휘·문법 및 쓰기) 등 두 부분이며, 여기서 표현 영역 '어휘' 부분의 유의어 문항들이다. 한편, TOPIK 유의어의 문항과 답지를 살펴보면, 순수 유의어이외에, 유의 관계를 가진 '단어-구, 사자성어-단어, 관용구-단어' 등도 많이 나타나고 있어서 본고는 유의어보다 범위를 더 확장하여 '유의 관계어'란 용어를 사용하기로 한다.

이를 위하여, 먼저 TOPIK 7~26회에서 유의어와 관련된 문항들을 추출하고, 중국 산동 청도(青島)의 5개 대학교 학생들에게 설문 조사를 실시하였다. 조사는 I, II부분으로 나누는데, I부분에서는 학생들의 기본 상황 및 유의어 인식도 등 조사이며, II부분은 문항들의 조사이다. 문항

---

12) 7회부터 27회로 한정되는 것은 본 설문조사를 실시했을 때 기출 문제에서 이 부분만 제공돼 있기 때문이다.

의 수량은 초, 중, 고급 각각 67, 99, 55문항이며, 1학년은 초급, 2학년은 초, 중급, 3~4학년은 초, 중, 고급을 조사하였다.

그 다음은 정답률에 따라 5단계를 나누며 각 단계에 있는 문항들은 학년과 등급을 정리하고 오류 원인의 유형을 크게 '평가 문항별 오류 원인'과 '학습자 환경에 따른 오류 원인'으로 나누어 학년과 등급대로 문항 분석을 할 것이다. 이를 통하여 학생들이 문항 유형별 숙달도를 파악하고 부족한 부분에 대해 교육 방법과 해결 방안을 제시할 것이다. 각 장의 내용을 정리하면 아래와 같다.

제1장에서는 본고의 목적, 범위, 방법을 밝히고 지금까지 유의어와 관련된 연구들을 크게 국어교육, 국어학과 외국어로서의 한국어 교육학을 중심으로 살펴볼 것이다. 선행 연구에 대한 검토를 거쳐 기존 연구의 한계점을 정리한 다음에, 본고의 연구 내용, 연구 대상, 연구 방법을 밝힐 것이다.

제2장은 먼저 이론적 배경을 정리한 다음에, 조사에 관해 서술할 것이다. 이론 부분에서 어휘 교육과 유의어 교육의 관련성, synonym 개념의 정리, 연구 방법인 오류 분석과 관련된 내용들을 살펴볼 것이다. 어휘 교육과 유의어 교육의 관련성을 고찰한 결과, 유의어 교육이 어휘 교육에서 중요한 위치를 차지하고 있다는 사실을 다시 한 번 확인하게 되었다. 그리고 서구, 한국과 중국 등 언어학계에서 synonym의 개념, 분류 및 성립 조건들을 고찰하여, 본고의 대상을 다시 규명하고자 한다. 한편, 오류 분석의 개념, 유형, 분석 절차 등을 살펴봄으로써, 본고의 오류 분석 방법과 절차를 밝힐 것이며 본고에서의 활용을 제시할 것이다.

제3장에서는 유의 관계어의 숙달도 및 분포를 분류하고 학년과 등급대로 2장에서 제시한 오류 유형에 따라 문항을 분석할 것이다. 먼저 5개 대학교 전체 평균 정답률에 따라 숙달도를 5단계로 나눈 다음에, 해당 단계에 있는 문항들을 학년과 등급대로 정리하고 분석할 것이다.

그리고 각 숙달도에 있는 문항들은 다시 '정상 분포' 및 '비정상 분포'로 분류시킨 다음에, 2장에서 제시한 2가지 오류 원인에 따라 학년과 등급 대로 문항별 분석할 것이다.[13] 정상 분포와 비정상 분포는 조사된 5개 대학교 전체 평균치에서도 있으며 개별 대학교에서도 나타난다. 이런 점을 구별하기 위하여 전체 평균치에서 나타나는 분포 양상을 '보편적 분포'라고 하고 개별 대학교에서 나타나는 분포 양상을 '개별적 분포'라고 하기로 한다. 또는 '보편적 비정상 분포' 문항들은 전체 5개 대학교에서 공통적으로 나타나기 때문에, 문항 평가 목적에서 추출된 평가 문항별 오류 원인을 유형대로 분석할 것이며, '보편적 정상 분포' 문항들은 대부분 성취도가 높아서 조사 결과 및 문항 유형만 밝힐 것이다. 그리고 개별 대학교 비정상 분포가 보인 문항들은 문항 파악보다 개별 대학교의 교육 과정, 교재, 교수자, 학습자 등 학습자 환경에 따른 오류 원인 유형을 분석할 것이다. 그 다음에 분석 결과에 따라 오류 유형별 통계를 할 것이며, 중국 대학생들은 파악이 부족한 유형을 밝히고 그에 대해 해당 교육 방법과 해결 방안을 제시할 것이다.

마지막으로 4장에서 지금까지 논의된 내용을 정리하고 본고의 한계점을 밝히며 앞으로 연구할 내용과 방향을 제시할 것이다.

---

13) 여기서 말하는 정상 분포는 일반적인 '정상 분포 곡선'이 아니라 정답률과 오답률 비교를 통해 나타나는 것을 말하는 것이다. 즉, 정답률이 오답률보다 높게 나타나는 경우는 정상적 성취로 보아 정상적 분포라고 하고, 정답률이 오답률보다 낮게 나타나는 경우는 비정상적 성취로 보아 비정상적 분포라는 개념으로 쓰는 것이다.

2. 이론적 배경

　이 장에서 본고의 이론적 배경 및 연구 조사 절차에 대하여 살펴볼 것이다. 먼저 어휘력의 개념을 살피고 어휘 교육에서의 의미적 지식이 차지하는 위상을 밝힐 것이다. 이어서 synonym의 개념, 범위 등 서구, 한국, 중국 언어학계의 견해들을 정리하면서 필자 입장을 밝히고 연구의 범위를 한정한다. 그리고 유의어 교육과 어휘력 신장의 연관성을 선행 연구를 통해 논의할 것이다. 그 다음은 방법론적인 차원에서 오류 분석 이론에 대해 살펴볼 것이다. 오류 분석의 개념, 절차, 유형들을 어떻게 정의, 분류하는지를 정리하고, 이를 바탕으로 오류 분석의 절차를 밝힐 것이다.

2.1 어휘력과 유의어

　제2언어를 학습하는 데 있어 학습자의 학습 목적과 상관없이 어휘 학습은 모든 학습자의 필수적인 언어 지식이다. 문법 지식이 없어도 언어 표현과 이해는 가능하지만, 의사소통의 기본 단위로서의 어휘가 없다면 의사소통은 불가능하다. 또한 언어로 표현된 모든 발화의 질은 거기에 주로 동원된 어휘의 질이 어떠하며, 그것들이 얼마나 정확하게 구사되어 있느냐에 따라서 결정된다[14]. 어휘를 아는 것은 세계를 구성하고 있는 구체적 사물이나 추상적 사고 과정을 내면화하는 것이므로, 한 개인의 한계는 그가 가지고 있는 어휘력에 따라 결정된다고 해도 과언이 아니다[15].

이 절에서는 어휘력과 유의어의 정의를 정리하면서 유의어 교육과 어휘력의 관계를 살필 것이다. 이를 통하여 어휘 교육에서 유의어 교육의 중요성을 밝히고자 한다.

2.1.1 어휘력의 개념

어휘 능력(Lexical competence)은 어휘를 이해하고 구사하는 데 관련된 일체의 능력이다. 어휘력에 관한 정의는 오랫동안 학자들이 논의해 왔으며, 일반적으로 어휘력은 양적 어휘력과 질적 어휘력으로 보고 있다. 이충우(1991,2001), 손영애(1992)를 비롯해서 김광해(1993), 이영숙(1997), Nation(2001) 등의 논의에서부터 꾸준히 어휘력의 양적인 측면과 질적인 측면이 고려되어 왔다.

손영애(1992)는 어휘에 대한 지식을 어휘의 형태, 의미, 화용의 세 영역으로 나누어, 어휘력이란 '개개 어휘들에 대한 형태(발음, 철자), 의미, 화용에 관련된 지식의 합'이라고 보았다.

---

14) 마광호(1998), 「어휘 교육의 과제」, 『국어교육연구』, 제5집, p98.
15) 임지룡(1998), 「어휘력 평가의 기본 개념」, 『국어교육연구』, 제30집, 국어교육학회, p5.

어휘	내용
어휘의 형태	어휘의 철자 형태나 발음, 어휘의 구조, 어휘 단위
어휘의 의미	사전적 의미, 제측면의 의미, 다른 어휘들과의 의미 관계
어휘의 화용	어휘의 통사적 자질, 적합한 사용 능력, 상황에 접하는 어휘의 의미 추론 능력

김광해(1993)는 어휘력을 양적 능력과 질적 능력으로 나누어 제시하였으며, '단어들의 집합인 어휘를 이해하거나 구사하는 일에 관한 언어 사용자의 능력'이라고 정의하였다. 여기서 양적 능력은 어휘의 양을 말하는 것이고 ,단어의 수를 나타내는 '지식의 폭'을 가리키는 것이다. 질적 능력에는 어휘소의 의미와 어휘소 사이의 연관성에 대해 어느 정도로 깊이 알고 있는가를 나타내는 '어휘의 깊이'를 가리키는 것이다.

<표2> 김광해(1993) 어휘력의 하위 분류

어휘력		
양적 능력	단어의 수	
질적 능력	어휘소의 의미	단일 어휘소의 의미 (단어의 의미, 다의) 관용적 어휘소의 의미(숙어, 속담, 사자성어 등) 단어의 다의성에 대한 이해
	어휘소 사이의 연관성	유의 관계, 반의 관계, 공기 관계

이영숙(1997)은 어휘력에 대한 다양한 논의들을 통합하여 종합적인 정의를 내렸다. 그는 앞의 김광해(1993)의 논의의 큰 틀과 유사하게 어휘력을 양적 어휘력과 질적 어휘력으로 나누었으며, 질적 어휘력을 다시 언어 내적 지식과 언어 외적 지식으로 구분하여 설명하였다. 동시에

심리학 분야에서 영향을 받은 Ruddell(1994)의 절차적 지식과 조건적 지식을 통한 어휘력 설명을 받아들여 지식의 하위 범주로서 머물기엔 다소 문제가 있었던 능력(ability)이나 기술(skill)을 선언적 지식과 절차적 지식으로 나누어 설명하였고, 그 밖에 어휘의 사용과 관련한 감각적 요소, 정의적 요소에 관한 Marzano(1988)의 개념을 받아들여 언어 외적 지식을 구성하였다.

<표3> 이영숙(1997) 어휘력의 하위 분류[16]

어휘력	내용			
양적 어휘력	어휘의 양			
질적 어휘력	언어내적 지식	선언적 지식	형태	발음과 철자
				단어의 구조
			의미	여러 가지 종류의 의미
				다른 단어들과의 의미 관계
			통사	단어의 품사
				연어 관계
				호응
			화용	상황에 따른 사용의 제약
				단어의 사용 효과
		절차적 지식		단어 처리 과정에 대한 수행적 정보에 대한 지식
				단어 처리 과정에 대한 행동 목록에 대한 지식
				빠르고 효과적인 단어 처리에 대한 지식
	언어외적 지식	단어의 지식 대상에 대한 백과사전적 지식		
		단어에 관한 일화적 기억		
		단어의 원어에 대한 지식		
		단어의 어원에 대한 지식		

---

16) 이영숙(1997), 「어휘력과 어휘지도」, 『선청어문』, 제25호. p201.

어휘의 질적인 측면을 정교하게 정리한 부분에 있어서 Nation(2001)을 빼 놓을 수 없다. Nation(2001:27)은 여러 학자들이 어휘의 질에 대해 언급한 거의 모든 항목을 포함하여 어휘를 형태의 측면, 의미의 측면, 사용의 측면으로 나누고, 이를 이해 능력과 표현 능력으로 구분하여 <표4>와 같이 제시하였다

<표4> Nation(2001:27) 어휘의 질적인 측면 구분

형태	구어	R	어떻게 들리는가?
		P	어떻게 발음되는가?
	문어	R	단어가 어떻게 생겼는가?
		P	어떻게 쓰는가? 철자는 어떤가?
	단어 요소	R	단어에서 인식되는 요소는 무엇인가?
		P	의미를 나타내기 위해 필요한 단어 요소는 무엇인가?
의미	형태와 의미	R	단어의 형태 기호는 무엇을 의미하는가?
		P	의미를 나타내기 위해 사용되는 단어 형태는 무엇인가?
	개념과 지식	R	개념에 무엇이 포함되는가?
		P	개념이 지시하는 항목은 무엇인가?
	연상	R	이 단어가 상기시키는 다른 단어들은 무엇인가?
		P	이 단어 대신에 쓸 수 있는 다른 말은 무엇인가?
용법	문법 기능	R	어떤 구조에서 단어가 나타나는가?
		P	어떤 구조에서 단어를 써야 하는가?
	공기 관계	R	함께 나타난 단어와 단어 유형은 무엇인가?
		P	어떤 유형의 단어를 같이 써야 하는가?
	용법의 제약 (사용역/빈도...)	R	어디서, 언제, 얼마나 자주 이 단어를 만나겠는가?
		P	어디서, 언제 얼마나 자주 이 단어를 사용하겠는가?

* R=이해 지식 P=표현 지식

<표4>에서 볼 수가 있듯이, Nation(2001)은 단어를 아는 것에 연계된 지식은 언어학에서 학문적 영역으로 구분해 놓은 구어, 문어 차원에서부터 연상 관계, 문법 기능, 연어 관계, 사용 제약 등을 포함한 어휘력으로 정리하였다.

그리고 이기연(2011)에서는 앞선 연구들을 종합하여 어휘력 개념을 체계적으로 정리하였으며, 어휘력 평가의 평가 요소 및 평가 차원, 평가 대상은 <표5>과 같다.[17]

<표5> 이기연(2011) 어휘력 평가의 평가 요소 및 평가 차원, 평가 대상

평가대상	평가차원	평가 요소-대항목	평가 요소-소항목	
고유어 한자어 외래어 속담 및 관용표현 (사자성어 포함)	이해 및 표현	의미	사전적 의미	
			문맥적 의미(은유적, 상정적, 사회문화적 맥락 포함)	
			의미 관계	다의어
				동음이의어
				유의어
				반의어
				상하위의
				인지적 관계 (백과사전적 정보에 의한 관계어)
		구조	형태소(어원 정보, 한자 정보)	
			품사 및 범주 정보	
		형태	발음	
			표기	
		지식	고유어, 외래어, 비속어, 은어, 유행어 등의 개념에 대한 메타적 지식	
			개별 단어에 대한 사(史)적 지식	

---

17) 이기연(2011), 「어휘력 평가의 평가 요소와 평가 유형에 대한 고찰」, 『국어교육학연구』, 제42집1호, p469~470.

위에서 선행 연구들을 통해 알 수가 있듯이, 어휘력은 양적인 면과 질적인 면으로 구성된다. 양적 어휘력은 어휘의 양을 의미하며, 질적 어휘력은 어휘를 사용하는 능력을 뜻한다. 다시 말하면, 어휘력은 거시적(양적)과 미시적(질적)으로 구성된다고 볼 수가 있다. 미시적으로 볼 때, 어휘력은 한 어휘가 가지는 형태, 의미, 화용, 통사적 지식의 통일체이며 거시적으로 볼 때는 어휘력은 어휘를 파악하는 양, 어휘 지식의 깊이에 대한 이해, 어휘의 구성 방식과 관련된 지식 등을 포함하는 입체물이다. 그리고 학자마다 다소간의 견해차가 있더라도 질적 어휘력에 '다른 단어와의 의미 관계'가 포함된다. 이를 통하여, 질적 어휘력 신장에서 의미 관계에 따른 어휘 교육의 중요성을 다시 한 번 확인할 수가 있다.

2.1.2 유의어(synonym)의 개념

언어학에서는 '같거나 비슷한 말'을 synonym라고 하는데, 이는 중국어에서는 '동의사(同义詞), 근의사(近义詞), 유사(类詞), 등의사(等义詞:의미가 같은 단어)'로, 한국어에서는 '동의어, 유의어, 유사어, 동의어'로 번역하여 사용하고 있다. 그 중에서 중국은 '동의사'와 '근의사', 한국은 '동의어'와 '유의어' 등 용어를 광범위하게 사용하고 있다. synonym의 개념과 범위에 대해서는 이론의 근원지인 서구 언어학계에서도 논란이 분분하며, 그 이론을 도입하고 용어를 번역하여 사용하는 중국이나 한국에서는 정의, 범위뿐만 아니라 명칭에 대해서까지 학자들마다 서로 다른 견해를 보인다. 따라서 본고에서는 서구 학자들의 synonym에 대한 관점을 우선적으로 살펴보고 한국과 중국학자들의 견해를 알아보고자 한다.

2.1.2.1 서구 언어학계

서구의 언어학자들의 synonym를 '한 언어 체계 내에서 다른 단어와 같은 의미를 가지거나 혹은 거의 비슷한 의미를 가지는 단어'라고 정의하고 있다.[18] 이 '같거나', '거의 비슷한'이라는 정의로 인해 언어학자들은 완전 동의관계(complete synonym)의 존재 인정과 부정하는 두 가지 견해로 나누어져 있다. 그 중에서 Lyons(1994)는 완전 동의 관계를 인정하는 대표이며, S. Ullmann(1962)과 Nida(1975) 등은 완전 동의 관계를 부정하는 대표적이다. 그 외에 Darmesteter(1866), Bloomfield(1933), Hockette(1958) 등 학자들도 완전 동의 관계를 부정하고 있다.

우선 완전 동의 관계의 존재를 주장하는 Lyons(1994:237)를 살펴보면, 그는 ①모든 문맥들에서 단어들의 무제한적 교환 가능성 ②외연적 의미와 내포적 의미의 일치라는 두 가지 표준에 근거하여 네 가지로[19] 구분하고, '완전하며 총체적인 동의 관계'를 인정하고 있다. 그는 '완전한 동의어'라는 용어를 인지적일 뿐 아니라 감정적인 의미로 사용하고, '총체적 동의어'는(완전성 여부를 떠나) 모든 문맥에서 서로 교환할 수 있는가의 여부에 한정시킨다고 구별지었다.[20]

그 다음은 완전 동의 관계의 존재를 부정하는 대표학자 S.Ullmann (1962)과 Nida(1975)이다. S.Ullmann(1962)은 동의 관계의 존재를 부정하는 여러 학자들의 견해를 근거로 제시하면서[21] 완전한 동의 관계가

---

18) 'a word with the same meaning or nearly the same meaning as another word in the same language: 'Sad' and 'Unhappy' are synonyms.' (<Longman Dictionary of English Language and Culture>, Longman Group UK, 1992, p1345)
19) ①완전하며 총체적인 동의성 ②완전하지만 비총체적인 동의성 ③불완전하지만 총체적인 동의성 ④불완전하면서 비총체적인 동의성
20) J.Lyons. <Introduction to Theoretical Linguistics>, p 448. Horst Geckeler, <구조 의미론과 낱말밭 이론>, 张永千 译, 集贤社, 1994, p237~238에서 재인용.
21) S.Ullmann이 완전 동의어의 존재를 부정하면서 예시한 학자들의 견해와 주장은 다음과 같다.
①Jason:단어들에 정확한 동의성이 존재하는 것은 거의 드문 일이다.

존재하지 않는 것은 언어학에서 거의 인정되었다고 강조하였다. 그는 과학 용어와 같은 전문적인 용어에서는 완전히 교체 가능한 단어가 존재하지만, 구체적인 담화 대부분의 경우 실제적인 차이점이 존재한다고 주장하면서, '의미의 모호성과 정서적 함축으로 인해 완전 동의 관계는 존재할 수 없다'고 주장하였다.[22]

그리고 Nida(1975:15~19, 68~110)는 서로 다른 의미 단위(semantic untis)가 지니는 의미들이 상하 관계를 맺을 수 있는 주요 방법으로 포함 (inclusion), 중첩(overlapping), 상보(complementation), 연접(contiguity) 의 네 가지를 들고 있는데, 유의어와 관련이 있는 관계는 포함 관계와 중첩 관계라고 말하였다. 그는 synonym이 모든 문맥에서 상호 치환되는 것은 아니므로, 의미상 동절이라고 할 수 없지만, 발화의 개념적 내용에 중요한 변화가 없는 일정 문맥에서는 상호 치환될 수 있으므로 중첩 관계로 보았다[23].

---

②Macauley: 문장 구조를 바꾸거나 하나의 synonym를 다른 것으로 대치시키면, 그 문장의 효과는 파괴된다.③Bloomfield
(S.Ullmann, <Semantics: An Introduction to the Science of Meaning>, Oxford: Basil Blackwell, 1962. <의미론: 의미 과학 입문>, 남성우 역, 탑출판사, 1988, p195
그 외의 다른 학자들의 견해는 다음과 같다.
①Hockette: 이 세상에는 같은 것이 하나도 존재하지 않으므로 엄밀한 의미의 동의어는 존재할 수 없다.
②Darmesteter: 발달된 언어에 있어서는 완전한 동의어란 존재하지 않는다.
③Danzat: 동시대의 두 언어 혹은 수 개의 언어 속에 정확하게 서로 대응하는 말은 거의 없다. 다만 그들 사이에 몇몇 접촉점을 가지고 있을 뿐이다.
④Haya-kawa: 실제의 언어 현실에서 엄밀히 따질 때, 동일한 문맥에 꼭 같게 쓰이는 말은 있을 수 없을 뿐 없다.
허은회(2008), 김성곤(1992), 논문 재인용.
22) 김진식(1991), [국어 유의어의 생성요인 연구], 충남대학교 박사 학위논문, p6.
23) 김시연(1995), [현대 중국어 동사 유의어 연구], 이화여자대학교 석사학위논문, p10~12 재정리.

2.1.2.2 한국 언어학계

한국 언어학계에는 Ullmann(1957:107~109)의 'one sense with several names'란 synonym 규정이 소개되면서부터 synonym에 관한 논의가 활발히 일기 시작하였다.

한국에서 synonym 이론은 서구처럼 완전 동의를 인정하느냐에 따라 크게 두 종류로 파악하는 견해와 한 종류로 파악하는 견해로 나눌 수가 있다. 두 종류로 파악하는 견해는 완전 동의를 인정하면서 synonym을 완전 동의와 부분 동의로 양분하여 파악하는 견해이다. 그리고 한 종류로 파악하는 견해는 완전 동의를 인정하지 않고 synonym을 '유의어'이나 '동의어'로 파악하는 견해이다.

완전 동의의 존재를 인정하면서 synonym을 양분하여 파악하는 학자들은 주로 김대식(1980), 허웅(1984), 김용석(1981), 김대식(1980), 김용석(1981), 김종택(1970a), 남성우(1972a), 양태식(1984), 최보일(1978) 등이 있다. 김대식(1980), 김용석(1981)과 허웅(1984)에서 완전 동의를 인정하면서, synonym을 동의어, 유의어로 구별하여 정의를 내렸다. 그리고 김종택(1970)에서도 완전 동의를 인정하였는데, 완전 동의를 동의어로 부분 동의를 유사어로 정의하였다. 남성우(1972a)에서는 synonym을 순수 유의어와 유사 유의어로 양분하였으며, 양태식(1984)에서는 완전 동의를 엄밀한 동의어로, 부분 동의를 느슨한 동의어로 구분하였다. 또한, 최보일(1978)에서는 동의적 유의어와 유의적 유의어라는 용어로 완전 동의와 부분 동의를 구분하였다. 이상으로 볼 때, 한국 학계에 synonym을 완전 동의로 인정하여 다시 두 종류로 분류하는 학자들은 개념에 있어서는 일치를 보이지만 용어 사용에 차이가 보인다.

한편, synonym을 한 종류로 파악하여, 완전 동의를 부정하는 학자들은 대체로 유의어나 동의어라는 용어를 사용하였다. 그중에서 synonym을 유의어로 정의하는 학자는 이숭녕(1971), 이용주(1972), 이승명(1972a),

홍영모(1976), 김광해(1989), 김진식(1991) 등이 있으며, 동의어로 사용하는 학자들은 최창렬(1981), 김진우(1985), 심재기(1985), 강기진(1987), 염선모(1987) 등이 있다. 그 이외에는 이을환(1963)과 이을환·이용주(1975)에서는 유의어 또는 동의어로 사용하였다.

이상으로 한국 언어학계에서 완전 동의 존재 여부에 따라 synonym 이론의 범위에 대하여 학자들의 견해를 정리하였다. 학자마다 synonym 에 대한 이해가 조금씩 다르지만 용어를 주로 '동의어'와 '유의어' 등 두 개로 보고 있다.

2.1.2.3 중국 언어학계

현대 중국 언어학계에서는 일반적으로 synonym을 동의사로 번역하여 사용하며, 학자들은 대체적으로 동의사의 의미를 기본이 되는 의미와 부가적인 색채 의미로 나누고 있다. 범위는 조금씩 다르지만 부가적인 의미에 감정적인 색채의 차이, 구어(口語), 문어체[書面語] 등의 문체적인 차이가 존재한다고 보고, 기본 의미와 그 이외의 의미들까지 동일한 것을 동의사로 분류하고 있다.

한편, 서구와 한국에서 완전 동의의 인정 여부에 따라 synonym을 크게 두 가지로 나누는 견해가 있지만, 중국에서는 모두 동의사라고 번역하며 동의어의 하위 분류로 잡유설(杂糅说), 근의설(近义说), 구분설(区分说) 등 3가지로 설정한다.

첫째, 잡유설은 동의사가 동일한 의미 관계를 가진 단어도 포함시키고 유사한 의미 관계를 가진 단어도 포함시키는 견해이다. 이는 대표적인 학자로서 후위슈(胡裕树, 1987), 장징(张静, 1957), 손량명(孙良明, 1958), 찌아무(加木, 1960), 왕친·우지안쿤(王勤·武占坤, 1959), 고운다·왕리팅(高文达·王立廷, 1980) 등이 있다.

후위슈(胡裕树, 1987)에서 동의사는 의미가 서로 같거나 비슷한 단어로, 유의사(类义词)는 의미상 동일한 유의 사물을 대표하는 단어로 동의사를 포함시킨다고 하였다. 즉, 동의사와 근의사의 개념을 동의사라는 용어 하나로 포괄하고 있으며, 동의사를 크게 일반적인 상황에서 임의로 교체가 가능한 '완전 동의사'와 '불완전 동의사'로 나누고 있다[24].

장징(张静, 1957)에서는 동의사를 동의 동의어, 교차 동의어, 유의 동의어로 분류하였으며, 이를 통하여 유의어는 동의어에 속한다는 견해를 알 수가 있다.

손량명(孙良明, 1958)은 동의사란 의미가 같거나 비슷한 단어를 말했다는 견해를 동의하였고, 유의어를 동의어와 구별할 필요가 없다는 입장을 나타내었다.

그 외 동시에, 찌아무(加木, 1960)도 같은 주장을 하였으며, 거의 같은 의미가 있거나 조금 의미 차이가 있는 유의어는 같은 언어 체계에서 같은 의미가 있는 동의어에 속한다고 하였다[25].

왕친, 우지안쿤(王勤 · 武占坤, 1959)[26]은 어휘와 의미간의 동의 관계는 그것이 지칭하는 사물, 현상, 관계의 相同과 相近에 의해 결정되었다고 하였다. 지시 대상이 같고, 단어의 의미 동일한 단어를 등의 관계사(等义关系词), 지시 대상이 비슷하고 단어의 의미 내용이 대동소이한 단어는 근의 관계사(近义关系词)로 정의하였다. 그리고 등의사는 색채 기능(色彩机能)의 실현 수단으로 존재하다고 보고, 색체 의미에 있어서 완전 동일한 등의사가 존재하지 않으므로 등의사는 등의이채사(等义异彩词)[27]라고 주장하였다.

---

24) 胡裕树 外 編(1991), ≪現代中国语学概论≫, 허성도 역, 한국학술진흥재단, p240~250.
25) 방가미(2012), 『한 · 중 유의어 대조 연구』, 경회대학교 석사 학위논문, p17 재인용.
26) 武占坤,王勤(1983), ≪現代汉语词汇概要≫, 内蒙古人民出版社, p101~102.
27) 의미가 비슷하지만 가지는 색채가 다른 단어이다.

고운다 · 왕리팅(高文达 · 王立廷, 1980)[28)]는 동의사의 존재를 인정하면서 두 가지로 나누어, 단어의 함의가 완전히 같은 것을 등의사로, 서로 비슷한 것을 근의사로 하였다.

둘째 근의설(近义说)은 둘 이상의 어휘 의미가 완전히 동일한 범주에 속하는 것은 거의 존재하지 않고 동의어와 유의어를 하나로 합쳤다는 견해이다. 이에 대표적인 학자로 후밍양(胡明杨, 1985),보춰(伯绰, 1951),고밍카이(高名凯, 1955), 류링 · 천시유주(刘伶 · 陈秀珠, 1994) 등이 있다.

후밍양(胡明杨, 1985)[29)]에서 동의어는 실제적으로 유사한 의미를 가진 유의어를 가리킨다고 하였으며, 완전히 같은 의미를 가진 동의어는 같은 어휘체계에서 존재하지 않다고 하였다.

보춰(伯绰, 1951)[30)]도 의미상 유사한 의미를 가진 단어들이 동의어라고 정의하였고, 고명카이(高名凯, 1955)[31)]는 동의어는 바로 의미가 유사한 단어들이라고 하였다.

류링 · 천시유주(刘伶 · 陈秀珠, 1994)[32)]에서는 동의사는 의미소가 같다는 특징을 가지고 있으며, 실제 언어 동의사의 존재를 부정하였다. 일반적으로 말하는 등의사는 근의사를 가리키는 것이며, 동의사에서 근의사가 내포돼 있다고 말하였다.

셋째 구분설(区分说)은 동의사와 근의사가 존재함을 인정하지만, 확실하게 구별하여 뒤섞이면 안 된다는 견해이다. 즉, 근의사는 동의사의 한 종류로 생각하면 안 된다는 견해이다. 이에 대표적인 학자로는 류쉬우신(刘叔新, 1990), 그본이(葛本仪, 2001), 시에운칭(谢文庆, 1981) 등

---

28) 高文达. · 王立廷(1980), ≪词汇知识≫, 济南,山东人民出版社, p86.
29) 胡明杨(1985), ≪语言与语言学≫, 武汉, 湖北教育出版社.
30) 伯绰(1951), ≪同义词例解≫, 语文学习.
31) 高名凯 (1955), ≪普通语言学(下册)≫, 上海东方书店°
32) 刘伶,陈秀珠(1994), ≪中国语言学概论≫, 김용운, 한종호 역, 중문출판사 p126.

이 있다. 류쉬우신 (刘叔新, 1990)의 견해는 그 중에서 지배적으로 영향력이 컸다. 그는 '어휘들이 의미가 비슷하다고 해도 동의 관계가 아니다; 근의사를 동의사로 혼용하면 안 된다(词语间意义的相接近,不等于同义关系; 近义的词语不应混作同义词语.)'라고 하였으며, 근의사와 동의사 구별의 중요성을 강조하였다.

한편, 시에운칭(谢文庆, 1981)은 동의사를 등의사와 근의사 두 종류로 나누어 논의하였다. 그는 단어들은 주로 핵심의미[理性意义]와 부각의미[色彩意义]로 구성된다고 보았다. 핵심의미[理性意义], 부각의미[色彩意义]와 어법(语法)에서 구별없이 서로 대체할 수 있는 단어들을 등의사라고 하며, 이성 의미, 색채 의미에서 차이가 존재하는 단어들을 근의사라고 하였다.

그본이(葛本仪, 2001)에서도 시에운칭(谢文庆, 1981)과 같이 동의사를 등의사와 근의사 두 종류로 나누었다. 단어의 어휘의미, 어법 의미와 색채 의미가 똑같은 동의사를 동의사라고 하며 절대 동의사(绝对同义词)라고도 한다. 그리고 의미가 비슷한 동의사를 근의사로 보고, 이를 상대 동의사(相对同义词)라고도 하였다.

이상으로 중국 언어학계에서의 주로 견해들을 분류별로 정리하였다. 3가지 견해를 비교해 보면, 잡유설은 '근의'의 범위 구별이 어렵고, 실제 동의에 있는 단어들은 어떤 단어가 근의사인지 어떤 단어가 아닌지에 대하여 분쟁이 일으키기 쉽다는 단점이 있다. 그리고 근의사는 완전 동의의 존재를 부정하여, 이는 언어 사실과 어긋난다. 구분설은 '동의'와 '근의'의 차이점을 인식하였으며, '근의'단어들을 '동의'단어들에서 분리시키려고 하였다. 이는 잡유설에 대한 근본적인 부정이라고 말할 수가 있다.

또한, 동의사 성립 기준은 중국 언어학계에서 동일한 견해가 없으며, 주로 의의설(意义说), 개념설(概念说), 사물대상설(事物对象说) 등이 있다. 구체적으로 보면 아래와 같다[33].

첫째, 두 단어가 같은 문장 내에서 서로 교환되어도 기본 의미가 변하지 않아 의미적으로 공통점을 갖춘 것을 동의어라고 한다. 만일 호환성이 동의어의 본질적인 속성이라면 대부분의 동의어가 동의어군에서 배제될 것이면, 이것은 사실상 불가능한 일이다. 그러므로 이러한 의견은 일부 학자들에 의해 날카로운 지적을 받고 있다.

둘째, 의미가 같거나 혹은 비슷한 단어이다. 이 의견은 가장 통용되는 의견이기는 하지만, 여전히 어떤 단어가 '의미상 같거나 유사한 단어'인지가 명확하지 않으므로 동의어의 한계에 대한 새로운 기준을 제시하지는 못하고 있다.

셋째, 서로 다른 어휘가 의미상 기본적으로 일치하는지의 여부는 그들이 같은 사물과 대상을 지칭하고 있는지를 보아야 하며, 그들이 지시하고 있는 사물 대상이 동일하면 그것은 곧 동의어이고 그들이 지시하는 대상이 다르면 곧 동의 관계라고 할 수 있다는 의견이다. 이러한 의견은 역시 많은 약점을 가지고 있다. 결코 모든 어휘가 사물의 대상을 가리키지 않는다는 것이다. 또 어떤 단어는 동일한 사물 대상을 가리키고 있는지 정확하게 알 수가 없다. 예를 들어 '充足'과 '充沛', '交流'와 '交換'같은 경우, 서로 동일한 대상을 가리키고 있다고 말하기 어려울 것이다. 실상 이러한 관계에 있는 유의어들이 존재할 뿐만 아니라 유의어가 아닌 어휘가 동일한 대상을 가리킬 수도 있다.

이상으로 서구, 한국과 중국 언어학계 synonym의 범위, 용어, 개념, 성립 조건 등에 대하여 살펴보고 정리하였다. 비록 세 나라 학자들은 synonym에 '완전 동의어'의 존재 여부에 대한 분쟁이 보이지만, synonym은 의미가 비슷한 단어들을 포함한다는 견해에서 일치한다고

---

33) 허은희(2008), 『고등학교 중국어 교과서 허사 유의어 오류분석 및 지도방안』, 명지대학교 석사학위논문, p22~23, 재인용.

말할 수가 있다.

따라서 필자는 과학 용어나 전문 용어를 제외한 일반어에서 완전하게 똑같은 의미를 가진 단어는 존재하지 않다는 견해를 따르며, 유의 관계라는 단어들은 의미 비슷한 부분이 있지만, 각 단어의 뉘앙스와 의미 영역, 공기 관계에 차이가 있다고 본다. 그래서 본고에서는 synonym을 의미가 비슷하다는 유의어로 보는 선행 연구자들과 일치한다.

2.1.3 어휘 교육에서 유의어의 기능

이 절에서는 어휘력과 유의어의 관계를 고찰할 것이며, 한국어 교육에서 유의어 교육은 어휘력 신장에 어떻게 도움을 줄 것인지를 밝힐 것이다.

한국어 교육의 목적은 한국어 능력의 향상이며, 한국어 의사소통 능력의 신장을 뜻한다[34]. 의사소통에서 요구되는 어휘 능력은 단순히 개별 단어의 형태와 의미를 아는 것을 넘어 실제 언어 생활에서의 상황 맥락과 의도에 맞게 활용하는 능력을 가리킨다. 그리고 왕혜숙(1995:384)에서 지적했듯이, 학습자들이 의사소통의 많은 부분을 어휘력에 의존하고 있고, 학습 과정 중에서 어휘력을 향상시키는 데에 가장 큰 어려움을 겪고 있는 것이다[35]. 또한 조현용(2000:138~143)에서도 한국어 학습자들이 의사소통을 할 때 어려움을 느끼는 가장 큰 원인은 어휘라고 하였다.

하지만, 한국어 교육에서 어휘 교육은 단지 많은 어휘를 습득하는 것이 아니라, 학습자가 깊이 있는 의미 처리를 할 수 있도록 어휘 의미에 대한 교육 내용이 더 중요하다. 한 어휘를 안다는 것은 단순히 학습자가

---

[34] 김은혜(2012), 『연상을 활용한 한국어 어휘 의미 교육 연구』, 인하대학교 박사학위논문, p21.

[35] 왕혜숙(1995), "영어화자의 한국어 작문에 나타난 어휘상 오류분석", 『이중언어학』, 이중언어학회, 제12집1호, p384.

자신의 모국어 단어를 목표어에 대응시키는 것이 아니고 단어의 음운, 형태, 통사적 결합 관계, 의미, 용법에 대해 아는 것이며, 이는 지속적으로 앎의 과정을 확장해 가야 한다. 다시 말하면, 어휘력의 신장은 단순히 양적보다 어휘의 질적 능력의 향상이 더욱 시급하다.

한편, 어휘의 의미 단위들은 하나하나 개별적으로 독립해 있으면서도 다른 어휘들과 서로 유기적인 관계를 맺고 있다. 어휘는 어휘 사이의 의미 관계로 분류할 수 있는데 유의 관계, 반의 관계, 상의 관계, 하위 관계 등의 의미 관계를 기준으로 나눌 수 있다. 이들은 어휘간의 계열적 관계를 보이는 것으로 어휘 사이의 연관성을 보여준다는 점에서 어휘 확장이나 어휘의 의미를 정확히 알게 하는 데 주요한 역할을 한다[36]. 그 중에서 유의어를 이용하여 질적 어휘력을 신장시키는 중요성은 국내외 학자들의 논의를 통해도 알 수가 있다.

Channell(1981)은 기본적인 어휘를 학습한 후 제2언어 학습자가 겪는 어려움은 대부분 어휘적인 부분이라고 지적하였는데, 이때 학습자에게는 어휘의 기본적인 지식뿐만 아니라 그 어휘가 다른 유사한 의미의 어휘와 어떤 관련을 맺고 있는가와 그 어휘가 어떤 환경에서 어떤 어휘들과 함께 결합하는가에 대한 지식이 필요하다고 하며, 유의어의 의미 차이에 대한 학습의 중요성을 강조하였다.

고은정(2011)에서는 Schmitt(2000)의 의견을 인용하며 제2언어 학습자들은 어휘에서 가장 기본이 되고 자주 사용되는 의미를 먼저 학습한 뒤 더 나아가 의미를 정교화하는 과정에서 유의적인 학습을 통해 의미를 발견하는 것이 중요하다고 하였다. 그리고 어휘 의미를 이해할 수 있는 실천적인 방법을 모색하기 위해 체계적인 어휘 교육의 필요성과 함께 유의어 학습을 통한 어휘력 신장을 제기하였다.

---

36) 박새미(2012), 『의미변별을 활용한 한국어 유의어 교육 방안 연구』, 한양대학교 석사 학위논문, p7.

그리고 강현화(2005)에서도 외국어 학습의 중, 고급에 이르러 이미 학습한 단어와 유사한 어휘를 새롭게 학습하며, 학습자는 반드시 이전에 학습한 어휘와의 차이를 알고 싶어하며, 이러한 유의어 간의 변별성은 의미 풀이에 의해 해결되기보다는 어휘간의 통합적 관계나 다른 통사적 정보에 의해 변별되는 경우가 대부분이라고 하였다.

나삼일(2007)에서는 학습자들의 학습 단계에 따라 어휘 교육 방법의 선호도가 다르게 나타났지만 초급, 중급, 고급 단계에서 공통적으로 유의어, 반의어, 다의어 등 의미 관계에 따른 어휘 교육을 가장 선호하고 있다고 지적하였다.

한편, 김광해(1993)에서는 유의어를 사용하여 얻을 수 있는 어휘 교육의 성과를 아래와 같이 제시하고 있다.

첫째, 유의어군을 이용하면 어휘량을 확장할 수 있는 유용한 수단이 된다.

둘째, 유의어들 사이에 존재하는 섬세한 의미 차이에 대한 인식을 중요한 사고력 훈련의 도구이다.

셋째, 유의어군에 의해서 단어들을 유형별로 인식하는 일이 가능한데, 이는 과학적 사고의 출발점이며, 막연한 개념들이 확실하게 될 수 있다. 이는 사물과 현상에 대한 논리적, 분석적인 인식의 함양에도 중요한 기여를 한다.

넷째, 위의 과정들은 거쳐 어휘 의미에 관한 분석력이 향상되면 더 고도의 언어 구사 능력인 예술적, 문학적 표현의 능력까지 성숙될 수 있다.

유의어 교육이 어휘력의 신장과 긴밀한 관계를 가지고 있다는 사실은 위의 논의를 통해 알 수가 있으며, 그와 동시에 외국어로서의 한국어 교육학에서 유의어 교육은 또한 중요한 분야의 하나이다. 외국어로서의 한국어 교육학에서 유의어 교육의 필요성은 아래와 같이 정리할 수가 있다.

첫째, 유의어 교육을 통하여 외국인 학습자들이 정확하고 체계적인 어휘를 파악할 수가 있다. 단순히 단어 의미를 개별적으로 가르치는 것보다, 타 단어와 비교하면서 교육하면, 보다 정교하게 기술하고 체계화할 수 있다.

둘째, 외국인 학습자들의 표현력을 키워주는 데 도움이 된다. 유의어 변별 및 사용은 주로 모국어 화자가 가지는 언어 직관에 의존한 것이며 외국인 학습자들이 교육 없이 파악하기가 어려운 일이다. 외국인 학습자들은 유의어 교육을 통해 의미 범주가 모호하거나 추상적인 개념들을 파악하여, 의사소통 과정에서 이해 능력을 높일 수 있을 뿐만 아니라 표현 능력도 성장 시킬 수가 있다.

셋째, 교실 활동의 취미성을 증가하며 학습자들의 한국어 학습 흥미 유발에 도움이 된다. 단순히 외우는 방법으로 하는 어휘 학습보다 의미 관계를 활용하여 유의 관계를 가진 어휘들을 비교, 분석 하는 방법이 학습에 도움이 될 것이며, 흥미로운 학습 분위기도 만들 수가 있다.

넷째, 학습자들의 한국어 능력 수준을 높일 수도 있다. 박재남(2002)에서 52명 고급 한국어 학습자들에게 조사한 결과, 유의어의 오용은 62%로 비교적으로 높게 나타나고 있었다. 유의어 교육을 제대로 진행한다면, 학습자들은 더 빨리 고급 수준으로 올라갈 수가 있을 것이다.

이상으로 한국어 어휘 교육에서 유의어의 기능을 살펴보았으며, 유의어 연구의 중요성을 다시 한 번 확인할 수가 있다. 본고의 주제는 유의어로 정했지만, 기출 문항을 분석해 보면 유의어 문항이외에는 관용구와 비슷한 의미를 가진 단어나 문장의 선택(어깨가 무겁다-할 일이 많다), 문장과 비슷한 의미를 가진 단어의 선택(시간이 없다-바쁘다), 사자성어와 의미가 비슷한 단어의 선택(일사천리-거침없이) 등이 많이 있어서 일반적으로 말하는 유의어보다 범위를 더 확장하여 '유의 관계어'라고 정할 것이다.

2.2 오류 및 오류 분석

제2언어 습득 과정에서는 오류를 범하기 마련이다. 오류들을 어떻게 분석하고 처리하여 외국어 교육에 도움을 줄 수 있느냐 하는 문제는 교수나 학습자들에게 중요한 과제이다. 오류 분석은 학습자의 학습 상황을 파악하는 계기가 되며, 학습자의 부진한 학습 내용을 정확하게 인식하여 목표어에 대해 무엇을 학습해야 할지를 알 수가 있다. 그리고 학습자 입장에서 볼 때는 학습 방법을 알려 주는 지표가 되므로 학습자의 발전도와 목표 달성에 매우 중요하다(Corder,1967).

일반적으로 외국어 학습에 있어서 모국어 영향을 쉽게 벗어나지 못하며, 모국어 간섭으로 인해 생긴 오류도 빈번하다. 따라서 학습자의 오류 원인을 이해하고 해당 해결 방법을 마련하기 위하여 모국어와 목표 언어를 대조분석(Contrastive Analysis: CA)하여 두 언어 간의 차이점을 이해하는 데 도움이 될 수가 있다. 하지만 모든 오류는 모국어와 목표어 간의 차이에서 일어난다고 볼 수가 없으며 그 이외에 다른 요인도 있다. 이런 한계점을 지적하고 나온 것이 바로 오류 분석(Error Analysis, EA)이다. 이 절에서 대조분석이론과 오류 분석 이론에서 오류에 대한 관점을 정리하고, 오류의 유형과 분석 절차들을 살펴본 다음에, 본 연구의 분석 절차에 활용하고자 한다.

2.2.1 오류의 개념[37]

제2언어 학습시 표준문법 형태에서 벗어난 제2언어에 대한 불완전한 지식에서 생기는 음운론적, 문법적, 어휘적 형태를 오류라고 한다. 오류란 간단하게 말해서 목표어의 기준에서 볼 때 바람직하지 않은 형태를

---

37) 이 부분 박경자 외(2011), 『언어교수학』을 정리한 것임을 밝혀둔다.

말한다. 이러한 바람직하지 않은 형태의 목표어는 주로 학습자의 중간 언어에서 많이 찾아 볼 수 있는 것으로 학습자의 언어체계로 인하여 발생된다. 과거에는 학습자의 언어체계로 인한 바람직하지 않은 형태와 학습자의 언어수행사의 문제로 인한 바람직하지 않은 형태를 모두 통틀어서 '오류(errors)와 실수(mistakes)'라는 두 가지 용어를 혼용하여 왔으며, Richards는 언어 능력(지식)으로 인한 오류와 언어 수행으로 인한 오류를 '오류(errors)'와 '실수(mistakes)'로 구분할 것을 제안하고 있다[38].

오류와 실수의 변별은 중요한 과제이며, 실제 분석의 과정에서는 학습자의 발화가 오류인지 실수인지를 구분하는 데에 주관성이 내포되어 명확한 구분이 어려운 경우도 많다. 넓은 의미의 오류의 종류에는 우발적으로 생기는 실수와 규칙적인 오류의 두 종류가 있다. 전자는 언어 수행 상에서 나타나는 잘못이며, 후자는 언어 능력의 오류라고 할 수 있다. Corder(1967)는 언어에 대한 지식의 부족이나 불완전한 언어 지식 때문에 생기는 잘못을 오류라고 하고, 심리적 육체적인 상태로 인한 언어 수행 상에서 나타나는 잘못을 실수라고 정의하였다[39]. 특히 오류는 체계적인 반면에 실수는 비체계적이라고 말하고 있다. 한편, Brown(1980)도 오류는 학습자의 중간 언어 능력을 반영하는 자료로 보고, 실수는 언어 수행상의 잘못으로 알고 있는 언어 체계를 바르게 사용하지 못한 데서 비롯된 결과이며, 오류는 성인 모국어 화자의 문법에서 두드러지게 이탈된 잘못으로 학습자의 중간 언어 능력을 반영하는 것이라고 하였다[40].

---

38) Richards J(1971), 『Error analysis and second language stategies』, Language Sciences17: 12~22.
39) Corder, S.P(1967). 『The significance of learners errors. International Review of Applied Linguistics』, 5: 16~19.
40) Brown, H.D(1980), 『Principles of Language Leaning and Teaching』. Prentice Hall.

오류를 바라보는 관점은 교수법의 변천과 밀접한 관계를 가지고 있다고 볼 수가 있다. 문법 번역식 교수법(Grammear-Translation Method)에서 읽고 이해하는 것에 중점을 두기 때문에 학습자의 오류에 대해 큰 관심을 갖지는 않았다. 하지만 청각구두식 교수법(AudioLingual Method)에서는 언어들은 서로 다르다는 전제 하에 목표어와 모국어의 차이를 중요하게 보았으며, 이러한 차이에 의해 오류가 발생한다고 보았다. 그리고 학습자를 중심으로 한 의사소통식 교수법(Communicative Language)에 들어서서 오류를 바라보는 관점은 크게 변화되었다. 과거 교수 중심의 교육을 중시하던 교수법에서는 오류란 교수의 교수 방법이나 실력의 부족으로 인하여 발생하는 필연적인 결과로 보는 반면, 학습자 중심의 언어 교육을 중시하게 된 1970년대 이후에는 오류란 언어학습 시 필연적으로 발생하는 학습발달 과정상의 자연적, 필수적 부산물로 간주되어, 오류의 중요성이 부각되기 시작하였다.

2.2.1.1 대조 분석 가설(Contrastive Analysis: CA)에서의 오류

대조언어학은 2차 세계 대전 이후 각국의 외국어 교육열과 함께 효과적인 외국어 교육 방법을 개발하기 위한 새로운 방법으로서 관심의 대상이 되었다. 60년대에 중요성이 인식되어 거의 모든 언어학회에서 대조언어학 분야를 다루고 있을 정도이며, 70년대 열기가 고조에 달하였으며 유럽 특히 독일, 유고, 루마니아, 헝가리 등과 미국 등에서 많은 학자들의 연구가 진행되었는바 주로 음운론 분야에서 활발히 진행되었다. 80년대에는 영역이 언어 구조와 문화 구조, 언어 구조와 인간의 의식 구조, 언어 구조와 사회 구조 등 영역으로 확대되었으나 열기가 약간 식은 듯 했다.

대조 분석 이론의 대표적인 학자로서는 Fries(1945)와 Lado(1957) 등이 있다. Fries(1945)는 대조 분석은 학습자가 외국어를 이해하는 데 길잡이가 된다고 말하고, 가장 효과적인 학습 자료란 학습하고자 하는 언어를 과학적으로 기술하여 학습자의 모국어와 비교 및 대조를 한 것이어야 하며, 차이점을 주로 문형 연습을 통하여 이해시켜야 한다고 했다.41) 즉, 두 언어의 구조 사이에 차이가 발생하면 학습자가 어려움을 느끼고 어려움을 느낄 때에는 오류를 유발하게 된다는 것이다. Lado (1957)역시 Fries의 외국어 교육론을 지지하면서, 학습자들에게 모국어와 같거나 비슷한 부분을 파악하기 쉽지만, 두 언어가 다른 부분을 파악하기 어렵다고 하였다. 또한, 모국어와 목표어의 대조, 분석을 통해 교수들이 학습자들의 진지한 어려움을 이해할 수가 있으며, 잘 극복할 수 있을 것이라고 지적하였다.

행동주의 이론과 구조주의 언어학에 바탕을 둔 대조 분석 가설에서는 오류를 모국어와 목표어간의 구조적 차이에서 오는 모국어의 부정적 전이, 즉 '간섭'으로 이해하였으며, 빨리 수정되어야 하는 것이라고 보았다. 그리고 해당 두 언어의 과학적이고 구조적인 분석으로 학습자가 앞으로 당면하게 될 어려움을 언어 학자와 학습 지도자들이 예측할 수 있도록 해야 한다고 주장하였다.

2.2.1.2 오류 분석 이론(Error Analysis, EA)에서의 오류

초기의 연구에 따르면 제2언어 학습 시 학습자들은 모국어와 제2언어의 차이로 인해 어려움을 느끼며, 오류는 주로 학습이 제대로 이루어지지 못하여 생기는 것으로 간주하였으나, 최근에는 오류가 피할 수 없는 현상으로 여겨진다.

---

41) Charler C, Fries, 『Teaching and Learning English as a Foreign Language』, Arbor:Univ. of Michigan Press, 1945, p19.

Corder(1973)는 한 언어의 어떤 요소들은 학습자에게 내재적으로 어려우며, 학습자의 잘못은 자연스럽고 필연적이고 이는 제2언어에 대한 불완전한 지식에서 유발되는 경우가 많다고 지적하였다. 오류 분석은 이때 나타나는 학습자의 잘못을 기록, 분류하는 것이다.

행동주의 이론에 바탕을 둔 대조 분석 가설에서는 모국어의 간섭 혹은 비학습의 결과로 보는 견해와 달리, 이성주의 이론에 바탕을 둔 오류 분석 가설에서는 비문법적인 문장은 제2언어 자체의 특성에 의한 것으로 학습자가 언어 습득 과정에 능동적으로 참여하는 증거로 여긴다.

오류 분석 이론은 제2언어의 학습은 모국어의 모방이나 목표어의 사용보다는 실제 학습자들은 또 '다른 언어'를 사용하는 것으로 보았다. 이 '다른 언어'는 학습 대상어인 제2언어 체계에 더욱더 접근해 가는 과정상의 중간에 위치한 체계이기 때문에 학자들은 이를 '중간 언어'라고 하였다. 이 중간 언어는 모국어와 목표어의 특징을 모두 가지고 있지만, 두 언어와의 차이점도 있다. 중간언어는 이어지는 체계로 볼 수가 있고, 학습을 통하여 끊임없이 발전하면, 목표어 체계와 접근해 가는 과정의 언어로 볼 수도 있다. Selinker(1972)는 제2언어 학습자가 보여주는 이러한 언어 형태를 처음으로 모국어와 대상어 간의 중간적인 성격을 띤 것으로 설명하고, 이것을 중간언어로 보았다.

오류 분석에서는 모국어 간섭이 오류 원인의 유일한 것으로 보는 대조 분석 이론의 견해와 달리, 오류를 언어전이, 목표언어 규칙의 과잉화, 훈련의 전이, 제2언어 학습 방안, 제2언어 의사소통 전략 등 다양한 원인에서 밝히려고 한다. 오류분석은 미리 오류를 예언하기보다는 종류별 오류의 원인을 밝히는 데에 기울이며, 학습자들이 제2언어의 습득에 중점을 두었다[42].

---

42) 이정희(2003), 『한국어 학습자의 오류 연구』, 박이정, 참조.

학습자가 언어를 습득하는 과정에서 발생하는 오류는 여러 가지 요인에 의하여 형성된다. 하지만 실제로 외국어의 모든 가능한 오류의 근원을 일일이 열거한다는 것은 거의 불가능한 일이며, 여기서 비교적 활발히 연구되고 공인된 학습자의 주된 오류의 원인을 요약해 보면 아래와 같다.

첫째, 언어 간의 전이이다. 외국어 학습의 초기 단계에서 많이 나타나며 이는 외국어의 체계에 아직 익숙하지 않은 학습자가 자신이 갖고 있는 유일한 언어 체계인 모국어의 경험에 의존하여 모국어로부터의 전이 현상을 많이 받게 되는 것을 말한다. 이때 제2언어에 대한 모국어의 간섭으로 인해서 생기는 오류를 언어 전이에 의한 오류라고 한다.

둘째, 언어 내부의 전이이다. 즉, 제2언어 학습 과정에서 목적어 내부의 규칙이 상호 전이되는 것을 말하는 것이다. 언어 내부의 전이 가운데 부정적 전이는 '과도한 일반화의 오류'라고도 한다. Taylor(1975)에서는 초급 단계에서는 언어 간의 전이로 인한 오류가 많이 발생하지만, 학습자의 수준이 향상될수록 언어 간의 전이로 인해 오류는 갈수록 감소하고 언어 내부의 전이로 인한 오류가 점점 증가한다고 하였다. 언어 간의 간섭 이외에도 언어의 내부 간섭을 인정했다는 것은 바로 오류 분석 이론의 중요한 특징의 하나이다. 이는 규칙 확대에 의한 오류라고도 하는데, 대상어 자체 내에서 발생하는 오류는 대부분이 여기에 해당한다.

셋째, 학습 언어 환경(교실 수업, 교재, 교수, 사회 환경)이다. 교수의 그릇된 설명이나 좋지 못한 발음, 혹은 교재에서 단어나 구조에 대한 그릇된 설명 등으로 기인하며 기계적인 연습 문형을 암기한 결과 다분히 교과서적인 표현을 구사하거나 문제가 되는 규칙을 지나치게 학습하여 지나치게 정확한 표현을 사용하는 경우에 해당한다[43]. 이는 학습 언어 환경에서의 미흡한 연구로 인해 교재 혹은 교수의 왜곡된 가르침

---

43) 강현화 외(2003), 『대조분석론』, 역락, p52 재인용.

이 발생하여 결국 학습자에게 영향을 미쳐 오류가 발생하게 된다는 것이다.

넷째, 의사소통 전략이다. 이러한 오류와 언어 간 혹은 언어 내부의 전이는 서로 교차하는 것으로, 주로 나타나는 형식은 회피, 사전 제작된 모식, 인지와 인격 특징, 권위에 도움 청하기, 언어 전환 등이다.

다섯째, 문화 전이이다. 이러한 부정 전이는 종종 언어형식에 있어서는 아무런 문제가 없는 것 같지만 목적어에는 부합하지 않는다.

2.2.2 오류의 유형

오류의 유형과 분류는 오류의 원인을 어떻게 나누는가에 따라 달라진다. 지금까지 널리 알려진 유형으로는 다음과 같은 것들이 있다.

(1) Doskova(1969)는 오류를 문법의 분류 방식에 따라 어형, 서법동사, 시제, 관사, 어순, 통사 구문, 전치사, 어휘로 분류하였다[44].

(2) Corder(1974)에서 오류 발생의 원인에 따라 그 유형을 언어간 전이, 언어내적 전이, 학습 환경 요소로 인한 오류로 나누어 기술하였다. 특히 언어간 전이는 초급 단계의 학습자에게 많이 나타난다고 강조하였다. 그리고 그는 Corder(1981)에서 다시 문장 오류의 범주를 네 가지로 구분하였다.[45]

(3) Selinker(1972), Richards(1973)에서는 언어 내 오류들을 '과일반화', '훈련에 의한 오류', '학습 전략에 의한 오류', '의사소통상의

---

44) 김해정(2000), 『중국어 학습 과정에서 나타나는 오류 분석』, 충남대학교 석사학위논문, p9 재인용.

45) ①오류가 없고, 원어민이 받아들일 수 있는 경우; ②원어민이 받아들일 수 있고, 적절하지 않으며, 오류를 포함하고 있는 경우; ③원어민이 받아들일 수 없고, 적절하며, 오류를 포함하고 있는 경우; ④원어민이 받아들일 수 없고, 적절하지 않으며, 오류를 포함하고 있는 경우.

오류' 등 네 가지 유형으로 분류하였다.

(4) Richards(1971,1974)는 오류가 일어나는 단계에 따라서 오류의
    유형을 '규칙 전 단계', '규칙 단계', '규칙 후 단계' 등 3가지로
    나누었다.

(5) Dulay,Burt와 Krashen(1974)는 의사소통에서 이해 가능성에 관하
    여 전체적(gllobal) 오류와 국부적(local) 오류로 나눈다. 학습자가
    한 말에 대하여 그 말의 모국어 화자가 전체 내용을 잘못 이해하거
    나, 주어진 문맥에서 내용을 전혀 이해하지 못하는 경우는 전체적
    오류이다. 그러나 국부적 오류는 모국어 화자가 발화를 이해할
    수 있으며 의사소통상 심각한 문제를 일으키지 않는다.

(6) Hammerly(1982)는 학습자의 관점에서 오류를 '잘못(distortion)'
    과 '실수(faults)'로 나누었다. '잘못'은 제2언어 학습자가 이미 배
    웠던 규칙을 잘못 적용하는 경우에 나타나며, '실수'는 그 시점에
    서 아직 학습하지 않은 규칙에 대한 오류로 나타난다.

(7) Dulay,Burt와 Krashen(1982)은 학습자들이 사용한 표현의 표층구
    조에 드러난 오류에 초점을 맞추어 분석하는 접근 방법을 강조하
    였는데, 표층구조의 변화를 가져오게 하는 오류를 생략, 첨가, 오
    용, 오순 등 네 가지 방법으로 분류하였다.

이상은 영어 교육을 대상으로 한 오류 유형으로 한국어 오류 분석의
유형을 설명한 예로는 왕혜숙(1995), 김유미(2000)와 이정희(2002)를
들 수 있다.

왕혜숙(1995)에서는 영어를 모국어로 말하는 한국어 학습자들의 작
문에 나타난 어휘상 오류를 대상으로 분석하였다. 분석 절차는 '오류
자료 수집, 오류 판정, 오류 분류, 오류 빈도 조사, 유형별 오류 원인
분석'으로 구성돼 있다. 이 논문에서 기존 연구보다 용이하게 하고 또

용어상의 혼돈을 최대한 피하기 위하여 약간 수정을 한 후 분류 기준 및 오류 유형을 아래와 같이 설정하였다. 그리고 그 이외에는 품사별 오류 빈도도 통계를 하였다.

<표6> 왕혜숙(1995) 어휘상 오류 유형별 분류[46]

분류	예시
유사 의미	의미의 유사성에서 오는 혼돈으로 인한 오류 예) 성실한 이야기-(진실한)
유사 형태	형태적 유사성에서 오는 혼돈으로 인한 오류 예) 연애 결혼이 더 이상하고(이상적이고)
어휘 교체	예) 제 ex-아내가 후회하고 있겠다.(전아내)
낱말 배치	낱말의 배치 또는 관용어상의 오류 예) 결혼의 위험을 취해야 돼요.(위험을 무릅쓰다)
조어	총각의 생활(독신생활)
축약/반복	우리는 세상의 생각을 바꿀 수 없다.(세상사람들의 생각을)
확대적용	혹시 나쁜일 때문에 죽으면 너무 무섭다.(사고로)
번역	문자 그대로의 번역/모국어의 전이 예) 한날, 알약을 너무 많이 먹었다.(어느날) 예) 이야기 프로도 있고 비누 오페라 프로도 있다.(연속극)
기타	

이정희(2002)에서는 한국어 오류 분석의 틀을 시도해 보았는데, 종합적인 접근법으로 오류의 발생 원인과 결과의 판정 두 가지를 함께 살펴보았다. 표로 정리하면 아래와 같다.

---

46) 왕혜숙(1995), "영어화자의 한국어 작문에 나타난 어휘상 오류 분석", 이중언어학회, 제12집, p389~390, 재인용.

<표7> 이정희(2002) 한국어 오류 분류 방법

대분류	중분류	소분류
원인에 따른 분류	모국어의 영향에 의한 오류	부정적 전이
	목표어 영향에 의한 오류	과잉 적용
		불완전 적용
	교육 과정에 의한 오류	교육 자료에 의한 오류
		교수 방법에 의한 오류
결과의 판정에 따른 분류	범주별 오류	발음 오류
		문법 오류
		어휘 오류
		기타(맞춤법, 어순 등)오류
	현상에 따른 오류	대치 오류
		누락 오류
		첨가 오류
	정도에 따른 오류	전체적 오류
		부분적 오류

이 책은 한국어 어휘 연구에 한하며, 이 중에서도 유의 관계 어에 중점을 두기 때문에 왕혜숙(1995)나 이정희(2002)의 오류 유형을 완전히 적용하기가 어렵다. 그래서 TOPIK 문항 자료에 따라 유의어 문항들의 분포 및 유형을 등급별로 정리하여 본 책의 큰 틀을 밝힐 것이다.[47] 그 다음에, 조사한 문항들에 대하여 등급에 따라 문항별 평가 목적을

---

47) TOPIK의 어휘·문법 부분의 문항틀은 초급에서 주로 '그림 보고 대화 완성하기, 반의어 고르기, 유의어 고르기, 짧은 문장 완성하기, 문맥에 알맞은 조사 고르기, 문맥에 알맞은 문법 고르기, 문맥에 알맞은 연결어미 고르기, 틀린 문장 고르기, 대화 완성하기 (어휘;문법)' 등이 있으며, 중급에서는 '문맥에 알맞은 어휘 고르기, 유의어 고르기, 다의어 고르기, 반의어/반의 표현 고르기, 문맥에 알맞은 문법 고르기, 바른 문장 고르기, 같은 의미 표현 고르기, 문맥에 알맞은 어휘 고르기' 등이 있다. 그리고 고급 문항 유형은 '문맥에 알맞은 어휘 고르기, 문맥에 알맞은 문법 고르기, 같은 의미 표현 고르기, 문맥에 알맞은 연결어미 고르기, 틀린 문장 고르기, 다의어, 동음어 고르기, 문맥에 알맞지 않은 어휘 고르기, 문맥에 알맞은 어휘(속담) 고르기' 등이 있다. 여기서 등급별 '유의어'와 관련된 문항들을 중심으로 고찰하였다.

살펴본다. 이를 통하여 평가 문항별 오류 원인의 유형을 정하고자 한다.
우선 TOPIK 사이트 자료실에서 제공한 문항틀을 보면 <표8>과 같다[48].

<표8> TOPIK 문항틀-유의어 부분

등급	문항	배점	출제 의도	출제 유형
초급	6	3	기본적인 어휘 지식을 파악한다.(명사)	유의어 고르기
	7	4	기본적인 어휘 지식을 파악한다.(동사)	
	8	4	기본적인 어휘 지식을 파악한다.(부사)	
중급	6	3	유의어 사용 능력을 측정한다.	유의어 고르기
	7	3		
	8	4		
	9	4		
고급	10	4	유의어 사용 능력을 측정한다.	같은 의미 표현 고르기
	11	3		

<표8>에 따르면, 유의어와 관련된 문항들의 출제 의도는 초급에서
기초적인 어휘 지식 파악에 중점을 두었으며, 중급과 고급에서 유의어
사용 능력 측정에 있다. 또한, 출제 유형은 초급과 중급에서는 유의 관계
를 가진 어휘들을 고르기 유형으로 하였으며, 고급에서는 같은 의미
표현 고르기로 하였다. 하지만 실제 문항들에 대해 살펴보면 더 많은
유형을 발견할 수가 있으며, 등급별 유형 분포는 아래와 같다.

(1) 초급 문항 유형

초급에서는 어휘의 기본적 의미에 대한 숙달도를 파악하는 문항들이
제일 많다. 예를 들어서 부사 '나중에'와 비슷한 의미를 지닌 '이따가'의
선택은 두 단어의 기본적 의미만 파악하면 정답을 선택할 수가 있다.

---

48) 이 부분은 한국어능력시험 사이트 http://www.topik.go.kr의 정보 마당-자료실에서 추
    출됐음을 밝혀둔다.

동사 '감사하다'와 유사 의미를 가진 형용사인 '고맙다' 등의 문항이 그런 경우다. 그 이외에는 다의어의 문맥에 따른 의미 파악 및 선택(문항 47 떠나다-출발하다), 연어 관계에 따른 단어 파악(문항60 안경을 쓰다-안경을 끼다) 등 몇 가지가 있다.

(2) 중급 문항 유형

중급에서는 어휘의 기초 의미를 평가하는 문항도 있지만, 그보다 어휘가 내포하고 있는 다른 정보, 즉 어휘 확장 의미의 숙달도를 평가하는 유형이 더 많다. 유의어군의 변별49)(문항38 유의어인 '미루다'와 '연기하다', '연장하다'의 변별 능력 파악), 다의어의 문맥에 따른 의미 파악(문항96 이용하다-쓰다), 동음이의어 파악(문항58 동음이의어 '연기(延期/演技)'가 '延期'로 쓰이는 상황을 파악하면 그와 의미가 비슷한 '미루다'를 선택할 수가 있다), 관용적 의미 파악(문항4 관용구 '어깨가 무겁다'의 의미를 파악하면 그와 의미가 비슷한 '부담이 많이 되다'를 선택할 수가 있다), 한 주제와 관련된 단어들의 파악(문항11 '변화'와 관련된 '변하다'와 '바뀌다'의 변별 선택), 한자어 파악(문항49 한자어 '진하다'의 의미를 파악하면 그와 비슷한 의미를 가진 '짙다'를 선택할 수가 있다), 어휘의 기본적·파생적 의미 파악(문항42 '여유 있다'의 기본적 의미를 파악하면 '느긋하다'를 선택할 수가 있으며, 그로 파생된 의미인 '자유롭다, 편안하다'를 선택하지 않을 것이다) 등이 있다.

(3) 고급 문항 유형

고급 문항들의 유형을 살펴보면, 초·중급과 같이 결합된 낱말의 기본적 의미 파악, 다의어의 문맥에 따른 의미 선택 및 파악, 유의어군의

---

49) 여기서 말하는 유의어군의 변별은 단순히 문항과 정답 간의 유의성을 변별하여 선택하는 것보다 문항 및 선택 항목간의 유의성 변별을 말하는 것이다.

변별 문제, 관용적 의미 파악 등 유형 이외에는 속담 파악(문항11 한국 속담인 '울며 겨자 먹다'의 의미를 파악하면, 그와 비슷한 의미를 가진 '마지못하다'를 선택할 수가 있다), 단어의 비유적 의미 파악(문항13 '실마리'의 비유적 의미를 파악하면 그와 비슷한 의미를 가진 '단서'를 선택할 수가 있다), 사자성어의 파악(문항5 사자성어 '일사천리'의 의미를 파악하면 그와 비슷한 의미를 가진 '거침없이'를 선택할 수가 있다.) 등이 있다.

이상으로 등급별 유의어와 관련된 문항들의 유형을 다시 분석하였다. 총 12가지 유형이 있으며, 정리하면 아래와 같다.[50]

<표9> 유의어와 관련된 문항들의 평가 유형

번호	유형
1	결합된 낱말의 기본 의미 파악
2	연어 관계에 있는 낱말의 쓰임
3	동음이의어의 파악
4	다의어의 문맥에 따른 의미 선택 및 파악
5	관용적 의미 파악
6	한 주제와 관련된 어휘의 변별
7	유의어군의 변별
8	한자어 파악
9	사자성어의 의미 파악
10	어휘의 기본적·파생적 의미 변별
11	단어의 비유적 의미
12	속담의 의미 파악

---

[50] 중급 문항3)은 "건강을 위해 사람들은 운동을 하기도 하고 몸에 좋은 음식을 먹기도 한다.(① 건강을 지키기 위해)"이었다. 문법 표현을 평가하는 것이고, 본 연구는 어휘를 중심으로 다루기 때문에, 문항3)은 연구에서 제외시킬 것이다.

본고의 대상을 고려하여 <표9>에서 분석된 유의어 문항들의 유형을 바탕으로, 이정희(2002)의 원인에 따른 유형을 참조해서 오류 유형을 아래와 같이 크게 '평가 문항별 오류 원인 분석' 및 '학습자 환경에 따른 오류 원인 분석' 등 두 가지로 분류한다. 이는 중국 대학생들에 대해 유의 관계 파악 오류를 분석하는 데에 주된 원인 유형으로 살피기로 한다.

<표10> 오류 원인에 따른 유형 분류

큰 분류	소분류
평가 문항별 오류 원인 분석51)	a. 결합된 낱말의 기본 의미 파악
	b. 어휘의 기본적 · 파생적 의미 파악
	c. 유의어군의 변별
	d. 연어 관계에 있는 낱말의 쓰임
	e. 동음이의어의 파악
	f. 한자어 파악
	g. 한 주제와 관련된 어휘들의 파악
	h. 다의어의 문맥에 따른 의미 선택 및 파악
	i. 관용적 의미 파악
	j. 어휘의 비유적 의미 파악
	k. 속담 의미 파악
	l. 사자성어의 파악
학습자 환경에 따른 오류 원인 분석	m. 교수자 문제
	n. 학생 수준 문제
	o. 교과 과정 문제
	p. 교재 문제

---

51) 기출 문항에 대해 유형 분석을 통해 추출함.

2.2.3 오류 분석의 절차

오류의 원인과 교육 방안을 제시하기 위해서는 우선 오류를 판정하고 분류하는 작업이 선행되어야 한다. Etherton(1977)은 오류 분석의 절차를 연구 대상자의 사전 정보(학습 수준, 경력, 성별, 학습 기관에서 사용하는 매개 언어, 출신, 날짜 등) 입수, 수정되지 않은 오류 자체의 기록, 오류의 분류, 오류의 계량화의 단계 등을 제안하였다. 또한 Corder(1981)에서는 자료의 선정, 오류의 식별, 오류의 분류, 오류의 설명, 오류 평가 등 5단계로 제시하고 있으며, Ellis(1977)는 오류 분석의 절차로 오류의 식별과 기술, 그에 대한 설명과 평가의 단계가 있다고 하였다.

한국어 학습자를 대상으로 한 오류 분석은 김유미(1999)와 이정희(2002)에서 잘 나타나고 있다.

김유미(1999)에서는 전체 학습자 말뭉치의 품사별 사용 빈도와 오류 발생률을 확인하기, 모국어의 차이에 따라 오류를 분석하여 언어권별 학습자의 오류율을 알아보았다. 특히 한국어 조사 부분에 한정하여 오류를 분석하였다. 조사를 격조사, 보조사, 접속조사 등으로 하위 분류하고, 다시 격조사에 대하여 세분화하여 오류의 유형을 '누락', '첨가', '대치'의 셋으로 나누어 분석하였다.

한편, 이정희(2002)는 보다 구체적이고 실질적인 오류 분석의 절차를 다음과 같이 5단계로 제시하고 있다.

① 취합된 자료들을 모두 입력한다.
② 정문과 오류문을 구별한다.
③ 선택된 오류문을 정문으로 수정한다.
④ 오류를 발음, 문법, 어휘, 기타 등으로 세분화하고 빈도를 확인하여 분류표를 작성한다. 이때 정문에서 나타난 문법 항목들의 개수와 함께 집계하며, 이때 정의 개수와 오의 개수를 함께 기록한다.

⑤ 각각의 오류를 오류의 원인에 나타난 오류 유형에 따라 분류한다.

이 연구에서는 주로 Corder(1981)에서 제시하는 '자료의 선정, 오류의 식별, 오류의 분류, 오류의 설명, 오류 평가' 등 5단계에 따라 분석할 것이다.

2.3 오류 조사 분석의 대상과 절차

이상의 오류 분석 절차와 유형을 바탕으로, 중국 대학생들을 대상으로 설문을 실시하였다. 조사 내용과 방법, 대상 등은 다음과 같다.

2.3.1 조사 대상

본고에서는 TOPIK의 어휘를 대상으로 중국 대학생들의 오류 실태를 분석하였다. 중국 청도(青島)에 있는 5개 4년제 대학교 1~4학년 학생들을 대상으로 실시하였으며, 어휘 내용은 TOPIK 7~27회 어휘 부분 유의어 문항에서 추출하였다. 그리고 조사 기간은 2012년 12월부터 2013년 1월까지 진행하였으며, 5개 대학교의 이름을 A, B, C, D, E로 표현한다.

중국의 대학교는 학과 개설 및 학교 특징에 따라 종합대학교, 이공과를 중심으로 한 종합대학교, 전문대학교에서 발전된 종합대학교, 사범대학교, 고등직업대학교(高等职业大学) 등이 있다. 그리고 입학 점수에 따라 다시 4가지로 분류할 수가 있다. 첫째, 입학 점수가 제일 높은 일류본과[本科一批] 대학교들이다. 이런 대학교들은 중국에서의 1급 대학교이며 대부분 국립 대학교들이다. 둘째, 보통 본과대학교 [普通本科院校]. 대부분 성(省), 시(市)에서 설립된 대학교들이며 입학 점수 순위는 두 번째이다. 셋째, 독립학원, 즉 삼류[三本] 대학들이다. 이런 대학교들은 대부분 사립 대학교이며 입학 점수 순위는 세 번째이다. 그리고 마지막은 고등 직업, 고등 전문 대학교로 점수가 비교적 낮은 편이다.

위에서 분류한 기준에 따르면, 본 연구에서 선택된 청도(靑島) 5개 대학교들은 A, E대학교는 종합대학교이며, B, C, D대학교는 전문대학교에서 발전된 종합대학교들이다. 그리고 입학 점수로 볼 때, A대학교는 제일 높은 일류 본과[本科一批]대학교이며 , E대학교는 2008년부터 일류 본과[本科一批]로 오르게 되었다. 그리고 B, C, D대학교는 보통 본과 대학교에 속하며, 산동성에서 설립한 대학교들이다. 중국 종류별 대학교를 어느 정도 대표할 수 있다고 볼 수가 있다.

한편, 5개 대학교의 한국어과를 살펴보면, A, E대학교는 석사 과정을 모집할 수가 있으며, B, C, D대학교는 본과 과정만 모집할 수가 있다. 개설 시간을 보면, A대학교의 한국어과는 1992년에 개설되며, 2000년부터 본과 과정을 모집하기 시작하여, 2004년부터 석사 과정을 모집하였다. E대학교는 1995년부터 한국어과를 설립되었으며, 1998년부터 본과 과정을 모집하기 시작하였다. 그리고 2007년부터 석사 과정 모집의 자격을 받았다. 그와 동시에, B, C, D대학교의 한국어과는 최근에 개설되었으며, 각각 '2006년, 2005년, 2007년'이다. 학교마다 모집 학생 수가 다르기 때문에 표본을 통일하기가 어렵다. 조사한 학생 수는 학교별로 다음과 같다.

<표11> 각 대학교 학년별 조사 학생 수

대학교＼학년	1학년	2학년	3학년	4학년
A대학교	27명	16명	30명	30명
B대학교	48명	22명	19명	16명
C대학교	44명	26명	11명	17명
D대학교	29명	28명	28명	20명
E대학교	28명	30명	30명	24명

그 다음에 조사된 어휘들이다. 조사 어휘의 선정은 주로 외국인을 대상으로 한국어 수준을 평가하는 TOPIK의 유의어와 관련된 부분에서 추출하였다.

TOPIK은 1997년부터 시작하여 해마다 1회를 실시하였다. 한국 문화의 영향력이 커지면서 세계적으로 한국어를 배우고자 하는 외국인들의 수가 나날이 증가함에 따라, 1999년부터 TOPIK은 연 2회로 바꿨으며 2010년부터 연 4회로 49개 국가에서 진행하고 있다. 시험은 초급, 중급, 고급으로 구분되며 각각 2등급으로 나누게 돼 있다. 각 급의 시험 내용은 크게 '표현'과 '이해' 부분으로 나뉘는데, '표현' 부분에는 '어휘 · 문법'과 '쓰기'가 있고, '이해' 부분에는 '듣기'와 '읽기'가 포함되어 있다. 본고는 '어휘' 부분에 있는 '유의어 고르기'의 문항 유형을 중심으로 조사를 하였다.

2.3.2 조사 내용

조사 내용은 크게 두 부분으로 나누어 학년별 설문 조사를 진행하였다. 설문 조사의 앞부분은 학생들이 기본 정보, TOPIK 응시 여부와 유의어 인지도의 문제이다. 뒷부분은 TOPIK 7회부터 27회의 유의어 문항을 최종 초급 67문항, 중급 99문항, 고급 55문항으로 추출하였다

우선 앞부분 조사 결과를 보면, 조사된 5개 대학교 학생들은 대부분 4학년에서 TOPIK을 응시하는 경향이 강하며, 3학년부터 각종 시험과 관련 자료들을 중심으로 준비하고 있었다. 그리고 유의어 인지도 조사 결과는 5개 대학교 학년별로 각각 아래와 같다.

<표12> 대학별, 학년별 유의어에 대한 인식도 조사

대학교	1학년	2학년	3학년	4학년
A대학	모른다(27)	안다(12) 모른다(2)	안다(12) 모른다(17)	안다(24) 모른다(6)
B대학	안다(3) 모른다(25)	안다(10) 모른다(12)	안다(7) 모른다(11)	안다(4) 모른다(12)
C대학	안다(6) 모른다(30)	안다(14) 모른다(9)	안다(3) 모른다(8)	안다(7) 모른다(9)
D대학	모른다(29)	안다(9) 모른다(19)	안다(6) 모른다(22)	안다(11) 모른다(9)
E대학	안다(6) 모른다(19)	안다(15) 모른다(15)	안다(27) 모른다(3)	안다(19) 모른다(5)

<표12>에서 볼 수 있듯이, A, E대학교는 유의어에 대한 인지도가 B, C, D대학교보다 높은 편이다. 전체적으로 볼 때는, 학년마다 유의어에 대해 모르는 학생들이 많다.

그 다음은 뒷부분 TOPIK '어휘' 부분에서 추출한 유의 관계 문항으로 구성된 조사 문항들이다. TOPIK은 초, 중, 고급으로 돼 있지만 중국 정규 대학교의 한국어과 교과 과정은 4년으로 돼 있다. TOPIK의 등급과 학년을 정확하게 대조시키기가 힘들다. 또한 고학년은 반드시 고급 수준이 된다고 말하기 힘들다. 이 조사는 학생들의 학습 기간을 고려하여, 1학년에는 초급 문제, 2학년에는 초, 중급 문항, 3~4학년은 초, 중, 고급 문항을 조사하였다. 문항의 수량에서는, 1학년은 초급 문항 67문항, 2학년은 초급과 중급 문항을 각각 67문항, 99문항으로 구성하였다. 3학년과 4학년은 초, 중, 고급 문항을 각각 27, 67, 99문항으로 구성하였다.[52]

---

52) 3~4학년에서 초급은 27문항으로 선정한 이유는 너무 많은 양의 기출문제를 실시하면 학생들에게 부담도 크고 조사의 효율성도 떨어질 수가 있기 때문이다. 그래서 3~4학년 초급 67문항에서 너무 쉬운 문항을 제거시켰으며, 반복빈도가 높은 문항을 한 번만 조사하였다.

2.3.3 조사 방법 및 통계

위에서 선정된 문항들을 중심으로 학년별 조사를 실시하며, 유사·통사적 연구 방법을 선택할 것이다.[53] 조사 방법 및 통계는 구체적으로 아래와 같이 정리할 수가 있다.

(1) 각 대학교, 학년, 등급에 따라 조사된 학생들의 문항별 선택 양상을 통계한다. A대학교를 예로 보면 <표13>과 같다.

<표13> A대학교 1학년 문항별 학생들의 답지 선택 양상

문항＼답지	1	2	3	4	계
문항 1	10명	3명	15명	12명	30명
문항 2	5명	20명	3명	2명	30명
문항 3	14명	6명	10명	10명	30명
문항 4	3명	6명	7명	14명	30명

(2) 각 대학교, 학년, 등급에 따라 문항별 정답률을 계산한다.
(3) 각 대학교, 학년, 등급에 따라 문항별 정답률, 오답률 순서대로 정리한다.

---

53) 이정희, 『한국어 학습자의 오류 연구』, 박이정, 2003, p17~18, 재인용.
통시적 연구의 가장 큰 특징은 자발적 발화를 대상으로 하며, 특별한 유형의 자료를 생성해 내기 위해 대화를 구성하거나 각색하지 않는다는 것이다. 그러므로 통시적 연구는 실험적 구조를 필요로 하는 연구에는 적절하지 않으며 연구 결과를 일반화하기 어렵다는 문제를 안고 있다. 한편, 공시적 연구는 단일 시점에서 많은 연구 대상자들로부터 자료를 수집하며 통제된 불력을 유도한다. 그러므로 자연스러운 발달 단계를 살펴볼 수 없고, 연구자가 유도한 항목을 중심으로 하기 때문에 작위적인 연구 결과를 도출할 수도 있는 문제가 있다. 두 가지 방법의 단점들을 보완할 수 있는 방법이 유사·통사적 연구이다. 본 연구에서는 동일한 시점에 초급·중급·고급 각 단계의 자료를 수집한 것이므로 유사·통사적 연구라고 할 수 있다.

<表14> A대학교 통계 보기

학년	등급	통계 유형
1학년	초급 문항	문항에 따른 정답률, 오답률
2학년	초급 문항	문항에 따른 정답률, 오답률
	중급 문항	
3학년	초급 문항	문항에 따른 정답률, 오답률
	중급 문항	
	고급 문항	
4학년	초급 문항	문항에 따른 정답률, 오답률
	중급 문항	
	고급 문항	

(4) 등급과 학년에 따라 5개 대학교 전체 평균 문항별 정답률, 오답률
을 정리하면 다음과 같다.

<표15> 학년별, 등급별 문항 정답률 및 오답률

학년	통계 내용
1학년	초급 5개 대학교 문항별 평균 정답률, 오답률
2학년	초급 5개 대학교 문항별 평균 정답률, 오답률
	중급 5개 대학교 문항별 평균 정답률, 오답률
3학년	초급 5개 대학교 문항별 평균 정답률, 오답률
	중급 5개 대학교 문항별 평균 정답률, 오답률
	고급 5개 대학교 문항별 평균 정답률, 오답률
4학년	초급 5개 대학교 문항별 평균 정답률, 오답률
	중급 5개 대학교 문항별 평균 정답률, 오답률
	고급 5개 대학교 문항별 평균 정답률, 오답률

<표16> 5개 대학교 1학년 초급 문항별 답지 선택률

순서	단어	정답	A대	B대	C대	D대	E대	평균
6	가격	값	96.3%	97.7%	93.7%	100%	78.6%	93.26
31	감사하다	고맙다	100%	93.2%	87.5%	96.5%	96.4%	94.72
21	갔다오다	다녀오다	44.4%	45.4%	41.7%	10.3%	14.3%	31.22
51	같이	함께	100%	100%	100%	89.6%	85.7%	95.06
10	고민	걱정	29.6%	77.3%	70.8%	86.2%	42.8%	61.34
53	공부하다	배우다	92.6%	95.4%	91.7%	93.1%	96.4%	93.84
4	구하다	찾다	51.8%	27.3%	25%	24.1%	39.3%	33.50

(5) 5개 대학교 평균 정답률에 따라 '30% 미만', '30.01-50%', '50.01-70%', '70.01-90%', '90.01% 이상' 등 5단계로 나누어, 각 단계에 있는 문항들을 학년대로 분류한다. 그 중에서 일부분을 예로 들면 아래와 같다.

<표17> 초급 5개 대학교 평균 정답률 50.01%-70% 문항 정리

(1학년) 78.72%	6.가격이 얼마예요?	값
(1학년) 85.88%	1.그러나 아직 잘 못하다.	그런데
(2학년) 75.86%	60.안경을 쓰다.	끼다
(2학년) 75.96%	18.언제나 웃는 얼굴이다.	항상
(3학년) 84.86%	19.정말 친절하다.	참
(3학년) 86.74%	3.세 살이 어리다.	적다
(3학년) 89.52%	1.선물을 하다.	주다
(4학년) 87.28%	1.선물을 하다.	주다
(4학년) 78.82%	2.집을 구하다.	찾다
(4학년) 78.36%	3.세 살이 어리다.	적다

(6) 위에서 분류된 5단계 정답률에 따라, 5개 대학교 문항 답지별 평균 치를 학년별, 등급별로 정리한다.

표18

<표18> 고급 문항45)의 학년과 답지별 통계

학교	어김없다	다름없다	쓸데없다	거침없다
A대학교	23.3%	16.7%	10%	50%
B대학교	18.7%	18.7%	12.5%	50%
C대학교	58.8%	0%	5.9%	35.3%
D대학교	0%	5%	10%	85%
E대학교	16.7%	0%	4.2%	79.2%
평균	23.50%	8.08%	8.52%	59.90

(7) 등급별 5단계 평균 정답률에 따라 각 문항 답지별 선택률을 높은
순서대로 정리하고 정답을 굵게 표시한다.

<표19> 초급 평균 정답률 50%미만 1학년 답지별 선택률

1. 깨끗하다-맑다
   맑다(41.92)>예쁘다(29.5)>차갑다(17.36)>깊다(11.18)
2. 나중에-이따가
   이따가 (38.74)>날마다(26.96)>먼저(19.24)>아마(13.36)
3. 질문하다-물어보다
   연락하다(41.3)>**물어보다(31.16)**>어울리다(19.11)>가져가다(10.33)
4. 보내다-부치다
   받다(36.2)>**부치다(34.38)**>떠나다(21.08)>만들다(7.54)
5. 크다-넓다
   넓다(48.16)>비싸다(26.14)>멀다(12.96)>낮다(12.72)

(8) 위에서 정리된 선택률 양상을 근거하여, 평균 정답률과 오답률을
다시 '비정상 분포' 문항(정답이 오답보다 낮은 문항들) 및 '정상
분포' 문항들(정답이 오답보다 높은 문항들)로 나누어, 등급별,
학년별로 통계한다.

<표20> 초급 1학년 비정상 분포 및 정상 분포 문항 수

비정상 분포 문항 수 (21문항)	문항39). 질문하다-물어보다 연락하다(41.3)>**물어보다(31.16)**>어울리다(19.11)>가져가다 (10.33)
	문항45). 적다- 어리다 짧다(38.02)>**어리다(37.28)**>나쁘다(15.88)>넓다 (8.96)
정상 분포 문항 수 (575문항)	문항62). 깨끗하다--맑다 41.92 **맑다(41.92)**>예쁘다(29.5)>차갑다(17.36)>깊다 (11.18)

(9) 등급과 학년에 따라 문항 답지별 5개 대학교 선택률을 <표21>과 같이 통계한다. 초급 문항60)의 2학년 통계 결과를 보면 <표22>와 같다.

<표21> 등급과 학년의 문항 답지별 선택률 통계 내용

학년	통계 내용
1학년	초급 5개 대학교 67문항 답지별 선택률을 통계한다.
2학년	초급 67문항, 중급 99문항을 5개 대학교 문항 답지별 선택률을 통계한다
3학년	초급 27문항, 중급 5문항, 고급 55문항을 5개 대학교 문항 답지별 선택률을 통계한다
4학년	초급 27문항, 중급 5문항, 고급 55문항을 5개 대학교 문항 답지별 선택률을 통계한다

<표22> 초급 문항60) 2학년의 대학별 답지 선택률

학교	끼다	차다	받다	입다
A대학	100%	0%	0%	0%
B대학	86.4%	13.6%	0%	0%
C대학	69.2%	11.5%	0%	19.2%
D대학	**42.8%**	**0%**	**0%**	**57.2%**
E대학	90%	6.7%	0%	3.3%
평균	77.68	6.36	0.00	15.94

(10) 정상 분포에 있는 문항들을 (9)에서 통계한 결과를 근거하여, 개별 대학교 정답률과 오답률을 비교를 통해 다시 전체 대학교 정상 분포 문항(466문항)과 개별 대학교에서 비정상 분포 문항 (108문항) 등 두 종류로 나눈다. 개별 비정상 분포 문항들에 대하여 개별 대학교의 교과 과정, 교재, 교수자, 학생 수준 등을 살펴 볼 것이다. <표23>은 B, C대학에서 개별적 비정상 분포가 보이는 문항이며, <표24>는 초급 2학년 보편적 정상 분포로 나타난 문항이다.

<표23> 초급 문항62)의 개별적 비정상 분포

학교	① 맑다	②예쁘다	③깊다	④차갑다
A대학	59.2%	14.8%	0%	25.9%
B대학	**31.2%**	**41.7%**	**22.9%**	**4.2%**
C대학	**27.3%**	**45.5%**	**22.7%**	**4.5%**
D대학	27.6%	24.1%	10.3%	37.9%
E교학	64.3%	21.4%	0%	14.3%
평균	41.92	29.50	11.18	17.36

<표24> 2학년 초급 문항62)의 보편적 정상 분포

학교	맑다	예쁘다	깊다	차갑다
A대학	100%	0%	0%	0%
B대학	100%	0%	0%	0%
C대학	92.3%	0%	0%	7.7%
D대학	71.4%	17.8%	0%	10.7%
E대학	90%	3.3%	6.7%	0%
평균	90.74	4.22	1.34	3.68

(11) 2장에서 설정된 두 가지 큰 유형(평가 문항별, 학습자 환경에 따른)에 따라 분포 양상, 학년과 등급별로 오류를 분석할 것이며, 해당된 유형에 대해 교육 방법과 해결 방안을 제시할 것이다. 그 중에서 보편적 분포에 있는 문항들은 '평가 문항별' 오류 원인 분석의 예는 <표25>와 같다.

<표25> 결합된 낱말의 기본 의미 파악 숙달도 분석

분포 양상 \ 숙달도		아주 낮음	낮음	보통	높음	아주 높음
보편적 비정상	초	1	1			
	중	1	2			
	고	1	2			
보편적 정상	초			1	45	79
	중			5	108	69
	고			1	28	6

2.4 오류 조사 분석 결과의 활용

이 책은 중국내 4년제 대학교 한국어를 전공하는 학생들을 대상으로 하여 TOPIK에서 유의어 문항들에 대해 설문 조사를 실시하였다. 결과에 따라 학년과 등급으로 오류를 '평가 문항별 오류 유형'과 '학습자 환경에 따른 오류 유형'으로 나누어 분석하면서 학생들의 유의 관계어 파악상의 문제점을 정확히 파악하여 적절한 교육 방법과 해결 방안을 제시함을 목적으로 한다.

(1) 먼저 조사 결과를 정답률대로 5단계 숙달도로 나눌 것이며, 그 다음에 정답률과 오답률의 관계에 따라 다시 '보편적 정상 분포',

'개별적 정상 분포', '보편적 비정상 분포' 등 3가지로 나눈다.

(2) 그 다음에 숙달도별 문항을 정리할 것이며, 각 숙달도에 있는 문항들을 분포 양상에 따라 학년과 등급별 오류 원인을 분석할 것이다. 2장에서 정리한 오류 유형에 따라 분석할 것이며, '보편적 비정상 분포' 문항들은 숙달도가 낮으며 '평가 문항별' 오류 분석을 중심으로 할 것이고, '개별적 비정상 분포' 문항들은 개별 대학교에 문제가 있기 때문에 '학습자 환경에 따른 오류 유형', 즉 교과 과정, 교수자, 교재 등을 통해 원인을 찾을 것이다. 그리고 '보편적 정상 분포' 문항들은 숙달도가 높아서 유형만 정리할 것이다.

(3) 위에서 분포 유형별 학년과 등급대로 오류 원인을 분석한 다음에, 각 오류 유형을 정리하고 숙달도가 낮은 유형의 교육 방법과 해결 방안을 제시하고자 한다. '평가 문항 오류별' 유형에서 숙달도가 낮은 유형에 대하여 교육 방법을 제시할 것이며, 학습자 환경에 따른 요인으로 인해 오류가 생긴 문항들에 대하여 해결 방안을 밝힐 것이다.

(4) 마지막으로, 여태까지 분석한 결과를 종합해서 중국 내 4년제 대학생들의 유의 관계어에 대해 분석 과정 및 결과를 정리하고, 앞으로 해야 할 과제를 밝힐 것이다.

3. 유의 관계어의 오류 분석

이 장에서는 조사 결과에 따라 숙달도별 오류 원인을 분석할 것이며, 이를 통하여 중국 대학생들은 유의 관계어의 파악에 있어서 어떤 유형을 어려워하는지를 밝히고 그에 대해 해당 교육 방법과 해결 방안을 제시하고자 한다.

이를 위해 먼저 5개 대학교의 전체 평균 정답률을 숙달도에 따라 5단계로 분류하고, 각 숙달도에 속한 문항들을 정리한다. 그리고 5개 대학교 평균 정답률과 오답률을 비교를 통해 크게 '정상 분포'와 '비정상 분포' 등 두 가지로 나눌 것이다. 하지만, 전체적으로는 정상 분포에 들더라도 어느 특정 대학이 비정상 분포를 보이기 때문에 개별 대학교의 정답률과 오답률도 고찰할 것이다. 평균 정답률과 오답률을 기준으로 나눈 분포와 구별하기 위하여, 전체 평균 정답률을 기준으로 나눈 분포는 '보편적 분포'이라고 하며, 개별 대학의 정답률을 기준으로 나눈 분포는 '개별적 분포'라고 한다. 즉, 총 4가지 분포 양상으로 나누게 되는 것이다.[54] 그 다음에 5단계 숙달도에 따라 분포별 학년과 등급대로

----

54) 즉, 전체 평균 정답률이 정상 분포에 들면서 모든 대학의 정답률이 정상 분포인 '보편

크게 '평가 문항별 오류 원인'과 '학습자 환경에 따른 오류 원인' 등 두 가지로 나누어 오류 분석을 할 것이다. 마지막으로 오류 유형별 숙달도 및 분포대로 정리하고 학생들이 지식이 부족한 유형을 밝힐 것이며, 해당 유형의 교육 방법과 해결 방안도 제시할 것이다.

3.1 정답률에 따른 분류 및 분석

이 절에서는 중국 대학생들의 유의 관계어 파악 상황을 분석하기 위하여 학년과 등급대로 숙달도를 통계하고 분석할 것이다. 이를 위하여 먼저 5개 대학교 평균 정답률에 따라 숙달도를 나눌 것이다.

이번 조사에서 총 221개 문항들은 모두 4지 선다형으로 정답률에 따라 크게 '아주 낮음(30% 미만)', '낮음(30.01%-50%)', '보통(50.01-70%)', '높음(70.01-90%)', '아주 높음(90.01% 이상)' 등 5단계 숙달도로 정하기로 한다.

통계 과정에서 동일한 문항이 반복해서 나타나는 문항도 있는데 초급과 중급에서 반복적으로 나타나고 있으며, 모두 32문항이다.

<표26>은 동일한 문항이 등급을 달리 하면서 두 번 이상 출제된 문항이다. 그리고 문항과 답지가 같은 단어로 출제된 문항들의 학년별 정답률 분포는 <표27>과 같다. <표27>에서 학년에 따라 정답률이 올라가기도 하지만, 대부분의 문항은 학년이 올라갈수록 정답률이 떨어지고 있다. 이는 학년에 따라 높은 수준의 문항이 출제되고 있는데 고학년에 비례하여 고급 수준의 어휘력을 갖추지 못하고 있기 때문이다. 따라서

적 정상', 전체 평균 정답률이 비정상 분포에 해당하며 모든 대학의 정답률이 모두 비정상 분포인 '보편적 비정상', 전체 평균 정답률은 정상 분포이지만 특정 대학 1~2개의 정답률이 비정상 분포인 '개별적 비정상', 전체 평균 정답률은 비정상 분포이지만 특정 1~2개 대학교의 정답률이 정상적인 '개별적 정상 분포'이다.

고학년일수록 유의 관계어에 관한 교육을 철저히 하여 어휘력을 높일
필요가 있다.

<표26> 등급별 동일한 문항 양상

등급	유의 관계	문항[55]
초급	어리다-적다	문항5) 어리다-적다, 문제45 적다-어리다
	다-모두	문항7) 다-모두, 문제20, 35 모두-다
	함께-같이	문항15) 함께-같이, 문항28), 51) 같이-함께
	밑-아래	문항19) 밑-아래, 문제46 밑-아래
	참-아주	문항25) 참-아주, 문제57 아주-참
	주문하다-시키다	문항27) 주문하다-시키다. 문항61) 시키다-주문하다
	보내다-부치다	문항30), 59) 보내다-부치다
	잘 있다-잘 지내다	문항9) 잘 지내다-잘 있다. 문항40) 잘 있다-잘 지내다.
	또-다시	문항49) 또-다시 문제63 다시-또
중급	우선-먼저	문항32) 우선-먼저, 문제68 먼저-우선
	고치다-수리하다	문항31) 고치다-수리하다 문항25) 수리하다-고치다
	연기하다-미루다	문항38) 미루다-연기하다 문항58) 연기하다-미루다
	버릇-습관	문항16) 버릇-습관, 문항69 습관-버릇
	인내심-참을성	문항21) 인내심-참을성 문항43) 참을성-인내심
	마음먹다-결심하다	문항19), 문항48)

55) 각 문항 내용을 부록1 참조

등급	유의 단어	문제 순서별 평균 정답률 분포	
초급	어리다-적다	1학년	46.44%-37.28%
		2학년	**45%-92.68%**
	다-모두	1학년	95.12%-88.22%-85.92%
		2학년	100%-95.68%-100%
	함께-같이	1학년	95.82%-94.36%-95.06%
		2학년	**98.3%-98.74%-99.08%**
	밑-아래	1학년	77.78%-84.02%
		2학년	94.1%-99.08%
	참-아주	1학년	85.98%-89.14%
		2학년	97.4%-98.02%
	주문하다-시키다	1학년	72.94%-49.72%
		2학년	**85.92%-95.4%**
	보내다-부치다	1학년	34.38%-75.02%
		2학년	86.12%-98.18%
	잘 있다-잘 지내다	1학년	66.06%-63.98%
		2학년	**84.26%-97.74%**
	또-다시	**1학년**	**86.08%-89.78%**
		2학년	100%-95.12%
중급	고치다-수리하다	2학년	95.9%-92.76%
		3학년	**89.76%-91.68%**
		4학년	**85.88%-88.26%**
	미루다-연기하다	2학년	77.76%-69.76%
		3학년	92.88%-88.46%
		4학년	**79.58%-88.98%**
	버릇-습관	2학년	97.08%-89.14%
		3학년	97.94%-95.5%
		4학년	96.28%-84.72%
	인내심-참을성	2학년	87.52%-90.94%
		3학년	95.34%-95.94%
		4학년	86.72%-97.64%
	마음먹다-결심하다	**2학년**	**76.22%-89.24%**
		3학년	**92.72%-93.1%**
		4학년	94.1%-87.02%

위에서 제시된 동일한 문항들을 포함하여, 5단계 숙달도대로 학년과 등급별 문항 수량을 정리하면 아래와 같다.

<표28> 5단계 숙달도별 문항수 통계

등급	숙달도＼학년	1학년	2학년	3학년	4학년
초급	아주 낮음	2개			
	낮음	11개			
	보통	13개			
	높음	28개	10개	7개	21개
	아주 높음	13개	57개	20개	6개
	합께	67개	67개	27개	27개
중급	아주 낮음		2개	1개	
	낮음		7개		1개
	보통		20개	5개	5개
	높음		55개	46개	68개
	아주 높음		15개	47개	25개
	합께		99개	99개	99개
고급	아주 낮음			3개	2개
	낮음			7개	7개
	보통			22개	7개
	높음			23개	31개
	아주 높음				8개
	합께			55개	55개
합계		67개	166개	181개	181개

<표28>에 따르며, 학년별 문항 수는 1학년은 67개, 2학년은 166개, 3학년과 4학년은 각각 181개이며, 모두 595개이다. 숙달도별로 정리해 보면, 숙달도가 '아주 낮음' 문항은 모두 10개인데, 초급은 2개, 중급은 3개, 고급은 5개이다. 숙달도가 '낮음' 문항은 모두 33개인데, 초급은

11개, 중급은 8개, 고급은 14개이다. 숙달도가 '보통'으로 나타난 문항은 모두 72개인데, 초급은 13개, 중급은 30개, 고급은 29개이다. 숙달도가 '높음'으로 나타난 문항은 모두 289개인데, 초급은 66개, 중급은 169개, 고급은 54개이다. 남은 191개 문항의 숙달도가 '아주 높음'이며, 초급은 96개, 중급은 87개, 고급은 8개이다. 전체 595개 문항에서 차지하는 비율로 볼 때, 숙달도가 '보통'으로 나타난 문항은 115개로 19.3%를 차지하고 있으며, 숙달도가 '높음'으로 나타난 문항은 289개로 48.6%를 차지하고 있다. 남은 32.1% 문항의 숙달도는 '아주 높음'이다.

하지만 조사에서는 동일한 등급 문항을 서로 다른 학년 학생들에게 조사했기 때문에, 각 등급의 문항을 학년별로 나누어서 숙달도를 살필 필요가 있다. 등급별로 학생들의 숙달도를 분석해 보면, 초급에서 숙달도 '아주 낮음'으로 나타난 문항은 2개인데 1학년에만 있다. 숙달도가 '낮음'과 '보통'으로 나타난 문항들도 1학년에만 있으며 각각 11개와 13개가 있다. 숙달도가 '높음'으로 나타난 문항들은 1-4학년에 모두 분포돼 있으며, 3학년에서 숙달도가 '아주 높음'으로 나타난 문항들이 제일 많다. 초급 문항들을 조사한 결과, 1학년 학생들의 숙달도가 제일 낮아(38.8%) 문항의 숙달도는 '보통' 이하에 있다.

중급 문항은 2-4학년 학생들을 중심으로 조사를 하였는데, '아주 낮음'으로 나타난 문항은 모두 3개인데, 2학년에 2개, 3학년에 1개가 있다. 숙달도가 '낮음'으로 나타난 문항은 2학년에만 있고 숙달도가 '보통'으로 나타난 문항은 모든 학년에 다 있다. 전체적으로 볼 때, 중급 문항은 역시 2학년 학생들의 숙달도가 제일 낮으며(70.7%), 문항(29개)의 숙달도가 '보통' 이하에 있다. 그와 반대로, 3학년과 4학년은 문항의 숙달도가 '보통' 이상으로 높게 나타나고 있다 (93.9%).

이어서 고급 문항의 숙달도에 대하여 살펴볼 것이다. 고급은 모두 55개 문항이 출제되었는데, 3학년과 4학년 학생들에게 조사를 실시하였다. 고급 문항의 숙달도를 분석해 보면, '아주 낮음'으로 나타난 문항들은 모두 5개이며 3학년에 3개 4학년에 2개가 있다. 숙달도가 '낮음'으로 나타난 문항은 모두 14개가 있는데, 3학년과 4학년에 각각 7개가 있다. 그리고 숙달도가 '보통'으로 나타난 경우에는 학년별로 심한 차이가 나타나, 3학년은 22개나 있지만 4학년은 7개만 있다. 전체적으로 고급 문항의 숙달도를 살펴볼 때, 3학년은 58.2%로, 문항의 숙달도가 '보통' 이하여서 숙달도가 낮게 나타났다. 그와 반대로 4학년은 70.9%로 문항의 숙달도는 '보통' 이상이어서 3학년보다 높게 나타나고 있다.

등급별 학생들의 숙달도를 분석한 결과를 정리하면, 초급 문항의 경우 1-4학년 가운데 1학년의 숙달도가 제일 낮게 나타나(38.8%) 문항의 숙달도가 '보통' 이하에 있다. 3학년의 숙달도가 제일 높으며(74%), 문항의 숙달도가 '보통' 이상이다. 중급 문항은 2-4학년에 해당하는데 2학년은 70.7%로 문항의 숙달도가 '보통' 이하에 있는 반면에, 3-4학년은 93.9%로 문항의 숙달도가 '보통' 이상으로 나타나 학년이 높을수록 숙달도가 높게 나타나고 있다. 고급은 3-4학년에 해당하는데 3학년은 58.2%로 문항의 숙달도가 '보통' 이하에 있으며, 4학년은 '보통' 이상인 70.9%로 나타나 고급 문항도 학년이 높을수록 숙달도가 높게 나타나고 있음을 확인할 수가 있다.

3.2 중국 대학생들의 유의 관계어 오류 분석

이 절에서는 숙달도에 따라 학년과 등급대로 오류 원인을 앞에서 제시한 <표10>에 따라 크게 평가 문항별 오류와 학습자 환경에 따른 오류 두 가지를 분석할 것이다. 이를 통하여, 학생들의 유의 관계어의 파악에 있어서 오류 원인을 밝히고 적절한 교육 방법과 해결 방안을 제시해 보기로 하겠다.

앞에서 정답률에 따라 숙달도를 5단계로 나누고, 숙달도별 문항의 수량과 학년별 숙달도를 분석하였다. 한편, 각 성취도에 있는 문항들의 정답률과 오답률을 비교해 보면, 다시 '보편적 정상 분포', '보편적 비정상 분포', '개별적 정상 분포'와 '개별적 비정상 분포' 등 4가지로 나눌 수가 있다. 그 중에서 '개별적 정상 분포' 문항들은 특정 대학교가 잘 된 것이고 전체적으로는 교육이 안 된 것이기 때문에 분석의 의미가 없어서 여기는 다루지 않을 것이다.[56)

한편, 각 숙달도에 있는 문항들은 분포 양상에 따라 오류 분석 방법도 달라진다. '보편적 비정상 분포' 문항들은 전체 5개 대학교의 숙달도가 낮으며 평가 문항 오류 유형을 중심으로 분석할 것이고, '개별적 비정상 분포' 문항들은 개별 대학교에 문제가 있기 때문에 학습자 환경에 따른 오류, 즉 교과 과정, 교수자, 교재, 학생 수준 등을 통해 오류 원인을 찾을 것이다.[57) 그리고 '보편적 정상 분포' 문항들은 숙달도가 높아서 조사 결과 및 평가 유형만 정리할 것이다. 오류 유형은 이미 <표10>에서 제시하였기 때문에 아래에서는 5개 대학교의 기본 정보들을 제시하고 전체 오류 분석의 틀을 밝히도록 한다.

3.2.1 5개 대학교의 기본 정보

이 절은 학습자 환경에 따른 유형별 오류 원인을 분석할 때 필요한

---

56) 개별적 정상 분포문제는 모두 12문항이며, 그 중에서 11문항의 정상 분포는 한 대학에 서만 나타나고 있으며 5개는 A대학에서 나타나고 있다.

57) 박경자 외(2011:153)에 따르면, 제2언어 교수가 효과적인 과정이 되기 위해서는 목표 설정, 교수 전략, 교재 등 원리원칙을 반드시 고려해야 한다. 이는 대학교로 볼 때 이는 '교과 과정, 교수자, 교재' 등에 해당된다고 볼 수가 있다. 한편, 본 연구는 학교 집단적인 대상으로 설정되기 때문에, 학습자 환경에 따른 오류 유형은 '교과 과정, 교재, 교수자, 학생 수준' 등 4가지 요인만 다루기로 한다.

기초 자료를 제공하는 데에 있다. 학습자 환경에 따른 유형별 오류 원인은 교재, 학생, 교과 과정, 교수자 등 다양하게 나타날 수 있다. 따라서 이 절에서는 먼저 조사된 5개 학교의 교재, 학생 수준, 교과 과정, 교수자 등을 분석하여 오류 원인 분석의 자료로 삼도록 한다. 그 중에서 학생 수준은 입학 성적이며, 교수자는 세부전공 및 소지 학위 등을 기준으로 살필 것이다. 그리고 교과 과정과 교재는 정독(精讀) 과목을 중심으로 할 것이다.58)

3.2.1.1 각 대학의 교재

교실 활동은 주로 교재, 학습자, 교수 등으로 구성되며 그 중에서 교재가 없으면 안 되는 존재다. 조현용(2000:37)에서 '교재는 교육의 기본 도구이며, 교육 기관의 교과 과정을 반영하고 있다.'고 하였다. 교육 현장에서 가르치는 데 가장 기본적으로 활용되는 교육 자료가 바로 교재이고 학습자들에게도 교육 현장에서 배울 내용과 순서를 알 수 있게 하는 가장 기본적인 자료다. 이와 동시에, 교재에서는 교육 목표와 교육 과정도 담고 있으며 교수와 학습자의 매개가 되기도 한다. 교재의 구체적인 기능은 아래와 같이 정리할 수가 있다59).

<표29> 교재의 기능

수업단계	교재의 사용자	교재의 기능
수업 전	교수면	①교수 목표 제시 ②교육과정 구현
	학습자면	③학습 동기 유발

---

58) 정독과목은 중국 대학 한국어 전공자들의 전공 수업이며, 종합 한국어라고 볼 수가 있다. 이 과목은 모든 교과목 중의 주 과목으로써, 배당되는 시간도 제일 많다.
59) 서종학·이미향(2010), 「한국어 교재론」, 태학사, p20.

수업 중	교수면	④교수 내용 제공 ⑤표준이 되는 언어 제공 ⑥교수법 제공 ⑦교수 자료 제공	⑩교수와 학습자 매개
	학습자면	⑧학습 내용 제공 ⑨학습 방법 제공	
수업 후	교수면	⑪교수 평가의 근거 제공 ⑫교수 내용의 일관성 확보	
	학습자면	⑬평가 대비 자료 ⑭연습을 통한 정착 기능 수행 ⑮수업 수준의 일정성 확보	

한편, 중국에서는 대학교마다 한국어 과목 명칭이나 수량이 다를 수가 있지만 일반적으로 전공 필수 과목은 반드시 이수해야 할 과목으로서 종합 한국어(정독), 한국어 회화, 한국어 듣기, 한국어 쓰기, 한국어 읽기, 한국어 시청설, 중한/한중 번역 등의 과목들로 구성되어 있다. 그 중에서 정독 과목은 모든 교과목 중의 주 과목으로써, 배당되는 시간도 제일 많다. 그래서 본고에서는 각 대학교 정독 과목을 중심으로 살펴볼 것이다. 우선 각 대학교 정독 과목의 교재 사용을 정리하면 아래와 같다.

<표30> 각 대학교 정독 과목의 교재 사용 양상

학교	교재
A대학	한국, 연세대학교 어학당,『한국어 교정 1-6』, 세계도서출판사, 2007.
B대학	중국, 이선한 외,『한국어 1-2』, 민족출판사, 2001.
	한국, 연세대학교 어학당,『한국어 교정 3-6』, 세계도서출판사, 2007.
C대학	한국, 연세대학교 어학당,『한국어 교정 1-6』, 세계도서출판사, 2007.
D대학	한국, 연세대학교 어학당,『한국어 교정 1-6』, 세계도서출판사, 2007.
E대학	중국, 연변대학교,『기초 한국어1-4』,『고급 한국어1-2』, 흑룡강민족출판사, 2009.

위에서 나타난 바와 같이, 이번 조사된 5개 대학교에서는 연세대학교에서 편찬된「한국어교정」과 중국 연변대학교에서 편찬한「기초 한국어 1-4」, 「고급 한국어1-2」를 사용하고 있다. 학교별로 보면, A, C, D대학교는 같은 한국 연세대학교 교재를 쓰고 있으며, E학교는 중국 연변대학교 교재를 쓰고 있다. 그와 동시에, B대학교는 연세대학교의 교재도 쓰지만, 1학년에서는 중국 북경대학교 조선어문화연구소에서 개발한「한국어1-2」를 사용하고 있다.

먼저 A, B, C, D대학교에서 사용되는「한국어교정1-6」은 한국에서 제일 먼저 외국어로서의 한국어를 체계적으로 교육하기 시작한 연세대학교에서 연구 개발된 교재이다. 이 교재는 외국인 성인을 위한 교재로써, 생활 필수 회화를 주 내용으로 구성했고 동시에 한국학을 전공하려는 사람들에게 도움을 줄 목적으로 편찬된 교재이다. 그리고 2007년에 세계 도서 출판 공사에서 번역, 출판되었는데 이는 한국 교재가 처음으로 중국에서 번역, 출판된 교재이기도 한다. 한국에서 수입된 대표적인 교재라고 할 수가 있으며, 중국에서의 언어 교육 환경을 고려해서 자모 부분도 개편되었다.

그 다음은 중국 북경대학교 조선어문화연구소에서 개발한「한국어1-4」 권인데, 이 교재는 한국어의 발음, 어휘, 문법 등에 대한 기초를 익히고, 듣기, 말하기, 읽기, 쓰기, 번역하기의 기초 능력을 신장시키는 것을 목적으로 하는 교재이다. 또한 대학교에서 한국어를 전공으로 배우는 학습자를 대상으로 설정하였으며, 교수의 지도와 설명이 따르는 상황을 예상하고 제작하였다. 그리고 이 교재는 조선족, 한국인, 한족 학자들이 공동으로 편찬한 교재이다.

중국 연변대학교에서 편찬한「기초/고급한국어」는 총 두 부분으로 나눌 수가 있다. 기초 한국어는 1-4권으로 구성돼 있으며 고급 한국어는 1-2권으로 구성돼 있다. 이 교재는 기준 교재의 음운 부분 어휘량이 많다, 문법 해석은 본문 내용과 관련성이 부족하고, 연습 문제는 본문의 핵심을 드러내지 못한다는 단점을 보완하고자 다시 편찬된 교재이다. 2006년부터 교재의 음운, 어휘, 문법, 연습 문제 등을 수정하였으며, 모국어가 중국어인 학습자들에게 더욱 적합하게 만들었다.

이상 5개 대학교에서 사용되는 교재들의 기본 정보를 정리하였다. 이 세 가지 교재에서 나타난 어휘 부문을 살펴보면, 초급에서는 어휘들을 해당 모국어로 설명하고 있으며, 고급 단계에서는 순수 한국어로 새로 나온 어휘들을 해석하고 있다. 하지만, 각 교재들이 교재에 있는 어휘들을 의미 관계에 따라 제시하거나 정리하고 있지 못하다는 공통점이 있다.

3.2.1.2 각 대학의 학생 수준

학습자는 교실 활동의 대상이며 주체이기도 한다. 의사소통 교수법이 등장함에 따라, 교실 활동의 주체는 점차 교수로부터 학습자로 변했다. 학습자는 교실 활동에서 더 중요한 역할을 하게 되었다. 이번에 조사된 5개 대학교는 중국에서 1급 대학교들과 2급 대학교들이며, 여기서 A, E대학은 1급 대학교이며, 남은 3개 대학교는 2급 대학이다. 각자 대표 학과를 가지고 있어서 중국에서 비슷한 수준이다.

<표31> 2005-2011년도 각 대학교 입학 점수 통계

년도	입학점수 (1본/2본)	A	E	C	B	D
2005	572/547	598				550
	597/565					
2006	568/549	597	588/542(2본)	569문과	560	552
	583/553		603이공	581이공		

2007	593/577	619	596문과	575이공	583	577
	573/545		582이공			
2008	584/566	614문과	600문과	583문과	573	566
	582/556	622이공	595이공	583이공		
2009	596/575	625	611문과	591문과	584	578문과
	586/554		602이공	585이공		557이공
2010	606/578	638	619문과	598문과	598	584문과
	580/542		596이공	562이공		550이공
2011	570		581문과	557문과	545	551문과
	567	591이공	581이공	561이공		542이공

<표31>에서는 2005-2011년도 5개 대학교 입학 성적을 통계한 내용이며, 이에 따르면, A대학교 학생들이 수능 시험 점수가 제일 높고 그 다음은 E학교이다. 종합적으로 평가할 때, D학교는 B, C대학보다 조금 낮은 편이라고 볼 수가 있다.

3.2.1.3 각 대학의 교수자[60]

5개 대학교 교수자에 대한 조사는 주로 개인 정보와 유의어 인식도이다. 개인 정보는 교수자의 '학력, 민족, 전공, 직위' 등이며, 유의어 인식도 조사는 '유의어의 개념, 유의어 변별 방법' 등을 통해서 이루어졌다. 각 대학교 교수자들에 대한 조사 결과를 정리하면 아래와 같다.

---

60) 중국에서는 '교사'라고 하지만, 여기서 대학에서 가르쳐서 교수자라고 통일시킨다.

<표32> 5개 대학교 교수자의 기본 정보

대학	순서	학력	민족	전공	직위
A대학	1	박사	조선족	한국 근현대 사회와 문화연구	교수
	2	박사	한족	한국 근현대 사회와 문화연구	부교수
	3	박사수료	한족	한국 고전문학연구	강사
	4	박사	조선족	한국어와 한국문학연구	강사
	5	박사	한족	남북한 외교, 동아시아 국제관계 연구	강사
B대학	1	박사	한족	언어학	강사
	2	박사	조선족	정치학	강사
	3	석사	한족	시장마케팅	강사
	4	석사	한족	문학	강사
	5	석사	한족	언론정보학과	강사
	6	석사	한족	언론정보학과	강사
C대학	1	석사	조선족	한국문학	부교수
	2	석사	한족	한국언어학	강사
	3	박사과정	한족	번역	강사
	4	박사과정	한족	한국어교육	강사
	5	박사과정	한족	한국어교육	강사
D대학	1	박사	조선족	亞非語言文學61)	부교수
	2	박사	조선족	한국문학	강사
	3	박사	한족	외국어로서의 한국어교육학	강사
	4	박사	조선족	한국문학	강사
	5	박사과정	한족	국어국문	강사
	6	박사과정	한족	언어학	강사
	7	석사	조선족	중한비교문학	강사
E대학	1	박사	조선족	중한비교문학	교수
	2	박사	조선족	한국현대문학	부교수
	3	박사	조선족	국어국문	부교수
	4	박사	조선족	한국사	부교수
	5	박사	조선족	교육	강사

---

61) 亚非语言文学학과는 중국에서 제일 먼저 亚非语言文学과 관련된 교육 및 연구 학과

<표32>에서 5개 대학교의 28명 교수자에 대해 조사한 결과를 보면, 대부분 석사 이상의 학위를 소지하고 있으며, 한족과 조선족이 모두 있다. 그리고 교수자들의 세부 전공을 보면 한국어와 관련된 전공은 국어학, 한국문학 등이 있는데, 대부분 한국문학 전공자들이다. 외국어로서의 한국어 교육학을 전공한 교수자들은 적은 편이다. 그 이외에는 외교, 교육, 한국사, 정치학, 언어학, 시장마케팅 등의 전공자도 있다.

한편, 각 대학교 교수자들에게 유의어 인지도 조사 결과를 보면, 많은 교수자들은 유의어의 개념을 다소 알고 있지만, 유의어 변별 방법에 대해 아는 교수가 많지 않다. 유의어 변별 방법에 대해 9명의 교수자가 답했으며, 정리하면 <표33>과 같다.

<표33> 유의어 변별 방법에 대한 교수자들의 대답 통계

조사 문제	조사 결과
유의어 변별 방법은 무엇이 있습니까?	需要具备类义词方面专门知识的教师进行系统的教育。(1명) 유의어와 관한 전문 지식을 갖춘 교수의 체계적인 교육이 필요하다.
	初级阶段简单的,高级阶段按照类别,具体化(1명) 초급 단계는 간단히, 고급 단계 유형별, 구체적으로 교육하기
	需要方法论的指导,方法是教学的依据也是学生学习特别是自学的依据(1명) 방법론이 필요하다. 방법론이 교육의 근거이며 학생들이 자습의 기준이다.
	通过具体举例说明(1명) 구체적인 예문을 들어 설명하기

중의 하나이다. 주로 베트남어, 인도네시아어, 필리핀어, 태국어, 미얀마어, 조선(한국어)어, 몽골어를 대상으로 교육, 연구하고 있다. 그리고 전공은 동남아 문화, 고대서아언어문학, 조선(한국)언어문화, 조선한국어번역 연구, 태국언어문화, 몽골언어문화, 비교언어학, 동아서술언어학과 동방민간문학 등이 있다.

比较教育,掌握具体的语言环境(2명)	
비교 교육, 구체적인 언어 환경을 파악해야 한다.	
상황극을 통해 재미있게 할 수 있을 것 같습니다. 상황극 내용에 따라 쓰는 어휘가 다르니까요. (1명)	
반의 검증법, 나열 검증법, 성분 검증법, 치환 검증법, 문법 체계 검증법, 결합 검증법 (1명)	

3.2.1.4 각 대학의 교과 과정

일반적으로 중국에서 한국어학과 교과 과정의 틀은 아래와 같다.

<표34> 중국 대학 한국어학과 교과 과정 분포

교과과정	필수과목	전공 필수과목
		교양 필수과목
	선택과목	전공 선택과목
		교양 선택과목
	실천과목	졸업논문
		졸업실습
		사회실천 및 기타

대학교마다 한국어 과목 명칭이나 수가 다를 수가 있지만 일반적으로 전공 필수 과목은 반드시 이수해야 할 과목으로서 종합 한국어(정독), 한국어 회화, 한국어 듣기, 한국어 쓰기, 한국어 읽기, 한국어 시청설, 중한/한중 번역 등 과목들로 구성되어 있다. 전공 선택 과목은 주로 3, 4학년의 고학년 대상으로 배정되는데 한국 개황, 한국 문화, 한국어 문법, 한국어 어휘론, 무역 한국어, 중한 문화 비교, 한국어 신문 선독, 한국 문화사, 한국시 등에 집중되어 있다.

한편, 수업 시간 배정에서 정독 과목은 대체로 주당 6-10시간이고 회화, 문학, 신문읽기, 문화 등은 대개 2-4 시간씩이다. 교우박(2010)에 따르면, '정독이란 과목은 언어 단위 학습을 둘러싸고 진행하는 읽기 수업의 하나로서 전공하는 학습자들에게 음운, 어휘, 문법 등 기본적인 언어적 지식을 가르치는 임무도 담당하고 읽기 능력을 향상시킬 뿐만 아니라 다른 언어 기능을 양성하기 위한 기초 과목'이라고 하였다. 정독 과목은 모든 교과목 중의 주 과목으로써, 배당되는 시간도 제일 많다. 중국 4년제 대학 한국어과의 경우를 보면, 정독 과목은 적어도 3학년까지 배정됐으며, 총 수업 시간의 40-50% 분량을 차지하고 있다.

중국 한국(조선)어 교육연구학회 2009년도 통계 자료에 따르면, 지금 중국 각 대학교 한국어 학과에서 개설된 전공 과목별 학기 주당 시간은 보통 2-4시간인데, 정독 과목의 주당 수업 시간은 적어도 4시간 이상이다. 학년으로 볼 때, 일반적으로 1학년 때는 8~12시간, 2학년 때는 6~8시간, 3학년 때는 4-6시간인데, 4학년 때는 학교에 따라 다르다. 어떤 학교는 중한번역이란 과목으로 대신하고, 어떤 대학교에서는 계속 정독 과목으로 한다. 그래서 여기에서는 각 대학교 정독 과목의 개설 양상을 중심으로 살펴볼 것이며, 정리하면 아래와 같다.

<표35> 각 대학교 정독 과목 시간 배정표[62]

학기 학교	1학기	2학기	3학기	4학기	5학기	6학기	7학기	8학기	합계 총시수[63]
A대학	136	136	136	136	102	102	번역34	번역34	748/1564

---

62) 5개 대학교에서 다 정독 과목이지만, 명칭이 조금씩 다르며, <표35>에서 제시한 숫자는 한 학기동안 개설된 '课时(수업시간)'을 의미하는 것이다. 구체적으로 아래와 같다.
A대학교: 한국어정독 I, II, III, IV, V, VI.
B대학교: 기초한국어 I, 기초한국어 II, 중급한국어 I, 중급한국어 II, 고급한국어 I, 고급한국어 II, 고급한국어 III.
C대학교: 초급한국어1, 초급한국어2, 중급한국어1, 중급한국어2, 고급한국어1, 고급한국어2.
D대학교: 기초한국어 I, II, III, IV, 고급한국어 I, II, III.
E대학교: 기초한국어(1)A, 기초한국어(1)B, 기초한국어(2)A, 기초한국어(2)B, 고급한국어(1)A, 고급한국어(1)B, 고급한국어(2)A.

B대학	124	136	136	136	68	68	68		736/1468
C대학	128	128	96	96	96	96	번역32	번역32	640/1360
D대학	96	128	128	128	96	64	64	논문/실습	736/1424
E대학교	130	160	160	160	96	96	96	논문/실습	898/1570

<표35>에서 나타난 듯이, 5개 대학교에서 정독 과목을 7학기(4학년 1학기)까지 개설된 대학교는 B, D, E대학교이며, A, C대학교는 6학기까지만 하고 7학기부터 한중번역이란 과목으로 대신하였다. 그리고 개설 시간을 보면, E대학교는 898시간으로 제일 많고, 그 다음은 A대학교이다.

3.2.2 숙달도별 문항 오류 원인 분석

앞에서 5개 대학교 평균 정답률에 따라 5가지 숙달도로 나눴으며, 각 숙달도에 있는 문항들을 학년과 등급대로 고찰하였다. 그리고 정답률과 오답률 비교를 통하여 각 숙달도에 있는 문항들을 다시 4가지로 나눴으며, 최종 3가지 분포 양상대로 분석하기로 하였다. 이어서 오류 원인 유형에서 학습자 환경과 관련된 자료를 학교별로 정리하였다. 지금까지 논의했던 것들을 종합하여 숙달도별 문항 오류 분석의 절차를 아래와 같이 도표로 나타낼 수가 있으며, 이 절에서 이에 따라 분석할 것이다.

---

63) 중국에서 대학교 졸업할 때 필수한 학점이 있으며, 5개 대학교 한국어과 졸업할 때 필수 학점과 수업 시간(時數)을 살펴본 결과, 한국어과 학생들이 졸업할 때까지 '본과 통합 지식 교육(本科通識敎育)', '학과 기초 교육(學科基礎敎育)', '전공 지식 교육(專業知識敎育)', 및 '기능적 교육(技能敎育)' 등 분야에서 일정한 학점과 시수를 충족시켜야 졸업할 수가 있다. 여기서 전공과 관련된 '학과 기초 교육(學科基礎敎育)', '전공 지식 교육(專業知識敎育)'을 중심으로 통계하였다. 한편, 이 두 분야에 해당된 과목은 '정독(精讀)'수업 이외에는 한국어회화, 한국어읽기, 한국어듣기, 한국어쓰기, 한국어 문법, 한국사회 및 문화, 번역, 통역, 한국신문선독, 한국역사, 한국경재, 무역한국어, 한국근현대문학선독, 관광한국어, 한국개황, 한국외교사, 중한언어대비, 과학한국어, 동시통역, 영어 등 여러 과목이 있다. 통계 결과에 따르면, '정독(精讀)' 수업은 거의 50% 이상의 비율을 차지하고 있다는 것을 알 수가 있다.

<表36> 문항 유형별 숙달도 분석 절차

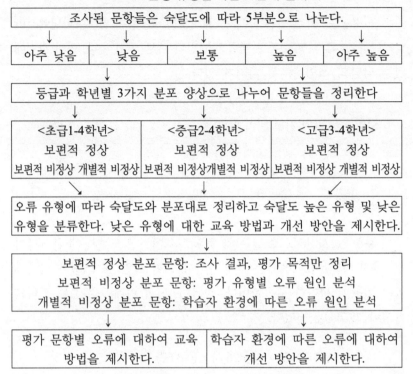

조사된 문항들은 숙달도에 따라 5부분으로 나눈다.

| 아주 낮음 | 낮음 | 보통 | 높음 | 아주 높음 |

등급과 학년별 3가지 분포 양상으로 나누어 문항들을 정리한다

| <초급1-4학년> 보편적 정상 보편적 비정상 개별적 비정상 | <중급2-4학년> 보편적 정상 보편적 비정상 개별적 비정상 | <고급3-4학년> 보편적 정상 보편적 비정상 개별적 비정상 |

오류 유형에 따라 숙달도와 분포대로 정리하고 숙달도 높은 유형 및 낮은 유형을 분류한다. 낮은 유형에 대한 교육 방법과 개선 방안을 제시한다.

보편적 정상 분포 문항: 조사 결과, 평가 목적만 정리
보편적 비정상 분포 문항: 평가 유형별 오류 원인 분석
개별적 비정상 분포 문항: 학습자 환경에 따른 오류 원인 분석

| 평가 문항별 오류에 대하여 교육 방법을 제시한다. | 학습자 환경에 따른 오류에 대하여 개선 방안을 제시한다. |

3.2.2.1 숙달도 '아주 낮음' 문항 분석[64]

숙달도가 '아주 낮음'으로 나타난 문항은 비교적 수가 적으며 모두 10문항이다. 그리고 모두 보편적 비정상 분포인 문항들이라서 오류 분석은 <표10>에 따라 '평가 문항별' 오류 원인으로 분석할 것이다.

---

64) 숙달도에 따른 유형을 제시되는 순서는 <표10>에서 제시된 '소분류 오류 유형'이다. 해당 급수에서 나타나고 있는 오류 유형만 제시하고 설명하기로 한다.

3.2.2.1.1 초급

초급 숙달도 '아주 낮음' 문항을 살펴보면, 2문항이 있고 1학년에서만
나타난다. 오류 유형은 주로 결합된 낱말의 기본 의미 파악, 연어 관계에
있는 낱말의 쓰임 등 두 가지가 있다.

1) 결합된 낱말의 기본 의미 파악[65]

문항24) 가: 버스가 조금 전에 떠났어요?
　　　　　나: 네, (②) 갔어요.
　　　　　①곧　　　　②방금　　　　③먼저　　　　④자주

이 문항은 [시간적으로 짧은]의 뜻으로 쓰이는 정도부사 '조금'과 [이
전, 과거]의 의미로 쓰이는 명사 '전'이 함께 쓰일 때 쓰이는 의미를
알고 있는지 평가하는 문항이다. 정답이 '방금'인데, '먼저'를 선택한
학생이 79.7%나 되었다.

먼저(79.8) 〉 **방금(28.8)** 〉 곧(8.88) 〉 자주(7.34)

문항24) '조금 전'은 [시간적으로 이전] 과 [그 시간의 짧다]의 뜻이
결합된 것으로 [말하는 시간보다 바로 조금 전]이란 뜻으로 쓰이는 '방
금'과 유의적 관계에 있다.

그러나, '먼저'는 단순히 [시간적으로나 순서상으로 앞선 때]란 의미
이며, 그 시간의 정도성에 대하여 언급이 없다. 학생들이 '먼저'를 선택
한 것은 결합된 의미를 제대로 파악하지 못해서 생긴 현상이다.

---

65) 결합된 낱말의 기본 의미 파악이란 학생들이 표준국어대사전에 따라 해당 단어의
　　기본적 뜻을 안다면 제대로 풀 수가 있는 문항들을 말하는 것이다.

2) 연어 관계에 있는 낱말의 쓰임[66]

> 문항60) 가: 민수 씨는 안경을 써요?
>   나: 네, 안경을 (①).
>   ①껴요   ②차요   ③받아요   ④입어요

이 문항은 한국어에 나타나는 연어 관계를 알고 있는지 평가하는 문항이다. 정답은 '끼다'인데 '입다'를 선택하는 학생이 51.38%로 과반을 넘고 있다.

입다(51.38) 〉 **끼다(25.42)** 〉 받다(19.42) 〉 차다(4.96)

낱말밭으로 볼 때, '입다, 끼다, 받다, 차다'는 모두 착용동사이며, 각자 결합된 대상이 다르다. 문항60)에서의 '쓰다'는 [모자 따위를 머리에 얹어 덮거나 얼굴에 어떤 물건을 걸거나 덮어쓰다]의 뜻으로, 이때 '안경'과 결합할 수 있는 단어는 '끼다'이다.

한편, 국립국어원(2003)에 따르면 착용동사는 초급에서 '입다, 걸다, 쓰다, 신다'가 있으며, '끼다'는 중급에서 가르친다. 이 문항에 대해 정답률이 낮은 이유는 중급에서 가르치는 '끼다'를 초급 학생들에게 질문하였기 때문이 아닌가 한다.[67]

---

66) 연어에 대한 개념은 학자마다 정의가 다르며, 이희자(1994), 홍재성(1995), 박성숙(1997), 강현화(1998), 김진해(2000), 임근석(2002), 문금현(2004) 등에서 찾아볼 수가 있다. 학자마다 연어에 대한 정의가 다르지만, 구성 요소간의 결합이나 공기 관계를 강조한다는 점에서 일치가 보인다. 본 논문에서는 국립국어원 표준국어대사전을 참조하여, '공기 관계를 존재하는 두 개 이상의 단어가 결합하여 의미적으로 하나의 단위를 이루는 말로 정의한다. 연어 관계에 있는 낱말 쓰임이란 연어 관계를 가진 단어들과 교체 가능한 단어들의 파악 능력을 평가하는 유형이다. 이런 유형들은 연어 관계를 제대로 파악한다면 물음 문항과 비슷한 의미를 가진 답안을 선택할 수가 있다.

67) 국립국어원에 따른 착용 동사 '등급, 빈도순' 통계표

3.2.2.1.2 중급

중급 숙달도가 '아주 낮음'으로 나타난 문항은 모두 3문항이 있으며 학년별로 있다. 그리고 오류 유형은 결합된 낱말의 기본 의미 파악, 어휘의 직접과 파생의미 파악, 한자어 파악 등 3가지 유형이 있다.

1) 결합된 낱말의 기본 의미 파악

> 문항2) 동생은 밤새도록 컴퓨터 게임을 했는지 몹시 피곤해 보였다.
> (①)
> ①아침까지   ②저녁까지   ③밤낮 없이   ④하루 종일

이 문항은 '밤새도록'은 [밤이 샐 때까지] 즉 [저녁부터 아침까지]란 의미를 알고 있는지 평가하는 문항으로 정답은 '아침까지'이다. 그런데 59.08%의 3학년 학생들은 정답으로 '밤낮없이'를 선택하였으며 정답인 '아침까지'는 13.4%만 선택하였다.

번호	등급[1]	빈도순	단어
1	A	2	하다
2	A	130	들다
3	A	354	입다
4	A	716	걸다
5	A	1795	쓰다
6	A	2715	신다
7	B	1877	달다
8	B	2072	**끼다**
9	B	3982	매다
10	B	6051	메다
11	C	837	걸치다
12	C	2077	두르다
13	C	3462	꽂다
14	C	3890	차다
15	C	4036	감다

[1] 한국어 학습용 어휘선정 결과 보고서에서 A등급은 1단계(초급), B등급은 2단계(중급), C등급은 3단계(고급)학습용 어휘로 정하였다.

밤낮없이(59.08) 〉 하루 종일(18.92) 〉 저녁까지(14.62) 〉 **아침까지(13.40)**

'밤새도록'은 [저녁부터 아침까지]란 의미 범위를 지니고 있으며, '낮'이란 의미를 포함되지 않는다. 그런데도 [밤과 낮을 가리지 않다]의 뜻을 가진 '밤낮없이'를 정답으로 선택한 까닭은 결합된 낱말의 기본 의미를 파악하는 능력이 부족한 데에 있는 것으로 보인다. 학생들은 '밤새도록'과 '밤낮없이'의 기본적 의미 범위를 파악하지 못하고 있다.

2) 한자어 파악[68]

문항49) 예전보다 진한 색 자동차를 선택하는 사람들이 줄고 있다. (①)   ①짙은 　　②고운 　　③굵은 　　④깊은

이 문항은 한자어인 '진하다'의 뜻을 파악하고 있는지를 평가하는 문항이다. '색'을 수식한 한자어인 '진하다'는 [빛깔이나 화장 따위가 짙다]의 뜻을 지닌 낱말로 [빛깔이나 냄새 따위가 진하다]의 뜻으로 쓰인 '짙다'와 같은 뜻을 지닌 낱말이다. 그런데 2학년 학생들은 44.58%가 '깊다'를 선택하였다.

깊다44.58) 〉 **짙다(29.74)** 〉 굵다(16.8) 〉 곱다(7.94)

표준국어대사전에 따르면, '깊다'는 [겉에서 속까지의 거리가 멀다], [생각이 듬쑥하고 신중하다], [수준이 높거나 정도가 심하다], [시간이 오래다], [어둠이나 안개 따위가 자욱하고 **빡빡하다**] 등 여러 뜻을 가지고 있지만 '색깔'과 결합된 쓰임이 없다. 이 문항은 학생들이 한자어인 '진하다'에 대한 파악 부족으로 생긴 오류로 보인다.

---

68) 이 유형은 주로 한중 양국에서 공통적으로 존재하는 한자어에 대해 파악 능력을 평가하는 유형이다.

3) 어휘의 기본적 · 파생적 의미의 파악[69]

문항42) 급한 일만 끝나면 주말에는 여유 있게 시간을 보낼 수 있다. (②)
①완벽하게　　②느긋하게　　③자유롭게　　④편안하게

이 문항은 형용사 '여유 있다'의 파생 의미를 파악하는 능력을 평가하는 문항이다. 정답은 '느긋하다'인데, 2학년 학생은 '자유롭다'를 '65.18%, '편안하다'를 23.69%'로 선택하여 낮은 정답률을 보이고 있다.

자유롭다(65.18) 〉 편안하다(23.69) 〉 느긋하다(18.63) 〉 완벽하다(0)

문항42) '여유 있다'는 [급하지 않은 마음 상태]를 표현하고 있어서 [마음에 흡족하여 여유가 있고 넉넉하다]의 뜻으로 쓰인 '느긋하다'와 비슷한 뜻으로 쓰이고 있다.

한편, 오답인 '편안하다'는 [편하고 걱정 없이 좋다]의 뜻이고, '자유롭다'는 [구속이나 속박 따위가 없이 제 마음대로 할 수 있다]의 뜻을 가지고 있다. 두 단어는 '여유 있다'로 인해 파생된 행동이나 현상을 표현하는 낱말들이라고 말할 수가 있다. 학생들은 단어의 기본적 의미와 파생적 의미를 구별하지 못해서 오류가 생기는 것이다.

3.2.2.1.3 고급

고급에서 숙달도가 '아주 낮음'으로 나타나는 문항은 모두 5문항이 있으며, 학년별로 있다. 그리고 오류 유형을 보면, 결합된 낱말의 기본 의미 파악, 동음이의어 파악, 다의어의 문맥에 따른 의미 선택 및 파악,

---

69) 한 단어의 기본적 의미와 비슷한 단어가 있으며, 그 단어의 파생된 행동이나 심리를 표현하는 의미와 비슷한 단어가 있다. 어휘의 기본적·파생의미의 파악이란 한 단어가 문맥에서 표현하려는 의미는 직접 의미인지 파생된 의미인지를 제대로 파악해야 그와 유의 관계를 가진 단어를 제대로 선택할 수가 있는 유형들이다.

유의어군의 변별 등이 있다.

1) 결합된 낱말의 기본 의미 파악

문항35) 겨울바람이 부는 텅 빈 거리를 혼자 걷다 보면 그녀 생각에 <u>끊임없</u>
<u>이</u> 눈물만 흐른다. (①)
　①하염없이　　②손색없이　　③거침없이　　④형편없이

이 문항은 [계속하거나 이어져 있던 것이 끊이지 아니하게]라는 뜻으
로 쓰인 '끊임없이'의 기본적 의미를 파악하는 문항이다. 정답은 '하염
없이'인데, 학생들은 38.68%만 선택하였고 '거침없이'를 61.2%로 많이
선택하였다.

3학년 거침없이(61.2) 〉 **하염없이(25.34)** 〉 형편없이(9.42) 〉 손색없이(4.06)

정답인 '하염없이'는 [어떤 행동이나 심리 상태 따위가 자신의 의지와
는 상관없이 계속되는 상태로]의 뜻이며, [계속]이란 의미에서 '끊임없
이'와 비슷하다.

한편, '거침없이'는 [일이나 행동 따위가 중간에 걸리거나 막힘이 없
이]의 뜻이며, '끊임없이'와 직접적인 관계가 없다. 학생들이 '끊임없이'
의 의미 파악을 잘 못하고 있다.

2) 동음이의어 파악[70]

문항51) 의사들은 심장 질환이 급격히 증가한 원인으로 현대인의 식사 습관
을 든다. (②)
　①기른다　　②꼽는다　　③들인다　　④빼낸다

---

[70] 이런 유형의 문항이 동음이의어인데, 학생들은 해당 문항에서 동음이의어의 어떤
　　의미로 쓰인지를 파악해야 그와 비슷한 단어를 선택할 수가 있는 문항들이다. 그래서
　　유의어 문제였지만 실제는 동음이의어의 파악 문항으로 볼 수가 있다.

이 문항은 동음이의어인 '들다'의 의미를 파악하고 있는지 묻는 문항이다. '들다'는 자동사나 타동사가 있는데 자동사로는 [칼의 날이 날카로워 잘 벤다]는 뜻과 [날씨가 개다], [나이가 웬만큼 되다], [들어가다]의 뜻으로 쓰이는 동음이의어이고 타동사로는 [짐이 올리다], [손에 가지다], [내세우다], [먹다] 등의 뜻으로 쓰이는 다의어이다. 정답은 [내세우다]의 뜻인 '꼽다'인데, 3-4학년 학생들은 '습관'에 얽매여 '기르다'를 선택하였다.

3학년 기르다(53.36) 〉 **꼽다(25.2)** 〉 들이다(17.2) 〉 빼내다(4.22)
4학년 기르다(63.06) 〉 **꼽다(22.76)** 〉 들이다(11.24) 〉 빼내다(2.9)

학생들은 타동사로 쓰인 '들다'를 [버릇이나 습관이 몸에 배다]의 의미로 쓰인 자동사 '들다'로 잘못 파악하여, 그와 비슷한 오답인 '기르다'를 선택하게 되는 것이다. 동음이의어의 변별 능력이 부족해서 생기는 오류라고 볼 수가 있다.

3) 다의어의 문맥에 따른 의미 선택 및 파악[71]

문항2) 어려서부터 무엇 하나 <u>아쉬울 것 없이</u> 살아 온 그였지만, 다른 사람의 마음을 사는 일만큼은 자신의 뜻대로 되지 않았다. (②)
①어긋남 없이 ②모자람 없이 ③더할 나위 없이 ④안타까운 것 없이

이 문항은 다의어인 '아쉽다'가 문맥에 따른 의미 선택 및 파악 능력을 평가하는 문항이다. 문맥적 의미는 [물질적으로 모자람 없이]인데, 3학년 학생들은 [아까운 것 없이]에 [모자람 없이]는 55.98%나 선택하고 정답은 28.82%만 선택하였다.

---

71) 이런 유형은 대부분 문항은 다의어로 출제하였으며, 그 다의어가 문맥에서 구체적인 어떤 뜻으로 쓰이는지를 파악해야 그와 비슷한 의미를 선택할 수가 있는 문항들이다.

안타까운 것 없이(55.98) 〉 **모자람 없이(28.82)** 〉
더할 나위 없이(9.54) 〉 어긋남 없이(4.98)

'아쉽다'는 문맥에 따라 [물리적 부족]과 [심리적 부족] 등 다양한 뜻으로 사용하고 있는데, 학생들은 [심리적이나 정신적으로 부족]의 뜻으로 파악하여 잘못 선택하였다. 학생들이 문맥적 의미를 제대로 파악하지 못해서 다의어인 '아쉽다'의 적절한 의미를 정확하게 선택하지 못하고 있다.

4) 유의어군의 변별[72]

> 문항20) 그 사람은 아침 8시가 되면 <u>반드시</u> 학교 앞에 나타나 학생들의 등굣길을 지킨다. (④)
> ①기필코　　　②이따금　　　③잇달아　　　④어김없이

이 문항은 '반드시'와 비슷한 의미를 가진 '어김없이', '기필코'에 대한 변별 능력을 파악하는 문항이다. 정답은 '어김없이'이지만, 4학년 학생들은 오답인 '기필코'를 64.46%로 많이 선택하였다.

기필코(64.46) 〉 **어김없이(25.5)** 〉 이따금(6.6) 〉 잇달다(3.42)

'반드시', '어김없이', '기필코'는 [틀림없이, 꼭]이란 공통적 의미를 가진 유의어들이다. 하지만, '반드시'와 '어김없이'는 [미래 시제]도 표현할 수가 있다. 문항20)의 문맥에서 [미래 시제]란 의미가 포함돼 있지만, 학생들은 유의어이 이 세 단어들의 차이점을 구별하지 못하여 오류가 생기는 것이다.

---

72) 유의어군의 변별 유형은 문항과 정답이외에 답지에서도 문항과 유의 관계를 가진 항목이 있으며, 문항, 정답과 해당 답지 등 유의어군을 변별하는 문항이다.

3.2.2.2 숙달도 '낮음' 문항 분석

<표28>에 따르면, 숙달도가 '낮음'으로 나타난 문항은 모두 33문항이 있으며, 초급에 11개, 중급에 8개, 고급에 14개가 있다. 학년별로 보면, 초급은 1학년에만 있고 11문항이 있다. 중급은 2학년과 4학년에 있으며 각각 7문항과 1문항이다. 고급의 경우에는 3학년과 4학년 각각 7문항이 있다. 그리고 등급마다 '보편적 비정상 분포'과 '개별 비정상 분포' 두 종류만 있다.

3.2.2.2.1 초급

초급 문항에서는 3문항이 보편적 비정상 분포이고, 8문항이 개별 비정상 분포 문항들이다.

1) 보편적 비정상 분포 문항

여기에 있는 3문항은 주로 결합된 낱말의 기본 의미 파악, 다의어의 문맥에 따른 의미 선택 및 파악, 유의어군의 변별 등 3가지가 있다.

(1) 결합된 낱말의 기본 의미 파악

문항39) 가: 제니 씨, 한국어를 공부할 때 누구한테 <u>질문해요?</u> 나: 저는 한국친구에게 (④). ①어울려요　②연락해요　③가져가요　④물어봐요

이 문항은 [누구에게 의문이나 질의]의 뜻으로 쓰인 한자어 '질문하다'의 기본적 의미 파악 능력을 알아보는 문항이다. 정답은 '물어보다'인데, 학생들은 그보다 '연락하다'를 41.3%나 선택하였다.

연락하다(41.3) 〉 **물어보다(31.16)** 〉 어울리다(19.11) 〉 가져가다(10.33)

　문항39)의 '질문하다'와 정답인 '물어보다'는 [질의]란 뜻을 가지고 있지만, '연락하다'는 [누구에게 소식을 전함]의 뜻이다. 학생들은 '질문하다'의 기본적 의미를 잘못 파악하고 있다.

　(2) 다의어의 문맥에 따른 의미 선택 및 파악

문항30) 가: 제가 부탁한 편지를 <u>보냈어요?</u>
나: 네, 오전에(①).
①부쳤어요　　②떠났어요　　③받았어요　　④만들었다

　이 문항은 '보내다'의 문맥에 따른 의미 선택 및 파악 능력을 평가하는 문항이다. 정답은 '부치다'인데, 학생들은 '받다'를 36.2%나 잘못 선택하였다.

받다(36.2) 〉 **부치다(34.38)** 〉 떠나다(21.08) 〉 만들다(7.54)

　표준국어대사전에 따르면, '보내다'는 '...을 ...에/에게,...을 ...으로' 등 형식으로 사용할 때는 [사람이나 물건 따위를 다른 곳으로 가게 하다], [일정한 임무나 목적으로 가게 하다], [(('시집'이나 '장가'와 함께 쓰여)) 결혼을 시키다], [사람을 일정한 곳에 소속되게 하다] 등 여러 뜻이 있다. 문항30)의 경우는 '사람이나 물건 따위를 다른 곳으로 가게 하다'의 의미로 쓰이면, 학생들은 다의어인 '보내다'의 이 뜻을 잘못 파악하고 있다.

(3) 유의어군의 변별

> 문항45) 가: 누가 더 나이가 <u>적어요?</u>
>   나: 민호 씨가 더 (③)
>   ①짧아요   ②넓어요   ③어려요   ④나빠요

이 문항은 '적다', '작다'와 '짧다'의 변별 능력을 평가하는 문항이다.
정답은 '어리다'지만, 학생들은 '어리다'를 37.28%만 선택하였고 '짧다'
를 38.02%로 많이 선택하였다.

짧다(38.02) 〉 어리다(37.28) 〉 나쁘다(15.88) 〉 넓다(8.96)

'적다'는 형용사와 동사로 사용되는 동음이의어이며, 문항45)에서는
[일정한 기준에 못 미치는 상태]란 뜻으로 쓰이는 형용사이다. 정답인
'어리다'는 [나이가 비교 대상보다 적다]의 의미로 문항45)에서 '나이가
적다'와 유의 관계를 가지고 있다고 볼 수가 있다.

그와 동시에 [어느 정도나 수준에 미치지 못한 상태]를 표현할 때
쓰는 것으로, '짧다'와 '작다'도 있다. '적다'는 '작다', '짧다'와 유의
관계를 가지고 있지만, '작다'는 분량이나 수효에 쓰이고, '짧다'는 길이,
공간, 시간에서 많이 쓴다. '적다'의 경우에는 부피, 넓이, 마음 등에
사용하고 있다.

<표37> '작다', '적다', '짧다'의 의미 및 예문

단어	의미	예문 및 대조된 단어
적다	일정한 기준에 못 미치는 상태	나이가 적다(幼)--長 경험이 적다(少)--多

	(무엇이)부피, 넓이 따위가 일정한 기준이나 보통보다 덜한 상태에 있다	키가 작다(小/短)--大/長
작다	(소리나 빛이)낮거나 약하다	말소리가 작다(小)--大
	(마음이)시시하고 너그럽지 못하다	마음이 작다(小)--大
	(옷이나 신발이 몸에 또는 누구에게)맞아야 할 치수에 모자라는 상태에 있다.	치수가 작다(小)--大
짧다	잇닿아 있는 공간이나 물체의 두 끝의 사이가 가깝다	짧은 다리(短)--長
	이어지는 시간상의 한 때에서 다른 때까지의 동안이 오래지 않다	짧은 기간(短)--長
	글이나 말 따위의 길이가 얼마 안 되다. 또는 행동을 빠르게 하다.	짧게 웃다(淺)--深
	자본이나 생각, 실력 따위가 어느 정도나 수준에 미치지 못한 상태	짧은 지식(淺薄)--深厚

한편, <표37>을 보면, '小'의 의미를 가진 '작다'는 '大'와 대조되며, '키가 크다'를 말할 때는 '짧다(短)'와 대조되기도 한다. 이는 학생들이 '작다'와 '짧다'를 구별 못하는 이유도 된다. 그래서 이 문항의 오류 원인은 학생들이 '적다'를 유의어인 '작다, 짧다'와 혼란을 일으킨 것이다.

2) 개별적 비정상 분포 문항

초급 숙달도 '낮음'으로 나타난 문항에서 8문항이 '개별적 비정상 분포'이며, 학습자 환경 때문에 오류 정도의 차이가 생겼다. 살펴보면 모두 교수자 문제와 관련되며, 주로 교수자 문제, 학생 수준과 교수자 문제, 교과 과정과 교수자 문제, 교재와 교수자 문제 등이 있다.

(1) 교수자 문제로 인해 생긴 오류

교수자 문제는 주로 현장에 있는 교수의 세부 전공이 어휘 교육과 거리가 있고 어휘 교육에 적절하지 않다는 것이다. <표33>에서 5개 대학교 28명 교수자에 대해 조사한 결과, 지금 한국에서 한국어 교육을 전공하고 있는 교수자는 두 명이 있으며, 외국어로서의 한국어 교육학을 전공하는 교수자 한 명이 있다. 남은 25명 교수자들의 전공은 주로 한국문학, 亞非語言文學, 한국문화, 중한문학비교, 언어학, 교육학 등이 있으며, 그 이외에는 시장마케팅, 정치학, 역사학, 언론정보학 등도 있다. 교수자 문제로 인해 오류가 생긴 문항을 정리해 보면 아래와 같다.

문항3) 어제는 영수 씨의 생일이었어요. 그래서 선물을 <u>했어요</u>. (②)
　　①봤어요　　②줬어요　　③받았어요　　④만들었어요

이 문항의 정답은 '주다'이며, 조사 결과는 정상적으로 나타나고 있지만, B, C대학교에서는 개별적 비정상 분포를 보인다.

주다(43.42) 〉 받다(32.02) 〉 만들다(19.52) 〉 보다(5.04)

<표38> 초급 문항3)의 대학별 답지 선택률

학교	보다	주다	받다	만들다
A대학	0%	88.9%	11.1%	0%
B대학	**2.1%**	**12.5%**	**50%**	**35.4%**
C대학	**2.3%**	**13.6%**	**50%**	**34.1%**
D대학	17.2%	41.4%	27.6%	13.8%
E대학	3.6%	60.7%	21.4%	14.3%
평균	5.04	43.42	32.02	19.52

<표38>에서 나타나듯이, A, D, E대학에서 비교적 높은 숙달도를 보인 반면에, B, C대학교에서는 정답이 12.5%, 13.6%만 선택되었고, 오답인 '받다'가 50%나 높게 선택되었다. B, C대학교에서는 다른 교재

를 쓰고 있지만, C대학교와 같은 교재를 사용하는 A, D대학교에서는 정상 분포를 보이고 있기 때문에, 교재 문제라고 보기 어렵다. 그리고 각 대학교 정독 과목 시간 배정표를 살펴보면, B, C대학교와 비슷한 시간을 배정한 A대학에서는 정상 분포라서 교과 과정 문제로 볼 수가 없다. 한편, <표31>에 따라 학생 수준을 보면, D대학은 B, C대학교와 비슷해도 불구하고 정상 분포로 나타나기 때문에, 학생 수준 문제도 아니다. 그러므로 <표32>에 따르면, B, C대학에서 개별적 비정상 분포의 원인은 교수자들에 있다.

문항61) 가: 점심 때 뭘 <u>시킬까요?</u>
　　　　나: 비빔밥을 (④)
　　　　①넣읍시다　　②받습니다　　③요리합니다　　④주문합시다

이 문항의 정답은 '주문하다'인데, 전체 평균 정답률로 보아, 조사 결과가 정상적으로 나타나지만, E대학교에서 개별적 비정상 분포를 보인다.

주문하다(49.72) 〉 요리하다(30.36) 〉 넣다(11.88) 〉 받다(7.32)

<표39> 초급 문항61)의 대학별 답지 선택률

학교	넣다	받다	요리하다	주문하다	선택문항
A대학	3.7%	18.5%	37%	40.7%	0%
B대학	25%	4.2%	20.8%	50%	0%
C대학	27.3%	0%	22.7%	50%	0%
D대학	3.4%	10.3%	7%	79.3%	0%
E대학	**0%**	**3.6%**	**64.3%**	**28.6%**	**3.6%**
평균	11.88	7.32	30.36	49.72	0.72

위의 문항에서 A, B, C, D대학의 숙달도가 비교적 높게 나타나지만,

E대학교에서는 '요리하다'가 64.3%로 높게 선택되었다. E대학에서는 A, C, D대학과 다른 교재를 쓰고 있다. 하지만 B대학 역시 A, C, D대학과 교재가 다르지만, 정상 분포를 보인다. 그러므로 교재 문제로 볼 수가 없다. 그리고 E대학교의 정독 배정 시간을 보면, 다른 대학과 비슷하게 나타나므로 교과 과정 문제로 보기 어렵다. 한편, E대학교 학생 수준과 비슷한 A대학에서 정상 분포이기 때문에 학생 수준의 문제도 아니다. 따라서 E대학 비정상 분포의 원인은 교수자에 있다.

문항5) 은영 씨는 저보다 세 살이 <u>어려요</u>. (④)
　　　①길어요　　②짧아요　　③많아요　　④적어요

이 문항의 정답은 '적다'인데, 전체 평균 정답률로 보아, 조사 결과는 정상적으로 나타나고 있지만, A, D대학교에서는 개별적 비정상 분포를 보인다.

적다(46.44) 〉 길다(20.57) 〉 많다(19.46) 〉 짧다(12.05)

<표40> 초급 문항5)의 대학별 답지 선택률

학교	길다	짧다	많다	적다	선택 안함
A대학	**25.9%**	**3.7%**	**40.7%**	**25.9%**	**3.7%**
B대학	6.25%	6.25%	12.5%	75%	0%
C대학	4.5%	4.5%	9.1%	81.8%	0%
D대학	**48.3%**	**17.2%**	**20.7%**	**13.8%**	**0%**
E대학	17.9%	28.6%	14.3%	35.7%	3.6%
평균	20.57	12.05	19.46	46.44	1.46

이 문항에서 B, C, E대학교는 정상 분포를 보이며, 특히 C대학은 81.8%로 다른 대학들보다 정답률이 매우 높게 나타나고 있다. 하지만,

A, D대학교에서는 정답을 25.9%, 13.8%만 선택했고 오답인 '많다'와 '길다'를 40.7%, 48.3%나 많이 선택하였다. A대학은 B, C대학과 같은 교재를 사용하기 때문에 교재 문제라기 어렵다. 그리고 <표35>에 따르면 D대학의 정독 수업 시간 배정은 남은 4대학보다 96시간으로 비교적 적지만, A대학은 정상 분포로 나타나는 B, C, E대학과 비슷하다. 그래서 교과 과정 문제로 볼 수가 없다. 또한, A대학의 학생 수준과 비슷한 E대학, D대학의 학생 수준과 비슷한 B, C대학에서 정상 분포기 때문에, 학생 수준과 관련이 없다고 생각한다. 따라서 A, D대학의 비정상 분포가 나타나는 원인은 교수자에 있다.

(2) 학생 수준과 교수자 문제로 인해 생긴 오류

이런 오류 유형은 각 대학교 학생 입학 성적에 차이가 있으며, 개별적 비정상 분포로 나타나는 대학의 교수자들에도 문제가 있다. 이를 종합하여 학생수준과 교수자 등 복합 원인으로 생기는 오류라고 본다.

문항62) 가: 여기 강물이 참 <u>깨끗하지요?</u>
　　　　　나: 네, 정말 (①)
　　　　　①맑아요　　②예뻐요　　③깊어요　　④차가워요

이 문항의 정답은 '맑다'인데, 전체 평균 정답률로 보아, 학생들의 선택은 정상적 분포로 나타나지만, B, C, D대학교에서는 개별적 비정상 분포를 보인다.

맑다(41.92) 〉 예쁘다(29.5) 〉 차갑다(17.36) 〉 깊다(11.18)

<표41> 초급 문항62)의 대학별 답지 선택률

학교	맑다	예쁘다	깊다	차갑다
A대학	59.2%	14.8%	0%	25.9%
B대학	**31.2%**	**41.7%**	**22.9%**	**4.2%**
C대학	**27.3%**	**45.5%**	**22.7%**	**4.5%**
D대학	**27.6%**	**24.1%**	**10.3%**	**37.9%**
E대학	64.3%	21.4%	0%	14.3%
평균	41.92	29.50	11.18	17.36

문항62)의 A, E대학교의 숙달도는 59.2%, 64.3%로 비교적 높게 나타나지만, B, C, D대학교에서는 정답률이 22.9%, 22.7%, 10.3%로 나타났다. 그리고 오답인 '차갑다'가 41.7%, 45.5%, 37.9%로 높게 선택되었다. A대학은 B, C, D대학과 같은 교재를 쓰고 있는데도 정상 분포로 나타나서 교재 문제라고 보기 어렵다. 그리고 <표35>를 보면 B대학교는 A대학과 같은 시간이 배정돼 있다. 하지만 A대학교는 정상 분포로 나타나기 때문에, 교과 과정 문제로 볼 수가 없다. 또한 <표31>을 보면, A, E대학교 학생들의 수준은 B, C, D대학보다 높게 나타나고 있어서 이는 B, C, D대학에서 개별적 비정상 분포의 하나 원인이다. 한편, <표32>에 따르면, B, C, D대학의 교수자에 문제도 있다. 그러므로 B, C, D대학 대학에서 비정상 분포가 나타나는 이유는 학습자 수준 차이와 교수자 등 복합적으로 나타난다.

문항4) 이사갈 집을 구하고 있는데 좋은 집이 있을 까요? (④)
　　①갖고　　　② 듣고　　　③사고　　　④ 찾고

이 문항의 정답은 '찾다'이며, 조사 결과는 보편적 정상 분포지만, B, C, D대학에서는 개별적 비정상 분포를 보인다.

찾다(33.5) 〉 사다(31) 〉 갖다(23.4) 〉 들다(9.89)

<표42> 초급 문항4)의 대학별 답지 선택률

학교	갖다	들다	사다	찾다	선택 안함
A대학	18.5%	3.7%	18.5%	51.8%	7.4%
B대학	12.5%	6.25%	56.2%	25%	0%
C대학	9.1%	4.5%	59.1%	27.3%	0%
D대학	48.3%	20.7%	6.9%	24.1%	0%
E대학	28.6%	14.3%	14.3%	39.3%	3.5%
평균	23.40	9.89	31.00	33.50	2.18

<표42>에 따르면, A, E대학교에서는 51.8%, 39.3%로 정상 분포를 보이지만, B, C, D대학교에서는 30% 미만의 숙달도를 보인다. 오히려 오답인 '사다'와 '갖다'가 56.2%, 59.1%로 선택되었다. 하지만, C, D대학교와 같은 교재를 사용하는 A대학교에서는 정상 분포를 보이기 때문에 교재 문제로 볼 수가 없다. 그리고 5개 대학교는 각자 다른 교과 과정을 가지고 있는데 교과 과정 문제라고 할 수가 없다. 또한 <표31>을 보면, A, E대학교 학생들의 수준은 B, C, D대학보다 높게 나타나고 있다. <표32>에 따르면, B, C, D대학의 교수에 문제도 있다. 그래서 B, C, D대학에서 개별적 비정상 분포로 나타나는 이유는 학습자 수준 차이와 교수자 문제에 있다.

(3) 교과 과정과 교수자 문제로 인해 생긴 오류

이런 오류 유형은 학습자 환경에 따른 오류를 분석한 결과, 비정상 분포로 나타나는 대학교의 교과 과정에 문제가 있으며, <표32>에 따라 교수자들에도 문제가 보이는 문항들이다. 이는 교과 과정과 교수자 등 복합 원인으로 생기는 오류로 본다.

문항48) 가: 선생님 <u>나중에</u> 다시 올 까요?
　　　　나: 네, (④)오세요.
　　　　①먼저　　　②아마　　　③날마다　　　④이따가

　이 문항의 정답은 '이따가'이며, 전체 평균 정답률로 보아, 조사 결과는 보편적 정상 분포지만, D, E대학교에서는 개별적 비정상 분포를 보인다.

이따가(38.74) 〉 날마다(26.96) 〉 먼저(19.24) 〉 아마(13.36)

<표43> 초급 문항48)의 대학별 답지 선택률

학교	먼저	아마	날마다	이따가	선택 안함
A대학	25.9%	7.4%	11.1 %	51.8%	3.7%
B대학	4.2%	22.9%	14.6%	56.2%	0
C대학	0%	22.7%	13.6%	61.4%	0
D대학	**41.4%**	**13.8%**	**24.1%**	**20.7%**	**0**
E교학	**25%**	**0%**	**71.4%**	**3.6%**	**0**
평균	19.30	13.36	26.96	38.74	0.74

　이 문항에서는 A, B, C대학교의 정답률은 모두 50% 이상으로 정상적인 분포를 보인지만, D, E대학교에서 각각 20.7%, 3.6%를 보여 비정상 분포를 보인다. 그리고 오답인 '먼저'와 '날마다'가 41.4%와 71.4%로 높게 선택되었다. D, E대학에서는 다른 교재를 쓰고 있지만, D대학과 같은 교재를 쓰인 A, C대학에서는 정상 분포로 나타나고 있다. 그러므로 교재 문제로 보기 어렵다. 한편, <표35>를 살펴보면, 정상 분포로 나타나는 A, B, C대학교에서는 136시간이나 128시간으로 배정되는 반면에, D, E대학에서는 보다 적은 96시간이나 보다 많은 160시간으로 배정돼 있다. 또한, <표32>에 따르면, 두 학교 교수자 문제도 있어서 D, E대학의 개별 비정상 분포 원인은 교과 과정과 교수자에 있다.

문항55) 가: 방이 정말 <u>크네요.</u>
　　　　나: 네, 이 방이 우리 기숙사에서 제일 (②)
　　　　①낮아요　　②넓어요　　③멀어요　　④비싸요

이 문항의 정답은 '넓다'이며, 조사 결과는 보편적 정상 분포로 나타나지만, D, E대학에서는 개별 비정상 분포를 보인다.

넓다(48.16) 〉비싸다(26.14) 〉멀다(12.96) 〉낮다(12.72)

<표44> 초급 문항55)의 대학별 답지 선택률

학교	낮다	넓다	멀다	비싸다
A대학	0%	74.1%	22.2%	3.7%
B대학	8.3%	58.3%	0%	33.3%
C대학	6.8%	59.1%	0%	34.1%
D대학	**41.4%**	**20.7%**	**6.9%**	**31%**
E대학	**7.1%**	**28.6%**	**35.7%**	**28.6%**
평균	12.72	48.16	12.96	26.14

이 문항에서 A, B, C대학교의 숙달도는 50% 이상이며, A대학은 74.1%로 비교적 높게 나타나고 있다. 한편, D, E대학은 정답을 20.7%, 28.6%만 선택하였고, 오답인 '낮다'와 '멀다'를 41.4%, 35.7%로 선택하였다. E대학교에서는 A, C, D대학과 다른 교재를 쓰고 지만, B대학교는 역시 A, C, D대학과 교재가 달라도 정상 분포를 보인다. 한편, <표35>를 살펴보면, 정상 분포로 나타나는 A, B, C대학교에서는 136시간이나 128시간으로 각각 배정되는 반면에, D, E대학에서는 보다 적은 96시간이나 보다 너무 많은 160시간으로 배정돼 있다. 또한, <표32>에 따르면, 두 학교 교수자 문제도 있어서 D, E대학의 개별 비정상 분포 원인은 교과과정과 교수자에 있다.

(4) 교재와 교수자 문제로 인해 생긴 오류

이런 오류 유형은 정상 분포로 나타나는 대학교와 비정상 분포로 나타나는 대학교에서 사용한 교재가 다르며, 개별적 비정상 분포로 나타나는 대학의 교수자들에도 문제가 있는 경우이다. 이는 교재와 교수자 등 복합 원인으로 생기는 오류로 본다.

문항21) 가: 오전에 어디 갔다 왔어요?
　　　　 나: 병원에 (④)
　　　　 ①갈아탔어요　②가져갔어요　③올라왔어요　④다녀왔어요

이 문항의 조사 결과는 정상 분포지만, B, E대학교에는 개별적 비정상이다.

다녀오다(31.22) 〉 갈아타다(27.26) 〉 가져가다(24.24) 〉
올라오다(16.34) 〉 선택안함(0.42)

<표45> 초급 문항21)의 대학별 답지 선택률

학교	갈아타다	가져가다	올라오다	다녀오다	선택 안함
A대학	18.5%	37%	0%	44.4%	0%
B대학	**39.3%**	**32.1%**	**14.3%**	**14.3%**	**0%**
C대학	27.3%	4.5%	20.4%	45.4%	0%
D대학	27.1%	6.2%	22.9%	41.7%	2.1%
E대학	**24.1%**	**41.4%**	**24.1%**	**10.3%**	**0%**
평균	27.26	24.24	16.34	31.22	0.42

<표45>를 보면, 문항21의 경우 A, C, D대학교의 숙달도는 40% 이상이지만, B, E대학교는 각각 14.3%, 10.3%로 개별 비정상 분포로 나타나고 있다. B, E대학에서는 정답보다 '갈아타다'와 '가져가다'를 선택한 비율이 39.3%, 41.4%로 높게 나타난다. <표30>을 살펴보면, 숙달도가 높은 A, C, D대학에서는 같은 교재를 쓰고 있지만, B, E대학은 각각 다른

교재를 쓰고 있다. 이는 B, E대학에서 개별적 비정상 분포로 나타나는 하나의 원인으로 본다. 또한, <표32>에 따르면, 두 학교 교수자 문제도 있어서 B, E대학의 개별 비정상 분포 원인은 교재와 교수자에 있다.

3.2.2.2.2 중급

중급 숙달도 '낮음'으로 나타난 8문항에서는 '보편적 비정상 분포'과 '개별 비정상 분포' 문항들은 각각 4문항이 있다.

1) 보편적 비정상 분포 문항

보편적 비정상 분포로 나타나는 4문항의 오류 유형을 보면 결합된 낱말의 기본 의미 파악, 유의어군의 변별, 그리고 한 주제와 관련된 어휘들의 파악 등 3가지가 있다.

(1) 결합된 낱말의 기본 의미 파악

문항47) 현재의 위기에서 벗어나기 위해서는 긍정적인 <u>태도</u>를 가져야 한다. (②) ①여유　②자세　③상태　④과정

이 문항은 [어떤 사물이나 상황 따위를 대하는 자세나 마음가짐]의 뜻으로 쓰인 '태도'의 기본적인 의미를 알고 있는지 평가하는 문항이다.

정답은 '자세'이지만, 2학년 학생들은 '자세'를 35.54%로 선택하였고 모양이나 형편을 표현하는 '상태'를 37.32%나 선택하였다.

상태(37.32) 〉 **자세(35.54)** 〉 선택 안함(13) 〉 과정(8.98) 〉 여유(5.13)

표준국어대사전에 따르면, '태도'와 '상태'는 [몸의 동작이나 몸을 거두는 모양새/모양]이나 [어떤 사물이나 상황 따위를 대하는 자세나 마음가짐이다]등 두 가지 뜻을 가지고 있다. 즉 하나는 '모양'이고 하나는 '행동'이다. 문항47)에서는 겉으로 보이는 '모양'보다 '위기를 대하는 자세나 마음가짐'이란 뜻이 더 정확하다.

한편, 학생들이 많이 선택한 오답인 '상태'는 주로 [사물·현상이 놓여 있는 모양이나 형편]의 뜻으로 사용되고 있으며, '행동'보다 '모양'을 더 강조하는 것이다. 학생들이 '태도'가 가진 기본적 의미 파악이 잘못하는 것이다.

문항2) 동생은 <u>밤새도록</u> 컴퓨터 게임을 했는지 몹시 피곤해 보였다.(①)
　　　①아침까지　　②저녁까지　　③밤낮 없이　　④하루 종일

이 문항은 '밤새도록'은 [밤이 샐 때까지] 즉 [저녁부터 아침까지]란 의미를 알고 있는지 평가하는 문항으로 정답은 '아침까지'이다. 그런데 59.08%의 4학년 학생들은 '밤낮없이'를 선택하였으며, 정답인 '아침까지'는 38.18%만 선택하였다.

밤낮없이(51.9) 〉 아침까지(38.18) 〉 저녁까지(6.18) 〉
하루 종일(2.52) 〉 선택 안함(1.18)

'밤새도록'은 [저녁부터 아침까지]란 의미를 지니고 있으며, '낮'이란 의미는 포함되지 않는다. 그런데도 [밤과 낮을 가리지 않다]의 뜻을 가진 '밤낮없이'를 정답으로 선택한 까닭은 결합된 낱말의 기본 의미를 파악하는 능력이 부족한 데에 있는 것으로 보인다. 이는 학생들이 '밤새도록'과 '밤낮없이'의 기본적 의미 범위를 파악하지 못했기 때문인 것으로 보인다.

(2) 유의어군의 변별

> 문항64) 잘 팔리는 것을 보니까 그 소설은 재미있는 것이 <u>틀림없다.</u> (④)
>   ①특별하다   ②당연하다   ③정확하다   ④확실하다

이 문항은 형용사 '틀림없다'와 유의 관계를 가진 '정확하다', '확실하다'의 변별 능력을 평가하는 문항이다. 정답은 '확실하다'지만, 2학년 학생들은 '정확하다'를 45.44%로 선택하였으며, 보편적 비정상 분포를 보인다.

    정확하다(45.44) 〉 **확실하다(40.88)** 〉 당연하다(10.32) 〉 특별하다(3.3)

'틀림없다'는 어떤 증거, 소문 등의 진실성을 주관적인 판단을 거쳐 확인하는 것이다. [증거], [소문]자체가 진실성이 있는지 없는지를 확인할 수가 없다.

한편, '확실하다'는 [틀림없이 그러하다]의 뜻이며, '정확하다'는 [바르고 확실하다]의 뜻이다. 하지만, '확실하다'는 증거, 소문 등과 결합하여, 심리적이고 주관적인 감정을 표현하고 있으며 말하는 사람의 자신감을 드러내는 단어이다. 그와 반대로, '정확하다'는 대부분 수치, 정답 등과 결합하기 때문에 주관적인 판단보다 객관성이 더 강하다. 이 문항은 '틀림없다'와 유의 관계를 가진 '확실하다'와 '정확하다' 등을 구별하지 못해서 생긴 오류이다.

(3) 한 주제와 관련된 어휘들의 파악[73)]

> 문항60) 이번 행사는 <u>일자리</u>를 구하려는 대학생들에게 인기가 있었다. (②)
>   ①조언   ②직장   ③능력   ④취직

---

73) 이 유형은 정해진 주제와 비슷한 의미를 가진 단어들의 파악 능력을 평가하는 문항들이다.

이 문항은 '직업'과 관련된 어휘들의 의미 파악과 변별 능력을 알아보는 문항이다. 정답은 '직장'인데, 2학년 학생들은 그보다 오답인 '취직'을 58.42%로 많이 선택하였다.

취직(58.42) 〉 직장(40.1) 〉 능력(0.76) 〉 조언(0.72)

'일자리'는 [생계를 꾸려 나갈 수 있는 수단으로 직업]의 뜻을 가지고 있으며, '직장'은 [사람들이 일정한 직업을 가지고 일하는 곳]을 말하는 것이다. 오답인 '취직'은 [일정한 직업을 잡아 직장에 나감]의 뜻이다. 세 단어는 모두 '직업'과 관련된 어휘지만, '일자리'와 '직장'은 [일하는 곳-직업]을 강조하는 것이고, '취직'은 ['직장에 나가다'의 행동]을 강조하고 있다. 학생들이 한 주제와 관련된 어휘들의 의미 파악 및 변별을 못해서 생긴 오류이다.

2) 개별적 비정상 분포 문항

숙달도 '낮음'으로 나타난 8문항에서 개별적 비정상 분포 문항은 4문항이며, 오류 유형은 모두 교수자의 세부 전공과 어휘 교육에 적절하지 않아서 생긴 오류들이다. <표32>에서 보인 듯이, 5개 대학교 28명 교수자 중에서 지금 한국에서 한국어 교육을 전공하고 있는 교수자는 2명이 있으며, 외국어로서의 한국어 교육학을 전공하는 교수자 한 명만 있다. 남은 25명은 교수자들의 전공은 주로 한국문학, 亞非語言文學, 한국문화, 중한문학비교, 언어학, 교육학 등이 있으며, 그 이외에는 시장마케팅, 정치학, 역사학, 언론정보학 등도 있다.

문항2) 동생은 <u>밤새도록</u> 컴퓨터 게임을 했는지 몹시 피곤해 보였다. (①)
  　　①아침까지　　②저녁까지　　③밤낮 없이　　④하루 종일

이 문항의 정답인 '아침까지'인데, 2학년의 조사 결과는 정상적 분포지만, B, E대학교에서 개별적 비정상 분포를 보인다.

아침까지(40.13) 〉 밤낮없이(38.72) 〉 하루 종일(15.44) 〉 저녁까지(5.67)

<표46> 중급 2학년 문항2)의 대학별 답지 선택률

학교	아침까지	저녁까지	밤낮없이	하루 종일
A대학	81.25%	6.25%	12.5%	0%
B대학	**4.5%**	**4.5%**	**63.6%**	**27.3%**
C대학	42.3%	3.8%	38.5%	15.4%
D대학	39.3%	7.1%	35.7%	17.8%
E교학	**33.3%**	**6.7%**	**43.3%**	**6.7%**
평균	40.13	5.67	38.72	13.44

2학년 문항2)의 숙달도는 A, C, D대학에서 비교적으로 높게 나타나지만, B, E대학교의 개별적 비정상 분포로 나타나고 있다. B, E대학교는 A, C, D대학교와 다른 교재를 쓰고 있지만, A, C, D대학교는 중급에서 B대학과 같은 교재를 사용하면서도 정상 분포로 나타나서 교재 문제라고 볼 수가 없다. 교과 과정으로 볼 때, 개별적 비정상으로 나타나는 B대학교는 A대학과 같은 136시간의 정독 수업이 배정돼 있으므로, 교과 과정 문제로 보기 어렵다. 그리고 E대학교와 학생 수준이 비슷한 A대학에서는 정상 분포라서 학생 수준의 문제도 아니다. 그러므로 <표32>에 따르면, B, E대학에서 개별적 비정상 분포의 원인은 교수자에 있다.

문항55) 규모가 작은 기업으로서는 현재의 경제적 상황을 참아 내기 힘들 것이다. (②)
①막아　　②견뎌　　③이겨　　④풀어

이 문항의 정답은 '견디다'이며, 2학년 조사 결과는 보편적 정상적 분포로 나타나고 있지만, D대학교에서는 개별적 비정상 분포를 보인다.

견디다(49.2) 〉 막다(19.48) 〉 이기다(18.9) 〉 풀다(11.45)

<표47> 중급 2학년 문항55)의 대학별 답지 선택률

학교	막다	견디다	이기다	풀다	선택 안함
A대학	0%	50%	43.7%	6.25%	0
B대학	40.9%	50%	0%	4.5%	4.5%
C대학	15.4%	57.7%	15.4%	11.5%	0
D대학	**17.8%**	**25%**	**32.1%**	**25%**	**0**
E대학	23.3%	63.3%	3.3%	10%	0
평균	19.48	49.20	18.90	11.45	0.90

각 대학교 숙달도를 보면, A, B, C대학에서 숙달도는 50% 이상지만, D대학에서는 25%만 정답을 선택하였고, 오히려 '이기다'를 32.1%로 선택하였다. 하지만, D대학교와 같은 교재를 쓰는 A, B, C대학에서 정상 분포로 나타나기 때문에 교재 문제로 볼 수 없다. 교과 과정으로 볼 때, D대학교는 128시간이 배정되고 A, B, E대학보다 적지만 정상 분포로 나타나는 C대학은 96시간만 배정돼서 교과 과정 문제로 보기 어렵다. 그리고 D대학교와 학생 수준이 비슷한 B, C대학에서는 정상 분포라서 학생 수준의 문제도 아니다. 그러므로 <표32>에 따르면, D대학에서 개별적 비정상 분포의 원인은 교수자에 있다.

문항27) 어머니의 얼굴을 보니 뭔가 나쁜 일이 있는 것이 <u>틀림없다.</u>
　　 (③)
　　 ①가능하다　　②뚜렷하다　　③분명하다　　④적당하다

이 문항의 정답은 '분명하다'이며, 전체 평균 정답률로 보아, 조사 결과는 보편적 정상 분포로 나타나고 있지만, B, D대학교에서는 개별적 비정상 분포를 보인다.

분명하다(48.42) 〉 적당하다(24.63) 〉 뚜렷하다(22.22) 〉 가능하다(4.72)

\<표48\> 중급 2학년 문항27)의 대학별 답지 선택률

학교	가능하다	뚜렷하다	분명하다	적당하다
A대학	0%	12.5%	81.2%	6.3
B대학	**0%**	**54.5%**	**13.6%**	**31.8%**
C대학	0%	23.1%	69.2%	7.7%
D대학	**3.6%**	**14.3%**	**21.4%**	**60.7%**
E교학	20%	6.7%	56.7%	16.7%
평균	4.72	22.22	48.42	24.64

5개 대학교를 보면, A, C, E대학에서는 숙달도가 50% 이상으로 나타나지만, B, D대학교에서는 각각 13.6%, 21.4%로 개별 비정상 분포로 나타나고 있다. 하지만, 두 대학교에서 같은 교재를 쓰기 때문에 교재 문제로 볼 수는 없다. 한편, 교과 과정으로 볼 때, B대학교와 같은 136시간 배정을 한 A대학교에서 정상 분포로 나타나서 교과 과정 문제로 보기 어렵다. 그리고 B, D대학교와 학생 수준이 비슷한 C대학에서는 정상 분포라서 학생 수준의 문제도 아니다. 그러므로 \<표32\>에 따르면, B, D대학에서 개별적 비정상 분포의 원인은 교수자에 있다.

문항86) 활짝 핀 꽃을 보니 그 동안 정성으로 <u>키운</u> 보람이 느껴진다. (①)
①가꾼　　　②채운　　　③담은　　　④이룬

이 문항의 정답은 '가꾸다'이며, 2학년 전체 평균 정답률로 보아, 조사 결과는 보편적 정상적 분포로 나타나지만, B대학교에서는 개별적 비정

상 분포를 보인다.

가꾸다(48.84) 〉 이루다(23.42) 〉 채우다(16.79) 〉 담다(10)

<표49> 중급 2학년 문항8)의 대학별 답지 선택률

학교	가꾸다	채우다	담다	이루다	선택 안함
A대학	50%	6.25%	0%	43.7%	0
B대학	**22.7%**	**27.3%**	**4.5%**	**40.9%**	**4.5%**
C대학	61.5%	15.4%	11.5%	11.5%	0
D대학	50%	25%	10.7%	14.3%	0
E대학	60%	10%	23.3%	6.7%	0
평균	48.84	16.79	10.00	23.42	0.90

위의 문항의 각 대학교 숙달도를 보면, A, C, D, E대학에서 50% 이상
의 숙달도를 보이지만, B대학교에서 22.7%만 정답을 선택하였고 오히
려 '이루다'를 40.9% 선택하였다. B대학교는 2학년부터 A, C, D대학과
같은 교재를 사용하기 때문에 B대학교 개별 비정상 분포의 원인을 교재
로 보기 힘들다. 또한, B대학과 같은 136시간으로 배정된 A대학교에서
정상 분포로 나타나서 교과 과정의 문제로 볼 수가 없다. 그리고 B대학
교와 학생 수준이 비슷한 C, D대학에서는 정상 분포로 나타나므로 학생
수준의 문제도 아니다. 그러므로 <표32>에 따르면, B대학에서 개별적
비정상 분포의 원인은 교수자에 있다.

3.2.2.2.3 고급

고급 숙달도가 '낮음'으로 나타난 14문항에서 4문항은 '보편적 비정
상 분포'이며, 남은 10문항은 '개별적 비정상 분포'이다.

1) 보편적 비정상 분포 문항

보편적 비정상 분포로 나타난 4문항의 오류 유형은 결합된 낱말의

기본 의미 파악, 유의어군의 변별, 다의어의 문맥에 따른 의미 선택 및 파악이다.

(1) 결합된 낱말의 기본 의미 파악

문항32) 그 사람은 일이 잘 안 풀리면 <u>까닭 없이</u> 주위사람들 에게 신경질적
인 반응을 보인다. (①)
① 공연히   ② 도리어   ③ 제멋대로   ④ 난데없이

이 문항은 [이유나 원인이 없이]의 뜻으로 쓰인 '까닭 없이'의 기본적 의미를 알고 있는지 살펴보는 문항이다. 정답은 '공연히'인데, 3학년 학생들 오답인 '난데없이'를 34.18% 선택하였으며, 보편적 비정상 분포가 보인다.

난데없이(34.18) 〉 **공연히(33.64)** 〉 제멋대로(19.86) 〉 도리어(12.32)

위의 문항에서는 '이유 없이'의 의미로 쓰고 있지만, 학생들은 [갑자기, 뜻밖에]의 의미를 가진 '난데없이'를 많이 선택하였다. 학생들이 '까닭 없이'의 기본적 의미를 파악하지 못했기 때문이다.

문항35) 겨울바람이 부는 텅 빈 거리를 혼자 걷다 보면 그녀 생각에 <u>끊임없</u>
이 눈물만 흐른다. (①)
① 하염없이   ② 손색없이   ③ 거침없이   ④ 형편없이

이 문항은 [계속하거나 이어져 있던 것이 끊이지 아니하게]라는 뜻으로 쓰인 '끊임없이'의 기본적 의미를 알고 있는지 평가하는 문항이다. 정답은 '하염없이'인데, 4학년 학생들은 오히려 '거침없이'를 많이 선택하였다.

거침없이(57.98) 〉 **하염없이(38.68)** 〉 형편없이(2.66) 〉 손색없이(0)

'하염없이'는 [어떤 행동이나 심리 상태 따위가 자신의 의지와는 상관없이 계속되는 상태로]란 뜻이며, '끊임없이'와 유사한다.

문항35)에서는 [아무 생각 없이 지속되다]란 의미를 강조하는 것인데, '거침없이'는 [막히는 것이 없이]의 의미이다. 세 단어의 기본적 의미에서 차이가 보이며, 학생들은 이에 대한 의미 파악이 부족하여 생긴 오류로 보인다.

(2) 유의어군의 변별

문항20) 그 사람은 아침 8시가 되면 <u>반드시</u> 학교 앞에 나타나 학생들의
등굣길을 지킨다. (④)
①기필코　　②이따금　　③잇달아　　④어김없이

이 문항은 '반드시'와 비슷한 의미를 가진 '어김없이', '기필코'에 대한 변별 능력을 파악하는 문항이다. 정답은 '어김없이'지만, 3학년 학생들은 오히려 오답인 '기필코'를 46.86%나 선택하였다.

기필코(46.86) 〉 **어김없이(37.84)** 〉 이따금(13.16) 〉 잇달다(2.14)

'반드시', '어김없이', '기필코'는 [틀림없이, 꼭]이란 공통적 의미를 가진 유의어들이다. 하지만, '반드시'와 '어김없이'는 [미래 시제]도 표현할 수가 있다. 문항20의 문맥에서 [미래 시제]란 의미를 포함돼 있지만, 학생들이 유의어인 이 세 단어들의 차이점을 구별하지 못하여 생긴 오류이다.

(3) 다의어의 문맥에 따른 의미 선택 및 파악

> 문항2) 어려서부터 무엇 하나 <u>아쉬울 것 없이</u> 살아 온 그였지만, 다른 사람의
> 마음을 사는 일만큼은 자신의 뜻대로 되지 않았다. (②)
> ①어긋남 없이 　　　　　　　　②모자람 없이
> ③더할 나위 없이 　　　　　　　④안타까운 것 없이

이 문항은 '아쉽다'의 문맥적 의미를 알고 있는지 평가하는 문항이다.
문맥적 의미는 [물질적으로 모자람 없이]인데, 4학년 학생들은 [아까운
것 없이]를 50.62% 선택한 반면 정답인 '모자람 없이'는 32.08%만 선택
하였다.

안타까운 것 없이(50.62) 〉 **모자람 없이(32.08)** 〉
더할 나위 없이(14.84) 〉 어긋남 없이(3.5)

'아쉽다'는 문맥에 따라 [물리적 부족]과 [심리적 부족]등 다양한 뜻으
로 사용하고 있는데, 학생들은 [심리적이나 정신적으로 부족]의 뜻으로
파악하여 잘못 선택하였다. 이는 학생들이 다의어인 '아쉽다'의 문맥적
의미를 제대로 파악하지 못한 데서 나타난 결과로 보인다.

2) 개별적 비정상 분포 문항
개별적 비정상 분포 문항은 10문항이 있으며, 오류 유형은 교수자
문제와 학생 수준과 교수자 문제 등 두 가지가 있다.

(1) 교수자 문제로 생긴 오류
교수자 문제는 주로 현장에 있는 교수자의 세부 전공은 어휘 교육과
거리가 있고 어휘 교육에 적절하지 않다는 것을 말하는 것이다. <표32>
에서 보인 듯이, 5개 대학교 28명 교수자 중에서 지금 한국에서 한국어

교육을 전공하고 있는 교수자는 2명이 있으며, 외국어로서의 한국어 교육학을 전공하는 교수자 한 명만 있다. 남은 25명은 교수자들의 전공은 주로 한국문학, 亞非語言文學, 한국문화, 중한문학비교, 언어학, 교육학 등이 있으며, 그 이외에는 시장마케팅, 정치학, 역사학, 언론정보학 등도 있다. 교수자 문제로 인해 오류가 생긴 문항을 정리해 보면 아래와 같다.

문항36) 김 과장은 그간 해외에서 쌓은 경험을 <u>토대로</u> 하여 새로운 시장 관리 방식을 도입할 계획이다. (④)
①디딤돌   ②뒷받침   ③지렛대   ④밑거름

이 문항의 정답은 '밑거름'이며, 3학년과 4학년에서 각각 보편적 정상 분포로 나타나고 있지만, 3학년의 A, C, D, E대학교, 4학년의 A, C대학교에서는 개별적 비정상 분포를 보인다.

3학년 **밑거름(33.62)** 〉 뒷받침(32.66) 〉 디딤돌(27) 〉 지렛대(4.9)
4학년 **밑거름(45.36)** 〉 뒷받침(23.6) 〉 디딤돌(13.68) 〉 지렛대(11.7)

<표50> 고급 3학년 문항36)의 대학별 답지 선택률

학교	디딤돌	뒷받침	지렛대	밑거름	선택 안함
A대학	43.3%	30%	6.7%	20%	0%
B대학	0%	0%	0%	100%	0%
C대학	54.5%	36.4%	0%	0%	10.1%
D대학	7.2%	53.6%	17.8%	21.4%	0%
E대학	30%	43.3%	0%	26.7%	0%
평균	27.00	32.66	4.90	33.62	2.02

<표51> 고급 4학년 문항36)의 대학별 답지 선택률

학교	디딤돌	뒷받침	지렛대	밑거름
A대학	33.3%	16.7%	23.3%	26.7%

B대학	12.5%	6.3%	18.7%	62.5%
C대학	**17.6%**	**35.3%**	**11.8%**	**5.9%**
D대학	5%	55%	0%	40%
E대학	0%	4.7%	4.7%	91.7%
평균	13.68	23.60	11.70	45.36

<표50>에 따르면, 3학년 고급 문항36 B대학의 숙달도는 100%로 나타나지만, A, C, D, E대학교에서는 오히려 '디딤돌'과 '뒷받침'을 많이 선택하였다. A, C, D대학과 같은 교재를 사용하는 B대학교에서 정상 분포를 나타나서 교재 문제는 아니다. 또한 교과 과정으로 볼 때, A, C, D, E대학에서는 각각 102, 96시간으로 배정돼 있는데, B대학교에서 68시간만 배정되었다. 그런데도 정상 분포로 보이는 점으로 볼 때 교과 과정의 시간과는 관계가 없는 것 같다. 그리고 5개 대학교 학생 수준을 살펴보면, A, E대학의 학생 수준이 높지만, C, D대학교는 B대학과 비슷하고 낮은 편이다. 하지만, 수준이 다른 대학에서는 모두 개별적 비정상 분포가 나타나기 때문에 학생 수준의 문제도 아니다. 그러므로 <표32>에서 교수자에 대한 분석 결과에 따르면, A, C, D, E대학에서 개별적 비정상 분포의 원인은 교수자에 있다.

4학년의 경우는, A, C대학교에서 개별 비정상 분포가 보이며, 같은 교재를 사용하는 B, D대학교가 정상 분포로 나타나기 때문에 교재 문제로 보기 어렵다. 그러나 <표35>를 보면, 4학년 A, C대학은 정독을 번역 수업으로 대신하였고, B, D, E대학은 7학기까지 정독 수업을 개설되지만 8학기는 논문과 실습으로 설정돼 있다. 각 대학교 교과 과정이 달라서 교과 과정 문제로 볼 수가 없다. 개별적 비정상 분포로 나타나는 A, C대학의 학생 수준을 살펴보면, A대학은 높지만, C대학교는 B, D대학과 비슷하고 낮은 편이다. 그래서 학생 수준의 문제도 아니다. 그러므로 <표32>에 따르면, A, C대학에서 개별적 비정상 분포의 원인은 교수자에 있다.

문항11) 기존 항공료보다 절반 이상 값을 깎아 주는 항공사들이 속속 등장하
면서 기존의 업체들까지 울며 겨자 먹기 식으로 할인 경쟁에 나서고
있다. (④)
①가까스로   ②자그마치   ③아랑곳없이   ④마지못해

이 문항의 정답은 '마지못하다'이며, 3학년 전체 평균 정답률로 보아
조사 결과는 정상적 분포로 나타나지만, B, C대학교에서는 개별적 비정
상 분포를 나타낸다.

마지못하다(39.42) 〉 가까스로(32.58) 〉 아랑곳없이(17.68) 〉 자그마치(8.5)

<표52> 고급 3학년 문항11)의 대학별 답지 선택률

학교	가까스로	자그마치	아랑곳없이	마지못해	선택 안함
A대	26.6%	10%	16.7%	46.7%	0%
B대	57.9%	0%	5.3%	36.8%	0%
C대	27.3%	18.2%	45.4%	0%	9.1%
D대	17.8%	14.3%	14.3%	53.6%	0%
E대	33.3%	0%	6.7%	60%	0%
평균	32.58	8.50	17.68	39.42	1.82

<표52>에 따르면, A, D대학의 숙달도는 정상 분포이지만, B, C대학
은 정답보다 '가까스로'와 '아랑곳없이'를 많이 선택하였다. 하지만, B,
C대학과 같은 교재를 사용하는 A, D대학에서는 정상 분포로 나타나서
교재의 문제는 아니다. 또한, 교과 과정으로 볼 때, B, C대학교 3학년
정독 시간은 각각 68, 96시간이며, 이는 정상적 분포로 나타나는 D,
E대학교와 같다. 그러므로 교과 과정 문제로 보기도 어렵다. 그리고
B, C대학교와 학생 수준이 비슷한 D대학에서는 정상 분포로 나타나기
때문에 학생 수준의 문제도 아니다. 그러므로 <표32>에서 교수자에 대
한 분석 결과에 따르면, B, C대학에서 개별적 비정상 분포의 원인은

교수자에 있다.

문항53) 자녀에게 <u>의지하지</u> 않기 위해서 은퇴 후 재취업을 준비하는 노년층
이 늘고 있다. (②)
①이르지　　　②기대지　　　③뒤지지　　　④끌리지

이 문항의 정답은 '기대다'인데, 3학년 전체 평균 정답률을 보면 조사
결과는 정상적 분포이지만, C, D, E대학교에서는 개별 비정상 분포를
보인다.

기대다(44.72) 〉 뒤지다(29.36) 〉 이르다(12.32) 〉 끌리다(11.78)

<표53> 고급 3학년 문항53)의 대학별 답지 선택률

학교	이르다	기대다	뒤지다	끌리다	선택안함
A대학	0%	83.3%	6.7%	10%	0
B대학	0%	78.9%	21.1%	0%	0
C대학	54.5%	36.4%	0%	0%	9.1%
D대학	7.1%	25%	35.7%	32.2%	0
E대학	0%	0%	83.3%	16.7	0
평균	12.32	44.72	29.36	11.78	1.82

<표53>에 따르면, A, B대학의 숙달도는 70% 이상으로 나타나지만,
C, D, E대학의 학생들은 '이르다'와 '뒤지다'를 더 많이 선택하였다.
교재로 살펴보면, 숙달도가 낮은 C, D대학과 같은 교재를 사용하는 A,
B대학교에서 정상 분포로 나타나서 교재의 문제라고 보기 어렵다. 그리
고 교과 과정은 C, D, E대학교에서 모두 96시간으로 배정되지만, A,
B대학교는 각각 그 보다 많은 102시간과 적은 68시간으로 다르게 나타
나서 교과 과정 문제로 볼 수가 없다. 한편, C, D, E대학의 학생 수준을

살펴보면, E대학은 높지만, C, D대학교는 정상 분포로 나타난 B대학과 비슷하고 낮은 편이다. 그래서 학생 수준의 문제도 아니다. 그러므로 <표32>에서 교수자에 대한 분석 결과에 따르면, C, D, E대학에서 개별적 비정상 분포의 원인은 교수자에 있다.

문항37) 이 책에는 저자가 직접 찍은 사진들과 함께 여행 중에 겪은 <u>소소한</u> 이야기들이 꾸밈없이 담겨져 있다. (②)
 ①어설픈 ②자잘한 ③가지런한 ④까다로운

이 문항의 정답은 '자잘하다'인데, 전체적 평균 정답률을 보면 4학년 학생들의 조사 결과는 정상 분포지만, B, C대학교에서는 개별적 비정상 분포를 보인다.

자잘하다(44.34) 〉 가지런하다(33.64) 〉 까다롭다(14.36) 〉 어설프다(7.66)

<표54> 고급 4학년 문항37)의 대학별 답지 선택률

학교	어설프다	자잘하다	가지런하다	까다롭다
A대학	10%	90%	0%	0%
B대학	**0%**	**12.5%**	**62.5%**	**25%**
C대학	**0%**	**5.9%**	**76.5%**	**17.6%**
D대학	20%	55%	0%	25%
E대학	8.3%	58.3%	29.2%	4.2%
평균	7.66	44.34	33.64	14.36

<표54>를 보면 A, D, E대학의 숙달도는 정상 분포이지만, B, C대학은 62.5%, 76.5%가 '가지런하다'를 선택하였다. 하지만, B, C대학과 같은 교재를 사용하는 A, D대학에서는 정상 분포로 나타나서 교재 문제로 보기 어렵다. <표35>를 보면, 4학년 A, C대학은 정독을 번역 수업으로

대신하였고, B, D, E대학은 7학기까지 정독 수업을 개설되지만 8학기는 논문과 실습으로 설정돼 있다. 각 대학교 교과 과정이 달라서 교과 과정 문제로 볼 수가 없다. 그리고 B, C대학교와 학생 수준이 비슷한 D대학 에서는 정상 분포라서 학생 수준의 문제도 아니다. 그러므로 <표32>에서 교수자에 대한 분석 결과에 따르면, B, C대학에서 개별적 비정상 분포의 원인은 교수자에 있다.

문항19) 대단찮은 선물이지만 정성껏 준비했으니 꼭 받아 주십시오. (①)
①변변찮은 ②변치 않는 ③만만치 않은 ④수월치 않은

이 문항의 정답은 '변변찮다'인데, 전체 평균 정답률을 보면 4학년 학생들의 조사 결과는 정상적 분포이지만, B, D, E대학교에서는 개별적 비정상 분포를 보인다.

변변찮다(39.78) 〉 만만지 않다(36.1) 〉 수월치 않다(14.92) 〉 변치 않다(9.18)

<표55> 고급 4학년 문항19)의 대학별 답지 선택률

학교	변변찮다	변치 않다	만만치 않다	수월치 않다
A대학	40%	13.3%	30%	16.7%
B대학	25%	12.5%	56.2%	6.2%
C대학	70.6%	11.8%	17.6%	0%
D대학	30%	0%	35%	35%
E대학	33.3%	8.3%	41.7%	16.7%
평균	39.78	9.18	36.10	14.92

<표55>를 보면, A, C대학의 숙달도는 정상 분포이지만, B, D, E대학 에서는 정답보다 '만만치 않다'를 더 많이 선택하였다. 하지만, B, D대 학과 같은 교재를 사용하는 A, C대학에서는 정상 분포로 나타나기 때문

에 교재 문제로 보기 어렵다. <표35>를 보면, 4학년 A, C대학은 정독을 번역 수업으로 대신하였고, B, D, E대학은 7학기까지 정독 수업을 개설되지만 8학기는 논문과 실습으로 설정돼 있다. 각 대학교 교과 과정이 달라서 이는 교과 과정 문제로 볼 수가 없다. 한편, 개별적 비정상 분포로 나타나는 B, D, E대학의 학생 수준을 살펴보면, E대학은 높지만, B, D대학교는 C대학과 비슷하고 낮은 편이다. 그래서 학생 수준의 문제도 아니다. 그러므로 <표32>에 따르면, B, D, E대학에서 개별적 비정상 분포의 원인은 교수자에 있다.

문항6) 갑자기 따귀를 얻어맞은 그는 <u>어안이 벙벙한</u> 얼굴로 아내를 쳐다보았다. (④)
①어설픈   ②어수룩한   ③어쭙잖은   ④어리둥절한

이 문항의 정답은 '어리둥절하다'이며, 전체 평균 정답률은 4학년 학생들의 조사 결과가 정상적 분포로 나타나지만, B, C대학교에서는 개별적 비정상 분포를 보인다.

어리둥절하다(43.52) > 어설프다(26.48) > 어쭙잖다(15.24) > 어수룩하다(12.56) > 선택안함(2.24)

<표56> 고급 4학년 문항6)의 대학별 답지 선택률

학교	어설프다	어수룩하다	어쭙잖다	어리둥절하다	선택안함
A대학	16.7%	33.3%	13.3%	36.7%	05
B대학	12.5%	6.2%	43.75	37.5%	6.2%
C대학	88.2%	0%	0%	5.9%	0%
D대학	15%	15%	15%	50%	5%
E대학	0%	8.3%	4.2%	87.5%	0%
평균	26.48	12.56	15.25	43.52	3.24

<표56>을 보면, A, D, E대학의 숙달도는 정상 분포이지만, B, C대학은 43.75%가 '어쭙잖다', 88.2%가 '어설프다'를 선택하였다. 하지만, B, C대학과 같은 교재를 사용하는 A, D대학에서 정상 분포로 나타나기 때문에 교재 문제로 보기 어렵다. 그러나 <표35>를 보면, 4학년 A, C대학은 정독을 번역 수업으로 대신하였고, B, D, E대학은 7학기까지 정독 수업을 개설되지만 8학기는 논문과 실습으로 설정돼 있다. 각 대학교 교과 과정이 달라서 교과 과정 문제로 볼 수가 없다. 그리고 B, C대학교와 학생 수준이 비슷한 D대학에서는 정상 분포라서 학생 수준의 문제도 아니다. 그러므로 <표32>에 따르면, B, C대학에서 개별적 비정상 분포의 원인은 교수자에 있다.

문항10) 현재와 같은 상황에서 아파트 공급만 확대하는 것은 미분양 현상을 더욱 <u>부채질해</u> 오히려 경제에 악영향을 끼칠 수 있다. (①)
　　　①부추겨서　　②증축해서　　③부풀려서　　④증진해서

이 문항의 정답은 '부추기다'인데, 전체 평균 정답률을 보면, 4학년의 조사 결과는 정상적 분포지만, B, C대학교에서는 개별적 비정상 분포를 보인다.

부추기다(39.02) 〉 증축하다(23.62) 〉 부풀리다(17.95) 〉 증진하다(17.41)

<표57> 고급 4학년 문항10)의 대학별 답지 선택률

학교	부추기다	증축하다	부풀리다	증진하다
A대학	50%	10%	26.7%	13.3%
B대학	**12.5%**	**12.5%**	**21.3%**	**43.7%**
C대학	**5.9%**	**70.6%**	**17.6%**	**5.9%**
D대학	35%	25%	20%	20%
E대학	91.7%	0%	4.16%	4.16%
평균	39.02	23.62	17.95	17.41

<표57>을 보면, A, D, E대학의 숙달도는 정상 분포이지만, B, C대학에서는 '증축하다'와 '증진하다'를 정답보다 더 많이 선택하였다. 하지만, B, C대학과 같은 교재를 사용하는 A, D대학에서는 정상 분포로 나타나기 때문에 교재 문제로 보기 어렵다. 그러나 <표35>를 보면, 4학년 A, C대학은 정독을 번역 수업으로 대신하였고, B, D, E대학은 7학기까지 정독 수업을 개설하였지만 8학기는 논문과 실습으로 설정돼 있다. 각 대학교 교과 과정이 달라서 교과 과정 문제로 볼 수가 없다. 그리고 B, C대학교와 학생 수준이 비슷한 D대학에서는 정상 분포로 나타나서 학생 수준의 문제도 아니다. 그러므로 <표32>에 따르면, B, C대학 개별적 비정상 분포의 원인은 교수자에 있다.

(2) 학생 수준과 교수자로 인해 생긴 오류

이런 오류 유형은 각 대학교 학생 입학 성적이 차이가 있으며, <표32>에 따르면 개별적 비정상 분포로 나타나는 대학의 교수자들에도 문제가 있는 문항들이다. 이를 종합하면 학생 수준과 교수자 등 복합 원인으로 생기는 오류라고 본다.

문항45) 그는 방송사의 잘못된 프로그램 제작 관행에 대한 <u>거리낌 없는</u> 비판으로 시청자들의 주목을 받았다. (④)
　　　①어김없는　　②다름없는　　③쓸데없는　　④거침없는

이 문항의 정답은 '거침없다'이며, 3학년 전체 평균 정답률을 보아, 보편적 정상적 분포지만, B, C, D대학교에서는 개별적 비정상 분포를 보인다.

거침없다(43.38) 〉 어김없다(40.8) 〉 다름없다(8.3) 〉 쓸데없다(5.7)

학교	어김없다	다름없다	쓸데없다	거침없다	선택안함
A대학	20%	13.3%	6.7%	60%	0/5
B대학	45.4%	9.1%	18.2%	18.2%	9.1%
C대학	57.9%	5.3%	0%	36.8%	0%
D대학	60.7%	7.1%	3.6%	28.6%	0%
E대학	20%	6.7%	0%	73.3%	0%
평균	40.80	8.30	5.70	43.38	1.82

<표58>에 의하면, 3학년의 A, E대학의 숙달도는 60% 이상이지만, B, C, D대학은 '어김없다'를 더 많이 선택하였다. 하지만 B, C, D대학과 같은 교재를 사용하는 A대학교에서 정상적 분포로 나타나는 것으로 보아, 이는 교재 문제로 보기가 어려울 것 같다. 그리고 교과 과정으로 볼 때, E대학도 C대학과 같은 96시간으로 배정되어 정상 분포로 나타나기 때문에, 교과 과정 문제라고 볼 수가 없다. 그리고 개별적 비정상 분포로 나타나는 B, C, D대학교의 학생 수준을 보면, 정상 분포로 나타나는 A, E보다 낮아서 하나의 원인으로 추정할 수가 있다. 그와 동시에, B, C, D대학의 교수자에 대한 조사한 결과, 역시 전공이 어휘 교육에 적절하지 않는 문제가 있다. 그래서 B, C, D대학에서 개별적 비정상 분포의 원인은 학생 수준과 교수자 문제 등이 복합적으로 나타난 것이다.

문항38) 여 년 동안 변함없이 보여준 진실성과 지적인 이미지 덕분에 그는 뉴스 진행자로서의 명성을 이어 올 수 있었다. (④)
①꾸밈없이   ②꼼짝없이   ③불현 듯이   ④한결같이

이 문항의 정답은 '한결같이'인데, 3학년 전체적 평균 정답률을 보면 조사 결과는 정상적 분포이지만, B, C, D대학교에서는 개별적 비정상

분포를 보인다.

한결같이(48) 〉 꾸밈없이(34.04) 〉 꼼짝없이(10.78) 〉 불현듯이(5.34)

<표59> 고급 3학년 문항38)의 대학별 답지 선택률

학교	꾸밈없이	꼼짝없이	불현듯이	한결같이	선택안함
A대학	0%	16.7%	3.3%	80%	0
B대학	68.4%	0%	0%	31.6%	0
C대학	45.4%	9.1%	9.1%	27.3%	9.1%
D대학	46.4%	21.4%	14.3%	17.9%	0
E대학	10%	6.7%	0%	83.3%	0
평균	34.04	10.78	5.34	48.02	1.82

<표59>를 보면, 3학년 A, E대학의 숙달도는 80% 이상으로 나타나지만, B, C, D대학은 오답인 '꾸밈없이'를 정답보다 더 많이 선택하였다. 하지만, B, C, D대학과 같은 교재로 사용하는 A대학교에서는 정상적 분포로 나타나기 때문에 교재 문제로 볼 수가 없다. 또한 C대학의 3학년과 같은 시간 배정을 한 E대학에서는 정상 분포라서 교과 과정의 문제로 보기 어렵다. 그리고 개별적 비정상 분포로 나타나는 B, C, D대학교의 학생 수준을 보면, 정상 분포로 나타나는 A, E보다 낮아서 하나의 원인으로 추정할 수가 있다. 그와 동시에, B, C, D대학의 교수자에 대한 조사한 결과, 역시 전공이 어휘 교육에 적절하지 않는 문제가 있다. 그래서 B, C, D대학에서 개별적 비정상 분포의 원인은 학생 수준과 교수자 문제 등이 복합적으로 나타난 것이다.

3.2.2.3 숙달도 '보통' 문항 분석

숙달도가 '보통'으로 나타난 문항은 초급에 13문항이 있으며, 중급은

30문항, 고급에는 29문항이 있다. 그리고 보편적 비정상 분포가 없으며, '개별적 비정상 분포'와 '보편적 정상 분포'만 있다.

3.2.2.3.1 초급

초급 숙달도가 '보통'으로 나타난 13문항은 1학년에만 나타나며, 10문항이 '개별적 비정상 분포'이며, 3문항이 '보편적 정상 분포'이다.

1) 개별적 비정상 분포 문항

개별적 비정상 분포로 나타난 10문항의 오류 유형을 살펴보면 8문항은 교수자 문제로 인해 오류가 생겼으며, 남은 2문항은 교과 과정과 교수자 문제로 오류가 생긴 문항들이다.

(1) 교수자로 인해 생긴 오류

교수자 문제는 주로 현장에 있는 교수자의 세부 전공은 어휘 교육과 거리가 있고 어휘 교육에 적절하지 않다는 것을 말하는 것이다. <표32>에서 5개 대학교 28명 교수자에 대해 조사한 결과, 지금 한국에서 한국어 교육을 전공하고 있는 교수자는 두 명이 있으며, 외국어로서의 한국어 교육학을 전공하는 교수자 한 명이 있다. 남은 25명 교수자들의 전공은 주로 한국문학, 亞非語言文學, 한국문화, 중한문학비교, 언어학, 교육학 등이 있으며, 그 이외에는 시장마케팅, 정치학, 역사학, 언론정보학 등도 있다.

문항12) 가: 저분이 하는 말을 <u>알아들을</u> 수 있어요? (②)
　　　　나: 네, 어느 정도 <u>알아들을</u> 수 있어요.
　　　　①찾을　　②이해할　　③설명할　　④생각할

이 문항의 정답은 '이해하다'인데, 전체 평균 정답률을 보면, 1학년의 조사 결과는 보편적 정상 분포지만, E대학교에서는 개별적 비정상 분포를 보인다.

이해하다(50.64) 〉설명하다(28.98) 〉생각하다(16.4) 〉찾다(3.22)

<표60> 초급 문항12)의 대학별 답지 선택률

학교	찾다	이해하다	설명하다	생각하다	선택 안함
A대학	0%	51.8%	18.5%	25.9%	3.7%
B대학	2.1%	56.2%	18.8%	22.9%	0%
C대학	0%	61.4%	15.9%	22.7%	0%
D대학	6.9%	55.2%	31%	6.9%	0%
E대학	**7.1%**	**28.6%**	**60.7%**	**3.6%**	**0%**
평균	3.22	50.64	28.98	16.40	0.74

<표60>을 보면 A, B, C, D대학의 숙달도는 모두 50% 이상지만, E대학은 28.6%만 정답을 선택하였고, 60.7%가 '설명하다'를 정답보다 많이 선택하였다. 교재를 볼 때, E대학교는 A, C, D대학과 다른 교재를 쓰고 있다. 그러나 B대학교 역시 A, C, D대학과 다른 교재를 쓰고 있지만 정상 분포를 보여서 교재 문제로 볼 수가 없다. 그리고 1학년 5개 대학교의 교과 과정을 살펴보면, E대학교는 A, B, C대학교와 비슷하게 130시간으로 배정되지만 비정상적 분포로 나타나기 때문에 교과 과정 문제로 보기가 어렵다. 한편, E대학교 학생 수준과 비슷한 A대학에서 정상 분포로 나타나서 학생 수준의 문제도 아니다. 그러므로 <표32>에 따르면, E대학에서 개별적 비정상 분포의 원인은 교수자에 있다.

문항18) 수미 씨는 <u>언제나</u> 웃는 얼굴이에요. (②)
　　　①가끔　　　②항상　　　③자주　　　④매우

이 문항의 정답은 '항상'인데, 전체 평균 정답률을 보면, 1학년의 조사 결과는 보편적 정상 분포지만, A, E대학교에서는 개별적 비정상 분포로 나타난다.

항상(52.14) 〉 자주(40.76) 〉 가끔(6.4) 〉 매우(0.68)

<표61> 초급 문항18)의 대학별 답지 선택률

학교	가끔	항상	자주	매우	선택 안함
A대학	0%	33.3%	66.7%	0%	0%
B대학	4.2%	75%	20.8%	0%	0%
C대학	0%	79.5%	20.5%	0%	0%
D대학	20.7%	58.6%	17.2%	3.4%	0%
E대학	7.1%	14.3%	78.6%	0%	0%
평균	6.40	52.14	40.76	0.68	0.00

<표61>을 보면 B, C, D대학에서는 정답률이 50%이상으로 나타나는 반면에, A, E대학의 숙달도는 33.3%, 14.3%로 낮으며, '자주'를 66.7%, 78.6%로 선택하였다. 하지만, A대학과 같은 교재를 사용하는 C, D대학에서는 정상 분포로 나타나기 때문에 교재의 문제로 보기는 어렵다. 그리고 1학년 5개 대학의 교과 과정을 살펴보면, A, E대학은 B, C대학과 비슷하게 126, 130시간으로 배정되지만 비정상 분포로 나타나므로 교과 과정 문제로 보기가 어렵다. 학생 수준을 보면, A, E대학은 B, C, D대학보다 높아도 불구하고 비정상 분포로 나타나서 학생 수준과 관련이 없다고 생각한다. 그러므로 <표32>에 따르면, A, E대학에서 개별적 비정상 분포의 원인은 교수자에 있다.

문항23) 가: 병원이 어디에 있어요?
　　　　 나: 백화점 맞은편에 있어요. (④)
　　　　 ①근처　　　　②사이　　　　③가운데　　　　④건너편

이 문항의 정답은 '건너편'인데, 전체 평균 정답률을 보면, 1학년의 조사 결과는 보편적 정상 분포지만, A대학교에서는 개별적 비정상 분포를 보인다.

건너편(55.94) 〉 근처(34.02) 〉 가운데(7.18) 〉 사이(2.1) 〉 선택 안함(0.74)

<표62> 초급 문항23)의 대학별 답지 선택률

학교	근처	사이	가운데	건너편	선택 안함
A대학	**48.1%**	**0%**	**7.4%**	**40.7%**	**3.7%**
B대학	29.2%	0%	4.2%	66.7%	0%
C대학	29.5%	0%	0%	70.4%	0%
D대학	27.6%	6.9%	17.2%	48.3%	0%
E대학	35.7%	3.6%	7.1%	53.6%	0%
평균	34.02	2.10	7.18	55.94	0.74

<표62>를 보면 B, C, D, E대학의 숙달도는 정상 분포지만, A대학은 정답을 40.7%만 선택하였고, 오답인 '근처'를 48.1%로 정답보다 더 많이 선택하였다. A대학교와 같은 교재를 사용하는 C, D대학교에서는 정상 분포로 나타나고 있기 때문에 교재 문제라고 보기 어렵다. 1학년 5개 대학교의 교과 과정을 살펴보면, A대학교는 B, C, E대학교와 비슷하게 136시간으로 배정되지만 비정상적 분포로 나타나므로 교과 과정 문제로 보기가 어렵다. 한편, A대학교 학생 수준과 비슷한 E대학에서 정상 분포로 나타나서 학생 수준의 문제도 아니다. 그러므로 <표32>에 따르면, A대학에서 개별적 비정상 분포의 원인은 교수자에 있다.

문항10) 취직 때문에 고민이 많아요. (③)
　　　①내용　　②느낌　　③걱정　　④경험

이 문항의 정답은 '걱정'인데 전체 평균 정답률을 보면, 1학년의 조사 결과는 보편적 정상 분포지만, A대학에서는 개별적 비정상 분포로 나타나고 있다.

걱정(61.34) 〉 경험(18.02) 〉 내용(10.12) 〉 느낌(8.86) 〉 선택 안함(1.62)

<표63> 초급 문항10)의 대학별 답지 선택률

학교	내용	느낌	걱정	경험	선택 안함
A대학	**18.5%**	**0%**	**29.6%**	**48.1%**	**3.7%**
B대학	12.5%	10.4%	70.8%	4.2%	2.1%
C대학	9.1%	9.1%	77.3%	2.3%	2.3%
D대학	3.4%	3.4%	86.2%	6.9%	0%
E대학	7.1%	21.4%	42.8%	28.6%	0%
평균	10.12	8.86	61.34	18.02	1.62

<표63>을 보면 B, C, D, E대학의 숙달도는 모두 정상 분포이지만, A대학에서는 정답을 18.2%로 선택하였고, '경험'을 48.1%로 정답보다 많이 선택하였다. 또 A대학과 같은 교재를 사용하는 C, D대학교에서는 정상 분포로 나타나서 교재의 문제로 보기 어렵다. 그리고 1학년 5개 대학교의 교과 과정을 살펴보면, A대학교는 B, C, E대학교와 비슷하게 136시간으로 배정되지만 비정상적 분포로 나타나기 때문에 교과 과정 문제로 보기가 어렵다. 한편, A대학교 학생 수준과 비슷한 E대학에서 정상 분포로 나타나서 학생 수준의 문제도 아니다. 그러므로 <표32>에 따르면, A대학에서 개별적 비정상 분포의 원인은 교수자에 있다.

문항9) 그동안 잘 지냈어요? (③)
　　①들었어요　　②만났어요　　③있었어요　　④보았어요

이 문항의 정답은 '있다'인데, 전체 평균 정답률을 보면, 1학년의 조사 결과는 보편적 정상 분포이지만, E대학에서는 개별적 비정상 분포를 보인다.

잘 있다(66.06) 〉듣다(20.94) 〉보다(8.26) 〉만나다(3.54) 〉선택 안함(1.16)

<표64> 초급 문항9)의 대학별 답지 선택률

학교	듣다	만나다	있다	보다	선택안함
A대학	14.8%	0%	81.5%	0%	3.7%
B대학	10.4%	0%	83.3%	4.2%	2.1%
C대학	9.1%	0%	88.6%	2.3%	0%
D대학	27.6%	3.4%	44.8%	24.1%	0%
E대학	**42.8%**	**14.3%**	**32.1%**	**10.7%**	**0%**
평균	20.94	3.54	66.06	8.26	1.16

<표64>를 보면 A, B, C, D대학의 숙달도는 모두 정상 분포이며, 특히 A, B, C대학의 숙달도는 80% 이상으로 나타나고 있다. 그러나 E대학에서는 정답이 32.1%만 선택되었고, '듣다'가 42.8%로 정답보다 많이 선택되었다. 교재를 볼 때, E대학교는 A, C, D대학과 다른 교재를 쓰고 있는데, B대학교 역시 A, C, D대학과 교재가 다르지만, 정상 분포를 보인다. 그러므로 이는 교재의 문제로 볼 수 없다. 그리고 1학년 5개 대학교의 교과 과정을 살펴보면, E대학교는 A, B, C대학교와 비슷하게 130시간으로 배정되지만 비정상적 분포로 나타나기 때문에 교과 과정 문제로 보기가 어렵다. 한편, E대학교 학생 수준과 비슷한 A대학에서 정상 분포로 나타나서 학생 수준의 문제도 아니다. 그러므로 <표32>에 따르면, E대학에서 개별적 비정상 분포의 원인은 교수자에 있다.

문항56) 가: 오늘 수업은 언제 <u>마쳐요?</u>
       나: 오후 한 시에 (①).
       ①끝나요   ②나와요   ③떠나요   ④모여요

이 문항의 정답은 '끝나다'인데, 전체 평균 정답률을 보면, 1학년의
조사 결과는 보편적 정상 분포이지만, E대학에서는 개별적 비정상 분포
를 보인다.

끝나다(68.42) 〉 떠나다(18.96) 〉 나오다(9.36) 〉 모으다(3.14)

<표65> 초급 문항56의 대학별 답지 선택률

학교	끝나다	나오다	떠나다	모이다
A대학	70.4%	25.9%	0%	3.7%
B대학	95.8%	0%	2.1%	2.1%
C대학	100%	0%	0%	0%
D대학	75.9%	13.8%	3.4%	6.9%
E대학	**0%**	**7.1%**	**89.3%**	**3.6%**
평균	68.42	9.36	18.96	3.26

<표65>를 보면 A, B, C, D대학의 숙달도는 모두 70% 이상이지만,
E대학에서는 정답을 선택하는 학생이 없었고, '떠나다'를 89.3%로 정답
보다 많이 선택하였다. 교재를 볼 때, E대학교는 A, C, D대학과 다른
교재를 쓰고 있는데 B대학교 역시 A, C, D대학과 교재가 다르지만,
정상 분포를 보인다. 그러므로 이는 교재의 문제로 볼 수 없다. 그리고
1학년 5개 대학교의 교과 과정을 살펴보면, E대학교는 A, B, C대학교와
비슷하게 130시간으로 배정되지만 비정상적 분포로 나타나기 때문에
교과 과정 문제로 보기가 어렵다. 한편, E대학교 학생 수준과 비슷한
A대학에서 정상 분포로 나타나서 학생 수준의 문제도 아니다. 그러므로

<표32>에 따르면, E대학에서 개별적 비정상 분포의 원인은 교수자에 있다.

문항65) 가: 영수 씨는 몇 시쯤 집에서 <u>나갔어요</u>?
　　　　나: 여섯 시쯤(④).
　　　　①살았어요　　②앉았어요　　③설명해요　　④출발해요

이 문항의 정답은 '출발하다'인데, 전체 평균 정답률을 보면, 1학년의 조사 결과는 보편적 정상 분포지만, E대학교에서는 개별적 비정상 분포를 보인다.

출발하다(67.44) 〉 살다(15.46) 〉 설명하다(9.58) 〉 앉다(7.52)

<표66> 초급 문항65)의 대학별 답지 선택률

학교	살다	앉다	설명하다	출발하다
A대학	22.2%	0%	7.4%	70.4%
B대학	4.2%	2.1%	2.1%	91.7%
C대학	4.5%	0%	0%	95.4%
D대학	0%	6.9%	24.1%	69%
E대학	**46.4%**	**28.6%**	**14.3%**	**10.7%**
평균	15.46	7.52	9.58	67.44

<표66>을 보면 A, B, C, D대학의 숙달도는 모두 정상 분포이며, 특히 B, C대학의 숙달도는 90% 이상으로 나타나고 있다. 그런데 E대학에서는 '살다'를 46.4%로 정답보다 많이 선택하였다. 교재를 볼 때, E대학교는 A, C, D대학과 다른 교재를 쓰고 있는데, B대학교 역시 A, C, D대학과 교재가 다르지만 정상 분포를 보인다. 그러므로 이는 교재의 문제로 볼 수 없다. 그리고 1학년 5개 대학교의 교과 과정을 살펴보면, E대학교는 A, B, C대학교와 비슷하게 130시간으로 배정되지만 비정상적 분포

로 나타나서 교과 과정 문제로 보기가 어렵다. 한편, E대학교 학생 수준과 비슷한 A대학에서 정상 분포라서 학생 수준의 문제도 아니다. 그러므로 <표32>에 따르면, E대학에서 개별적 비정상 분포의 원인은 교수자에 있다.

문항40) 가: 그동안 잘 있었어요?
         나: 네, 저는 잘 (③).
         ①들었어요　②배웠어요　③지냈어요　④만났어요

이 문항의 정답은 '지내다'인데, 전체 평균 정답률을 보면, 1학년의 조사 결과는 정상 분포이지만, E대학교에서는 개별적 비정상 분포를 보인다.

잘 지내다(63.98) 〉 듣다(20.94) 〉 만나다(8.26) 〉 배우다(5.12)

<표67> 초급 문항40)의 대학별 답지 선택률

학교	듣다	배우다	지내다	만나다
A대학	3.7%	0%	92.6%	3.7%
B대학	12.5%	4.2%	77.1%	6.25%
C대학	13.6%	0%	84.1%	2.3%
D대학	34.5%	0%	48.3%	17.2%
E대학	42.8%	21.4%	17.8%	17.8%
평균	21.42	5.12	63.98	9.45

<표67>을 보면 A, B, C, D대학의 숙달도는 모두 정상으로 나타나지만, E대학에서는 정답을 17.8%만 선택하였고, 오답인 '듣다'를 42.8%로 정답보다 많이 선택하였다. 교재를 볼 때, E대학교는 A, C, D대학과 다른 교재를 쓰고 있다. 그런데 B대학교 역시 A, C, D대학과 교재가 다르지만, 정상 분포를 보인다. 그러므로 이는 교재의 문제로 볼 수 없다. 그리고 1학년 5개 대학교의 교과 과정을 살펴보면, E대학교는 A,

B, C대학교와 비슷하게 130시간으로 배정되지만 비정상적 분포로 나타나므로 교과 과정 문제로 보기가 어렵다. 한편, E대학교 학생 수준과 비슷한 A대학에서 정상 분포로 나타나서 학생 수준의 문제도 아니다. 그러므로 <표32>에 따르면, E대학에서 개별적 비정상 분포의 원인은 교수자에 있다.

(2) 교과 과정과 교수자로 인해 생긴 오류

이런 오류 유형은 학습자 환경에 따른 오류 분석한 결과, 정상 분포로 나타나는 대학교의 교과 과정은 비정상 분포로 나타나는 대학교와 다르게 나타나기도 하고, <표32>에 따르며 개별적 비정상 분포로 나타나는 대학의 교수자들에도 문제도 보이는 문항들이다. 이는 교과 과정과 교수자 등 복합원인으로 생기는 오류이다.

문항33) 가: 무슨 색깔 제일 좋아해요?
　　　　나: 파란색을 (②)좋아해요.
　　　　①조금　　　②가장　　　③별로　　　④항상

이 문항의 정답은 '가장'인데, 1학년 전체 평균 정답률을 보면, 보편적 정상 분포지만, D대학교에서는 개별적 비정상 분포를 보인다.

가장(50.38) 〉 별로(21.26) 〉 항상(13.41) 〉 조금(13.17) 〉 선택 안함(1.6)

<표68> 초급 문항33)의 대학별 답지 선택률

학교	조금	가장	별로	항상	선택 안함
A대학	14.8%	51.8%	11.1%	22.2%	0%
B대학	4.17%	64.6%	25%	4.17%	2.1%
C대학	4.5%	65.1%	25%	2.3%	2.3%
D대학	**13.8%**	**27.6%**	**34.5%**	**24.1%**	**0%**

E대학	28.6%	42.8%	10.7%	14.3%	3.6%
평균	13.17	50.38	21.26	13.41	1.60

<표68>을 보면 A, B, C, E대학의 숙달도는 정상 분포지만, D대학은 정답을 27.6%만 선택하였고, '별로'를 34.5%나 선택하였다. 하지만, D대학과 같은 교재를 쓰는 A, C대학교에서는 정상 분포로 나타나서 교재 문제로 볼 수가 없다. 그리고 <표35>를 살펴보면, 1학년 A, B, C, E대학교는 124-136시간으로 배정되는 반면에, D대학은 96시간만 배정돼 있어 시간이 비교적 적다. 학습 초기에 있는 학생들에게 종합적인 지식으로 설정된 정독 과목은 비중이 높아야 하는데, D대학은 96시간만 배정되어 이 문제의 오류 원인으로 보인다. 한편, D대학교의 교수자에 대해 조사한 결과, 역시 교수자의 전공이 어휘 교육에 적절하지 않다는 문제도 있다. 따라서 D대학에서 개별적 비정상 분포로 나타나는 원인은 교과 과정 문제, 교수자 문제 등이 복합적으로 나타난 것이다.

문항42) 가: 수미 씨는 <u>쉬는 날</u>이 언제 입니까?
　　　　나: 저는 내일이(①).
　　　　①휴일　　　②평일　　　③약속　　　④주말

이 문항의 정답은 '휴일'인데, 전체 평균 정답률을 보면, 1학년의 조사 결과는 보편적 정상 분포지만, D대학교에서는 개별적 비정상 분포로 나타나고 있다.

휴일(57.94) 〉약속(25.08) 〉주말(10.66) 〉평일(6.30)

<표69> 초급 문항42)의 대학별 답지 선택률

학교	휴일	약속	주말	평일	선택 안함
A대학	70.4%	7.4%	22.2%	0%	0%

B대학	68.7%	4.2%	22.9%	4.2%	0%
C대학	72.7%	2.3%	25%	0%	0%
D대학	**17.2%**	**6.9%**	**51.7%**	**24.1%**	**0%**
E대학	60.7%	10.7%	3.6%	25%	0%
평균	57.94	6.30	25.08	10.66	0.00

<표69>를 보면 A, B, C, E대학의 숙달도는 모두 60%이상이지만, D대학에서는 17.2%만 정답을 선택하였고, 51.7%가 오답인 '주말'을 선택하였다. 하지만 D대학과 같은 교재를 사용하는 A, C대학교에서는 정상 분포로 나타나고 있기 때문에 교재 문제로 보기는 어렵다. 그리고 <표35>를 보면, 1학년 A, B, C, E대학교의 정독 시간을 124-136시간으로 배정되는 반면에, D대학은 96시간만 배정돼 있고 시간이 비교적 적다. 학습 초기에 있는 학생들에게 종합적인 지식으로 설정된 정독 과목은 비중이 높아야 하는데, D대학은 96시간만 배정되어 있어 이 문제의 오류 원인으로 보인다. 한편, D대학교의 교수에 대한 조사한 결과, 역시 교수자의 전공이 어휘 교육에 적절하지 않다는 문제도 있다. 따라서 D대학에서 개별적 비정상 분포로 나타나는 원인은 교과 과정 문제, 교수자 문제 등이 복합적으로 나타난 것이다.

2) 보편적 정상 분포 문항

초급 숙달도가 '보통'에서 보편적 정상 분포로 나타난 문항은 모두 3문항이며, 조사 결과 및 평가 유형만 정리할 것이다. 문항 유형을 보면 각각 결합된 낱말의 기본 의미 파악, 연어 관계에 있는 낱말의 쓰임, 다의어의 문맥에 따른 의미 파악 등이 있다.

(1) 결합된 낱말의 기본 의미 파악

> 문항11) 저 사람은 사람들이 많이 <u>아는</u> 배우예요. (④)
>   ①편리한　②이상한　③조용한　④유명한

이 문항은 '알다'의 기본적 의미인 [어떤 사실이나 존재, 상태에 대해 의식이나 감각으로 깨닫거나 느끼다]를 알고 있는지 평가하는 문항이다. 1학년 5개 대학교의 평균 정답률이 56.4%이며, 보편적 정상 분포로 나타나고 있다.

(2) 연어 관계에 있는 낱말의 쓰임

> 문항67) 가: 여기에 이름을 <u>적어요?</u>
>   나: 네, 거기에 (②)
>   ①파세요　②쓰세요　③지우세요　④잊으세요

이 문항은 동사 '적다'가 '이름'과 함께 쓰일 때의 의미를 알고 있는지 평가하는 문항이다. 1학년 5개 대학교의 평균 정답률이 60.98%이며, 보편적 정상 분포로 나타나고 있다.

(3) 다의어의 문맥에 따른 의미 선택 및 파악

> 문항47) 가: 몇 시에 <u>떠나요?</u>
>   나: 한 시에 (③).
>   ①지내요　②걸려요　③출발해요　④기다려요

이 문항은 다의어인 '떠나다'의 [있던 곳에서 다른 곳으로 옮기다.]라는 문맥에 따른 의미의 사용법을 알고 있는지 평가하는 문항이다. 1학년 5개 대학교의 평균 정답률이 57.88%이며, 보편적 정상 분포로 나타나고 있다.

3.2.2.3.2 중급

중급 숙달도가 '보통'으로 나타난 문항은 모두 30문항이 있는데 학년별로 분포돼 있다. '개별적 비정상 분포'는 23문항이고 2학년에 15문항, 3학년에 문항, 4학년에 5문항이 있다. 그리고 '보편적 정상 분포'는 7문항이 있으며, 2학년에 5문항, 3학년에 2문항이 있다.

1) 개별적 비정상 분포 문항

개별적 비정상 분포에 있는 23문항의 오류 유형을 살펴보면, 주로 교수자 문제, 교재와 교수자 문제가 있다. 그 중에서 교수자로 인해 생긴 오류는 20문항이 있으며, 교재와 교수자 문제로 인해 생긴 오류는 3문항이 있다.

(1) 교수자 문제로 인해 생긴 오류

교수자 문제는 주로 현장에 있는 교수자의 세부 전공이 어휘 교육과 거리가 있고 어휘 교육에 적절하지 않다는 것을 말하는 것이다. <표32>에서 5개 대학교 28명 교수자에 대해 조사한 결과, 지금 한국에서 한국어 교육을 전공하고 있는 교수자는 두 명이 있으며, 외국어로서의 한국어 교육학을 전공하는 교수자 한 명이 있다. 남은 25명 교수자들의 전공은 주로 한국문학, 亞非語言文學, 한국문화, 중한문학비교, 언어학, 교육학 등이 있으며, 그 이외에는 시장마케팅, 정치학, 역사학, 언론정보학 등도 있다.

문항71) 주택가 골목길에는 차를 <u>세울</u> 수 있는 공간이 넉넉하지 않다.
(①)
①댈   ②뺄   ③막을   ④내릴

이 문항의 정답은 '대다'인데, 2학년과 4학년의 전체 평균 정답률을 보면, 정상 분포로 나타나고 있지만, B, C, E대학의 2학년과 B대학교의 3학년에서는 개별적 비정상 분포를 보인다.

2학년 대다(51.3) 〉 막다(24.46) 〉 빼다(14.56) 〉 내리다(8.7) 〉 선택 안함(0.9)
4학년 대다(63.16) 〉 내리다(18.38) 〉 빼다(10.26) 〉 막다(7.36) 〉 선택 안함(1.66)

<표70> 2학년 중급 문항71)의 대학별 답지 선택률

학교	대다	빼다	막다	내리다	선택 안함
A대학	93.8%	0%	6.2%	0%	0%
B대학	22.7%	27.3%	45.4%	0%	4.5%
C대학	46.1%	7.7%	26.9%	19.2%	0%
D대학	60.7%	17.8%	7.1%	14.3%	0%
E대학	33.3%	20%	36.7%	10%	0%
평균	51.32	14.56	24.46	8.70	0.90

<표71> 4학년 중급 문항71)의 대학별 답지 선택률

학교	대다	빼다	막다	내리다	선택 안함
A대학	76.7%	10%	3.3%	10%	0%
B대학	33.3%	0%	8.3%	50%	8.3%
C대학	70.6%	5.9%	5.9%	17.6%	0%
D대학	70%	5%	15%	10%	0%
E대학	65.2%	30.4%	4.3%	4.3%	0%
평균	63.16	10.26	7.36	18.38	1.66

<표70>에 따르면 A, D대학 2학년의 숙달도는 60%이상으로 나오며, 특히 A대학의 숙달도는 93.8%로 높게 나타나고 있다. 그와 반대로, B, C, E대학교에서는 정답을 22.7%, 46.1%, 33.3%만 선택하였고, '막다'를 많이 선택하였다. B, C, D대학의 2학년과 같은 교재를 사용하는 A대학

교에서는 정상 분포로 나타나기 때문에 교재의 문제로 볼 수 없다. 또 5개 대학교의 교과 과정을 보면, B대학과 같은 시간 배정을 하는 A대학교는 정상 분포로 나타나므로 교과 과정의 문제로 보기 어렵다. 그리고 비정상 분포로 나타나는 B, C, E대학에서 B, C대학의 학생 수준이 낮지만, E대학은 A대학과 같이 높아도 개별적 비정상 분포로 나타나서 학생 수준의 문제는 아니다. 따라서 B, C, E 대학에서 개별적 비정상 분포로 나타나는 원인은 교수자에 있다.

그리고 4학년의 경우는 A, C, D, E대학 숙달도는 60% 이상으로 나타나지만, B대학에서는 정답이 33.3%만 선택되었다. 그런데 B대학과 같은 교재를 사용하는 A, C, D대학교에서는 정상 분포로 나타나기 때문에 교재의 문제로 볼 수 없다. 그러나 <표35>를 보면, 4학년 A, C대학은 정독을 번역 수업으로 대신하였고, B, D, E대학은 7학기까지 정독 수업을 개설했지만 8학기는 논문과 실습으로 설정돼 있다. 각 대학교 교과 과정이 달라서 이는 교과 과정 문제로 볼 수가 없다. 한편, 학생 수준을 살펴보면, B대학과 비슷한 수준을 갖춘 C, D대학에서 정상 분포로 나타나서 학생 수준 문제도 아니다. 따라서 B대학교에서 개별적 비정상 분포의 원인은 교수자에 있다.

| 문항65) 나는 끈을 <u>매는</u> 것이 귀찮아서 끈 없는 운동화를 신는다. (①) |
| ①묶는   ②차는   ③감는   ④끼는 |

이 문항의 정답은 '묶다'인데, 전체 평균 정답률을 보면, 2학년에서 보편적 정상 분포가 보이지만, A, D대학에서는 개별적 비정상 분포를 보인다.

묶다(59.8) 〉 끼다(22.36) 〉 감다(13.6) 〉 차다(4.3)

학교	매다	차다	감다	끼다
A대학	43.7%	6.2%	0%	50%
B대학	77.3%	0%	0%	22.7%
C대학	69.2%	11.5%	7.7%	11.5%
D대학	32.1%	0%	53.6%	14.3%
E대학	76.7%	3.3%	6.7%	13.3%
평균	59.80	4.20	13.60	22.36

<표72>를 보면, B, C, E대학의 2학년에서 숙달도가 60% 이상으로 나타나고 있지만, A, D대학은 정답을 각각 43.7%, 32.1%만 선택하였고, 오답인 '끼다'와 '감다'를 각각 50%, 53.6% 선택하였다. B, C대학은 A, D대학과 같은 교재를 쓰기 때문에 교재의 문제라고 볼 수 없다. 그리고 교과 과정을 보면, A대학과 같은 시간 배정을 하는 B대학은 정상분포로 나타나서 교과 과정의 문제로 보기도 어렵다. 한편, 학생 수준을 살펴보면, D대학과 비슷한 수준인 B, C대학에서 정상 분포로 나타나서 학생 수준 문제도 아니다. 따라서 D대학교에서 개별적 비정상 분포의 원인은 교수자에 있다.

문항70) 외국에서 혼자 생활하면서 가족의 소중함을 알게 되었다. (②)
①나누게   ②깨닫게   ③나타내게   ④알아듣게

이 문항의 정답은 '깨닫다'인데, 전체 평균 정답률을 보면, 2학년 조사 결과는 보편적 정상 분포로 나타나지만, A대학교에서는 개별적 비정상 분포로 나타난다.

깨닫다(52.18) 〉 알아듣다(28.22) 〉 나타내다(15.78) 〉 나누다(3.8)

<표73> 2학년 중급 문항70)의 대학별 답지 선택률

학교	나누다	깨닫다	나타내다	알아듣다	선택 안함
A대학	0%	43.7%	50%	6.2%	0%
B대학	0%	63.6%	0%	36.4%	0%
C대학	15.4%	50%	11.5%	23.1%	0%
D대학	3.6%	53.6%	10.7%	32.1%	0%
E대학	0%	50%	6.7%	43.3%	0%
평균	3.80	52.18	15.78	28.22	0.00

<표73>을 보면, B, C, D, E대학의 2학년에서는 정답을 50% 이상으로 선택하였으나, A대학은 정답을 43.7%만 선택하였고, 오답인 '나타내다' 를 50% 선택하였다. 하지만, A대학과 같은 교재를 사용하는 B, C, D대 학교에서는 정상 분포가 보이기 때문에 교재 문제라고 보기 어렵다. 그리고 교과 과정을 볼 때, B대학교는 A대학과 같은 시간을 배정하였고 또 정상 분포로 나타나서 교과 과정의 문제로 볼 수 없다. 한편, 학생 수준을 보면, A대학과 비슷한 수준인 E대학에서 정상 분포라서 학생 수준도 아니라고 생각한다. 따라서 A대학교에서 개별적 비정상 분포의 원인은 교수자에 있다.

문항34) '콩'하는 소리에 우리는 깜짝 놀라 하던 일을 <u>중단하고</u> 밖으로 뛰어 나갔다. (②)
①남기고　　②멈추고　　③마무리하고　　④내버려두고

이 문항의 정답은 '멈추다'인데, 전체 평균 정답률을 보면, 2학년의 조사 결과는 보편적 정상 분포이지만, B대학교에서는 개별적 비정상 분포를 보인다.

멈추다(54.36) 〉 내버리다(26.72) 〉 마무리하다(11.56) 〉
선택 안함(5.92) 〉 남기다(1.42)

<표74> 중급 문항34)의 대학별 답지 선택률

학교	남기다	멈추다	마무리하다	내버려두다	선택 안함
A대학	0%	62.5%	0%	37.5%	0%
B대학	0%	18.2%	40.9%	18.2%	22.7%
C대학	3.8%	69.2%	0%	26.9%	0%
D대학	0%	78.6%	3.6%	14.3%	3.6%
E대학	3.3%	43.3%	13.3%	36.7%	3.3%
평균	1.42	54.36	11.56	26.72	5.92

<표74>를 보면, A, C, D, E대학 2학년의 숙달도는 정상 분포로 나타나지만, B대학에서는 정답이 18.2%만 선택되었고, 오히려 오답인 '마무리하다'가 40.9%로 정답보다 많이 선택되었다. 하지만 B대학과 같은 교재를 사용하는 A, C, D대학에서는 정상 분포로 나타나서 교재의 문제라고 볼 수 없다. 또 교과 과정을 살펴보면, B대학과 같은 교과 과정을 가지고 있는 A대학은 정상 분포로 나타나기 때문에 교과 과정의 문제로 보기도 어렵다. 한편, 학생 수준을 살펴보면, B대학과 비슷한 수준인 C, D대학에서 정상 분포로 나타나서 학생 수준 문제도 아니다. 따라서 B대학교에서 개별적 비정상 보포의 원인은 교수자에 있다.

문항26) 이 할머니께서는 이곳에서 30년 동안 쭉 장사를 해 오셨습니다.
(③)
①바로　　　②겨우　　　③계속　　　④그만

이 문항의 정답은 '계속'인데 전체 평균 정답률을 보면, 2학년은 보편적 정상 분포를 보이지만, B대학에서는 개별적 비정상 분포를 보인다.

계속(56.46) 〉 바로(21.21) 〉 겨우(11.48) 〉 그만(10.84)

<표75> 2학년 중급 문항26)의 대학별 답지 선택률

학교	바로	겨우	계속	그만
A대학	6.25%	0%	93.75	0%
B대학	**22.7%**	**36.4%**	**18.2%**	**22.7%**
C대학	38.5%	7.7%	42.3%	11.5%
D대학	28.6%	0%	71.4%	0%
E대학	10%	13.3%	56.7%	20%
평균	21.21	11.48	56.47	10.84

<표75>을 보면, A, C, D대학 2학년의 숙달도 분포는 정상으로 나타나며, 특히 A대학은 93.75%로 제일 높게 나타나고 있다. 하지만, B대학교는 정답을 18.2%만 선택하였고, '겨우'를 36.4% 선택하였다. 교재로 볼 때, B대학과 같은 교재를 사용하는 A, C, D대학에서는 정상 분포가 나타나서 교재의 문제라고 볼 수 없다. 그리고 교과 과정으로 볼 때, A대학은 B대학과 같아서 교과 과정의 문제로 보기도 어렵다. 한편, 학생 수준을 살펴보면, B대학과 비슷한 수준인 C, D대학에서 정상 분포라서 이는 학생 수준 문제도 아니다. 따라서 B대학교에서 개별적 비정상 분포의 원인은 교수자에 있다.

문항99) 시청에서는 내년까지 <u>오래된</u> 아파트를 철거하기로 했다. (①)
　　　①낡은　　②깊은　　③불편한　　④평범한

이 문항의 정답은 '낡다'인데, 전체 평균 정답률을 보면, 2학년은 보편적 정상 분포를 보이지만, A대학교에서는 개별적 비정상 분포를 보인다.

　　낡다(58.48) 〉 평범하다(27.28) 〉 깊다(12.14) 〉 불편하다(1.42)

<표76> 2학년 중급 문항99)의 대학별 답지 선택률

학교	낡다	깊다	불편하다	평범하다
A대학	**43.8%**	**0%**	**0%**	**56.2%**
B대학	45.4%	27.3%	0%	27.3%
C대학	65.4%	23.1%	0%	11.5%
D대학	67.8%	3.6%	7.1%	21.4%
E대학	70%	6.7%	0%	20%
평균	58.48	12.14	1.42	27.28

<표76>을 보면 B, C, D, E대학의 2학년에서는 숙달도가 정상 분포이며, E대학은 70%로 비교적 높다. 하지만, A대학교는 정답을 43.8%만 선택하였고, 오답인 '평범하다'를 56.2% 선택하였다. A대학과 같은 교재를 쓴 B, C, D대학에서는 정상 분포로 나타나서 교재의 문제라고 볼 수가 없다. 그리고 교과 과정을 보면, B대학은 A대학과 같은 시간을 배정했지만 정상 분포로 나타나기 때문에 교과 과정의 문제로 보기 어렵다. 한편, 학생 수준을 보면, A대학과 비슷한 수준인 E대학에서 정상 분포로 나타나서 학생 수준도 문제도 아니라고 생각한다. 따라서 A대학교에서 개별적 비정상 분포의 원인은 교수자에 있다.

문항76) 인천으로 가는 공항버스가 막 도착했다. (②)
　　　①이미　　②방금　　③아까　　④끝내

이 문항의 정답은 '방금'인데 전체 정답률을 보면, 2학년의 조사 결과는 보편적 정상 분포를 보이지만, A대학에서는 개별적 비정상 분포를 보인다.

방금(67.6) 〉 아까(18.04) 〉 이미(7.36) 〉 끝내(6.96)

<표77> 2학년 중급 문항76)의 대학별 답지 선택률

학교	이미	방금	아까	끝내
A대학	0%	43.7%	56.2%	0%
B대학	22.7%	72.7%	4.5%	0%
C대학	3.8%	69.2%	19.2%	7.7%
D대학	3.6%	85.7%	3.6%	7.1%
E대학	6.7%	66.7%	6.7%	20%
평균	7.36	67.60	18.04	6.96

<표77>을 보면 B ,C, D, E대학의 2학년 숙달도는 50% 이상이며, 특히 D대학은 85.7%로 높다. 하지만, A대학교는 정답을 43.7%만 선택하였고, '아까'를 56.2% 선택하였다. A대학과 같은 교재를 사용하는 B, C, D대학에서는 정상 분포로 나타나기 때문에 교재의 문제로 보기 어렵다. 그리고 A대학과 같은 교과 과정을 가진 B대학은 역시 정상 분포로 나타나기 때문에 교과 과정의 문제로 볼 수도 없다. 한편, 학생 수준을 보면, A대학과 비슷한 수준인 E대학에서 정상 분포를 보여서 학생 수준도 문제가 아니라고 생각한다. 따라서 A대학교에서 개별적 비정상 분포의 원인은 교수자에 있다.

문항17) 부자들 중에는 알뜰한 사람이 많다. (④)
    ① 돈을 못 버는   ② 돈을 잘 버는
    ③ 돈을 잘 쓰는   ④ 돈을 아껴 쓰는

이 문항의 정답은 '돈을 아껴 쓰다'인데 전체 평균을 보면, 2학년의 조사 결과는 보편적 정상 분포를 보이지만, B대학교에서는 개별적 비정상 분포를 보인다.

돈을 아껴 쓰다 (68.74) > 돈을 잘 쓰다(24.18) > 돈을 잘 벌다(5.74) >
돈을 못 벌다(1.34)

<표78> 2학년 중급 문항17)의 대학별 답지 선택률

학교	돈을 못 벌다	돈을 잘 벌다	돈을 잘 쓰다	돈을 아껴 쓰다
A대학	0%	0%	0%	100%
B대학	0%	18.2%	22.7%	59.1%
C대학	0%	3.8%	34.6%	61.5%
D대학	**0%**	**0%**	**53.6%**	**46.4%**
E대학	6.7%	6.7%	10%	76.7%
평균	1.34	5.74	24.18	68.74

<표78>을 보면, A, B, C, E대학 2학년의 숙달도는 50% 이상이며, 특히 A대학은 100%이다. 하지만, D대학교는 정답을 46.4%로 선택하였고, '돈을 잘 쓰다'를 53.6%로 정답보다 많이 선택하였다. D대학은 A, B, C대학과 같은 교재를 사용하기 때문에 교재의 문제로 보기 어렵다. 그리고 2학년 각 대학교의 교과 과정을 살펴보면, 정상 분포로 나타나는 A, B, C, D,대학 중 A, B대학은 같은 시간을 배정했지만, C, E대학과는 달라서 교과 과정의 문제로 볼 수 없다. 한편, 학생 수준을 살펴보면, D대학과 비슷한 수준인 B, C대학에서 정상 분포로 나타나므로 학생 수준 문제도 아니다. 따라서 D대학교에서 개별적 비정상 분포의 원인은 교수자에 있다.

문항22) 그는 한 번만 <u>눈감아 주면</u> 다시는 그렇게 하지 않겠다고 했다.
(②)
①눈을 깜박여 주면　　　②모르는 체해 주면
③관심을 가져 주면　　　④시력 검사를 주면

이 문항의 정답은 '모르는 체해 주다'인데, 전체 평균 정답률을 보면, 2학년의 조사 결과는 보편적 정상 분포로 나타나지만, B대학교에서는 개별적 비정상 분포로 나타난다.

모르는 체해 주다(58.14) 〉 눈을 깜박여 주다(17.96) 〉 관심을 가져 주다(14.94) 〉
선택 안함(7.47) 〉 시력 검사를 받다(1.42)

<표79> 2학년 중급 문항22)의 대학별 답지 선택률

학교	1	2	3	4	선택 안함
A대학	0%	93.7%	0%	0%	6.25%
B대학	**54.5%**	**0%**	**18.2%**	**0%**	**27.3%**
C대학	11.5%	69.2%	11.5%	3.8%	3.8%
D대학	7.1%	67.8%	25%	0%	0%
E대학	16.7%	60%	20%	3.3%	0%
평균	17.96	58.14	14.94	1.42	7.47

<표79>를 보면, A대학의 2학년은 93.7%로 숙달도가 제일 높게 나타
나고 있는데, B대학교는 정답이 아닌 '눈을 깜박여 주다'를 54.5% 선택
하였다. 교재로 볼 때, B대학과 같은 교재를 사용하는 A, C, D대학에서
는 정상 분포로 나타나기 때문에 교재의 문제라고 볼 수 없다. 그리고
교과 과정으로 볼 때, B대학과 같은 시간 배정을 가진 A대학에서는
정상 분포로 나타나므로 교과 과정의 문제로 보기도 어렵다. 한편, 학생
수준을 살펴보면, B대학과 비슷한 수준인 C, D대학에서 정상 분포라서
학생 수준 문제도 아니다. 따라서 B대학교에서 개별적 비정상 분포의
원인은 교수자에 문제가 있다.

문항24) 예정보다 회의 시간이 많이 늦어졌습니다. (③)
①결정   ②예약   ③계획   ④소식

이 문항의 정답은 '계획'인데, 전체 평균 정답률을 보면, 2학년의 조사
결과는 보편적 정상 분포를 보이지만, B대학에서는 비정상 분포를 보인다.

계획(61.82) 〉 예약(34.69) 〉 결정(2.8) 〉 소식(0.66)

<표80> 2학년 중급 문항24의 대학별 답지 선택률

학교	결정	예약	계획	소식
A대학	0%	6.25%	93.7%	0%
B대학	**0%**	**81.8%**	**18.2%**	**0%**
C대학	0%	38.5%	61.5%	0%
D대학	10.7%	3.6%	85.7%	0%
E대학	3.3%	43.3%	50%	3.3%
평균	2.80	34.69	61.82	0.66

<표80>을 보면, A, C, D, E대학 2학년의 숙달도는 50% 이상이며, 특히 A대학은 93.7%로 높다. 하지만, B대학교는 정답을 18.2%만 선택하였고, '예약'을 81.8%로 정답보다 많이 선택하였다. B대학과 같은 교재를 사용한 A, C, D대학에서는 정상 분포로 나타나서 교재의 문제로 볼 수 없다. 그리고 교과 과정을 보면, A대학교 역시 B대학교와 같은 시간을 배정했지만 정상 분포라서 교과 과정의 문제로 보기 어렵다. 한편, 학생 수준을 살펴보면, B대학과 비슷한 수준인 C, D대학에서 정상 분포라서 학생 수준 문제도 아니다. 따라서 B대학교에서 개별적 비정상 분포의 원인은 교수자에 있다.

문항46) 죄송하지만 저희 상담소에서는 그런 문제는 <u>다루지</u> 않았습니다. (④)
    ①의심하지   ②발생하지   ③인정하지   ④처리하지

이 문항의 정답은 '처리하다'인데 전체 평균 정답률을 보면, 2학년의 조사 결과는 보편적 정상 분포가 보이지만, B대학에서는 개별적 비정상

분포를 보인다.

처리하다(68.06) 〉 발생하다(20) 〉 의심하다(7.92) 〉 인정하다(3.07)

<표81> 2학년 중급 문항36)의 대학별 답지 선택률

학교	의심하다	발생하다	인정하다	처리하다	선택 안함
A대학	12.5%	0%	6.25%	81.2%	0%
B대학	**0%**	**54.5%**	**9.1%**	**31.8%**	**4.5%**
C대학	0%	7.7%	0%	92.3%	0%
D대학	7.1%	17.8%	0%	75%	0%
E대학	20%	20%	0%	60%	0%
평균	7.92	20.00	3.07	68.06	0.90

<표81>을 보면 A, C, D, E대학 2학년의 숙달도는 60% 이상이며, 특히 C대학은 92.3%로 높다. 하지만, B대학교는 31.8%만 정답을 선택하였고, 54.5%가 '발생하다'를 정답보다 많이 선택하였다. B대학과 같은 교재를 사용하는 A, C, D대학에서는 정상 분포로 나타나서 교재의 문제로 보기 어렵다. 그리고 교과 과정으로 보면, A대학은 B대학과 같지만 정상 분포라서 교과 과정의 문제로 볼 수도 없다. 한편, 학생 수준을 살펴보면, B대학과 비슷한 수준인 C, D대학에서 정상 분포로 나타나므로 학생 수준 문제도 아니다. 따라서 B대학교에서 개별적 비정상 분포의 원인은 교수자에 있다.

문항86) 활짝 핀 꽃을 보니 그동안 정성으로 <u>키운</u> 보람이 느껴진다. (①)
　　①가꾼　　　②채운　　　③담은　　　④이룬

이 문항의 정답은 '가꾸다'인데 전체 평균 정답률을 보면, 4학년에서 보편적 정상 분포를 보이지만, B대학에서는 개별적 비정상 분포를 보인다.

가꾸다(61.04) 〉 담다(18.84) 〉 이루다(8.74) 〉 채우다(7.34) 〉 선택 안함(1.18)

<표82> 4학년 중급 문항86)의 대학별 답지 선택률

학교	가꾸다	채우다	담다	이루다	선택 안함
A대학	83.3%	6.7%	3.3%	6.7%	0%
B대학	**33.3%**	**0%**	**50%**	**8.3%**	**0%**
C대학	64.7%	0%	23.5%	0%	5.9%
D대학	50%	30%	0%	20%	0%
E대학	73.9%	0%	17.4%	8.7%	0%
평균	61.04	7.34	18.84	8.74	1.18

<표82>를 보면, A, C, D, E대학 4학년의 숙달도는 50% 이상이며, 특히 A대학의 숙달도는 83.3%로 비교적 높다. 하지만, B대학교는 정답을 33.3%만 선택하였고, '담다'는 50%로 정답보다 많이 선택하였다. 그런데 B대학은 A, C, D대학과 같은 교재를 사용해서 교재의 문제로 보기 어렵다. 그러나 <표35>를 보면, 4학년 A, C대학은 정독을 번역 수업으로 대신하였고, B, D, E대학은 7학기까지 정독 수업을 개설했지만 8학기는 논문과 실습으로 설정돼 있다. 각 대학교 교과 과정이 달라서 교과 과정 문제로 볼 수가 없다. 한편, 학생 수준을 살펴보면, B대학과 비슷한 수준인 C, D대학에서 정상 분포로 나타나서 학생 수준 문제도 아니다. 따라서 B대학교에서 개별적 비정상 분포의 원인은 교수자에 문제가 있다.

문항11) 어릴 때 살던 곳에 가 봤는데 너무 많이 <u>변해서</u> 다른 동네인 것 같았어요. (②)
①커져서   ②바뀌어서   ③발전해서   ④복잡해져서

이 문항의 정답은 '바뀌다'인데, 전체 평균을 보면, 3-4학년에서 보편적 정상 분포로 나타나고 있지만, 3학년은 A, C대학, 4학년은 A대학에서 개별적 비정상 분포를 보인다.

3학년 **바뀌다(66.58)** 〉 발전하다(29.76) 〉 커지다(1.42)
4학년 **바뀌다(66.58)** 〉 발전하다(37.7) 〉 복잡해지다(2.18) 〉 커지다(2.04)

<표83> 3학년 중급 문항11)의 대학별 답지 선택률

학교	커지다	바뀌다	발전하다	복잡해지다
A대학	**0%**	**33.3%**	**66.7%**	**0%**
B대학	0%	100%	0%	0%
C대학	**0%**	**45.4%**	**54.5%**	**0%**
D대학	7.1%	78.6%	14.3%	0%
E대학	0%	86.7%	13.3%	0%
평균	1.42	68.80	29.76	0.00

<표84> 4학년 중급 문항11)의 대학별 답지 선택률

학교	커지다	바뀌다	발전하다	복잡해지다
A대학	**0%**	**40%**	**60%**	**0%**
B대학	0%	58.3%	41.7%	0%
C대학	5.9%	58.8%	29.4%	5.9%
D대학	0%	55%	40%	5%
E대학	4.3%	78.3%	17.4%	0%
평균	2.04	58.08	37.70	2.18

<표83>에서 3학년의 B, D, E대학은 정답률이 높게 나타나고 있으며, 특히 B대학의 정답률은 100%이다. 하지만, A, C대학에서는 정답을 각각 33.3%, 45.4%만 선택하였고, 정답보다 66.7%, 54.5%가 '발전하다'를 많이 선택하였다. A, C대학교는 B ,D대학과 같은 교재를 쓰지만 정상 분포로 나타나서 교재의 문제로 보기 어렵다. 그리고 D, E대학의 3학년

과 같이 96시간으로 배정된 C대학도 역시 정상 분포라서 교과 과정의
문제로 볼 수 없다. 한편, 학생 수준을 살펴보면, A대학과 수준이 비슷한
E대학, C대학과 비슷한 B, D대학에서 정상 분포로 나타나서 학생 수준
문제도 아니다. 따라서 A, C대학교에서 개별적 비정상 분포의 원인은
교수자에 있다.

또 4학년을 보면, 5개 대학에서 A대학은 오답인 '발전하다'를 60%로
정답보다 많이 선택하였다. 하지만, A대학과 같은 교재를 사용하는 B,
C, D대학교에서는 정상 분포로 나타나서 교재의 문제로 볼 수 없다.
그러나 <표35>를 보면, 4학년 A, C대학은 정독을 번역 수업으로 대신하
였고, B, D, E대학은 7학기까지 정독 수업을 개설되지만 8학기는 논문
과 실습으로 설정돼 있다. 각 대학교 교과 과정이 달라서 교과 과정
문제로 볼 수가 없다. 한편, 학생 수준을 살펴보면, A대학과 비슷한 수준
인 E대학에서 정상 분포로 나타나므로 학생 수준 문제도 아니다. 따라서
A대학교에서 개별적 비정상 분포의 원인은 교수자에 있다.

문항60) 이번 행사는 <u>일자리</u>를 구하려는 대학생들에게 인기가 있었다. (②)
①조언　　　②직장　　　③능력　　　④취직

이 문항의 정답은 '직장'인데, 전체 평균 정답률을 보면, 3-4학년의
조사 결과가 정상 분포로 나타났지만, 3학년의 B, D대학에서는 개별적
비정상 분포를 보인다.

3학년 **직장**(66) 〉 취직(30.62) 〉 조언(3.38) 〉 능력(0)

<표85> 3학년 중급 문항60) 대학별 답지 선택률

학교	조언	직장	능력	취직
A대학	13.3%	80%	0%	6.7%

B대학	**0%**	**42.1%**	**0%**	**57.9%**
C대학	0%	81.8%	0%	18.2%
D대학	**3.6%**	**42.8%**	**0%**	**53.6%**
E대학	0%	83.3%	0%	16.7%
평균	3.38	66.00	0.00	30.62

A, C, E대학의 3학년에서는 정답률이 80% 이상으로 나타나지만, B, D대학에서는 '취직'을 57.9%, 53.6% 선택하였다. 그런데 B, D대학교와 같은 교재를 사용하는 A, C대학에서는 정상 분포라서 교재의 문제라고 보기 어렵다. 그리고 B대학의 3학년과 같이 96시간을 배정한 E대학 역시 정상 분포라서 교과 과정의 문제로 볼 수 없다. 한편, 학생 수준을 살펴보면, B, D대학과 비슷한 수준인 C대학에서 정상 분포로 나타나서 학생 수준 문제도 아니다. 따라서 B, D대학교에서 개별적 비정상 분포의 원인은 교수자에 있다.

문항61) 태풍이 와서 바람이 <u>강하게</u> 불고 있다. (①)
　　　 ①세게　　②급하게　　③이상하게　　④시원하게

이 문항의 정답은 '세다'인데, 전체 평균 정답률을 보면, 2학년에서는 보편적 정상 분포를 보이지만, B대학에서는 개별적 비정상 분포를 보인다.

세다(63.9) > 급하다(34.12) > 이상하다(1.25) > 시원하다(0.72)

<표86> 2학년 중급 문항61)의 대학별 답지 선택률

학교	세다	급하다	이상하다	시원하다
A대학	93.7%	0%	6.25%	0%
B대학	**22.7%**	**77.3%**	**0%**	**0%**
C대학	73.1%	26.9%	0%	0%

학교			
D대학	50%	46.4%	0%	3.6%
E대학	80%	20%	0%	0%
평균	63.90	34.12	1.25	0.72

<표86>을 보면, A, C, D, E대학 2학년의 숙달도는 50% 이상이며, 특히 A대학은 93.7%로 높다. 하지만, B대학교는 정답을 22.7%만 선택하였고, '급하다'를 77.3%로 정답보다 많이 선택하였다. B대학과 같은 교재를 사용하는 A, C, D대학에서는 정상 분포로 나타나서 교재의 문제로 보기 어렵다. 또 A대학은 B대학과 같은 교과 과정이 있지만 정상 분포로 나타나기 때문에 교과 과정의 문제로 볼 수도 없다. 한편, 학생 수준을 살펴보면, B대학과 비슷한 수준인 C, D대학에서 정상 분포로 나타나므로 학생 수준 문제도 아니다. 따라서 B대학교에서 개별적 비정상 분포의 원인은 교수자에 있다.

문항58) 행사관계자는 갑작스러운 폭우로 공연을 <u>연기할</u> 수밖에 없었다. (②)
①돌릴   ②미룰   ③진행할   ④그만둘

이 문항의 정답은 '미루다'인데, 전체 평균 정답률을 보면, 2학년에서 보편적 정상 분포를 보이지만, B대학에서는 개별적 비정상 분포를 보인다.

미루다(69.76) 〉 그만두다(15.4) 〉 진행하다(11.36) 〉 돌리다(3.42)

<표87> 2학년 중급 문항58)의 대학별 답지 선택률

학교	돌리다	미루다	진행하다	그만두다
A대학	0%	93.7%	0%	6.2%
B대학	0%	31.8%	22.7%	45.4%
C대학	3.8%	76.9%	3.8%	15.4%

D대학	0%	96.4%	3.6%	0%
E대학	13.3%	50%	26.7%	10%
평균	3.42	69.76	11.36	15.40

<표87>을 보면, A, C, D, E대학 2학년의 숙달도는 60% 이상이며, 특히 A, D대학의 숙달도는 90% 이상이다. 하지만, B대학교는 정답을 31.8%만 선택하였고, '그만두다'를 45.4%로 정답보다 많이 선택하였다. B대학과 같은 교재를 사용하는 A, C, D대학에서는 정상 분포로 나타나기 때문에 교재 문제로 보기 어렵다. 그리고 교과 과정으로 볼 때, A대학은 B대학과 같지만 정상 분포로 나타나므로 교과 과정의 문제로 볼 수도 없다. 한편, 학생 수준을 살펴보면, B대학과 비슷한 수준인 C, D대학에서 정상 분포라서 학생 수준 문제도 아니다. 따라서 B대학교에서 개별적 비정상 분포의 원인은 교수자에 있다.

> 문항42) 급한 일만 끝나면 주말에는 <u>여유 있게</u> 시간을 보낼 수 있다. (②)
> ①완벽하게   ②느긋하게   ③자유롭게   ④편안하게

이 문항의 정답은 '느긋하다'인데, 전체 평균 정답률을 보면, 3-4학년의 조사 결과가 정상 분포로 나타나고 있지만, A, D, E대학의 3학년, C대학의 4학년에서는 개별적 비정상 분포로 나타나고 있다.

3학년 **느긋하다**(50.22) 〉 자유롭다(39.66) 〉 편안하다(10.10) 〉 완벽하다(0)
4학년 **느긋하다**(50.22) 〉 자유롭다(29.6) 〉 편안하다(13.1) 〉 선택 안함(0.86)

<표88> 3학년 중급 문항42)의 대학별 답지 선택률

학교	완벽하다	느긋하다	자유하다	편안하다
A대학교	0%	43.3%	46.7%	10%
B대학교	0%	73.7%	26.3%	0%

C대학교	0%	72.7%	18.2%	9.1%
D대학교	**0%**	**21.4%**	**57.1%**	**21.4%**
E대학교	**0%**	**40%**	**50%**	**10%**
평균	0.00	50.22	39.66	10.10

<표89> 4학년 중급 문항42)의 대학별 답지 선택률

학교	완벽하다	느긋하다	자유하다	편안하다	선택 안함
A대학	0%	66.7%	26.7%	6.7%	0%
B대학	0%	50%	50%	0%	0%
C대학	**0%**	**29.4%**	**5.9%**	**58.8%**	**0%**
D대학	0%	65%	35%	0%	0%
E대학	0%	65.2%	30.4%	0%	4.3%
평균	0.00	55.26	29.60	13.10	0.86

B, C대학의 3학년에서는 정답률이 70% 이상으로 나타나지만, A, D, E대학에서는 정답률이 모두 40% 미만이며, 특히 D대학에서는 정답을 21.4%만 선택하였고, '자유롭다'를 정답보다 많은 57.1%나 선택하였다. A, C대학과 같은 교재를 쓰는 B, D대학에서는 정상 분포로 나타나기 때문에 교재의 문제라고 보기 어렵다. 그리고 D, E대학의 3학년은 C대학과 같이 96시간을 배정하였지만 정상 분포로 나타나서 교과 과정의 문제로 볼 수 없다. 한편, 학생 수준을 살펴보면, A, E대학의 학생 수준이 높지만, 그 보다 낮은 수준의 B, C대학에서는 정상 분포로 나타나므로 학생 수준 문제도 아니다. 따라서 A, D, E대학교에서 개별적 비정상 분포의 원인은 교수자에 있다.

한편, C대학의 4학년에서는 '편안하다'를 58.8%로 정답보다 많이 선택하였다. 하지만, C대학과 같은 교재를 사용하는 A, B, D대학에서는 정상 분포로 나타나서 교재의 문제로 볼 수가 없다. 그리고 4학년 각 대학교 교과 과정이 달라서 교과 과정의 문제로 보기도 어렵다. 한편,

학생 수준을 살펴보면, C대학과 비슷한 수준인 B, D대학에서 정상 분포로 나타나기 때문에 학생 수준 문제도 아니다. 따라서 C대학교에서 개별적 비정상 분포의 원인은 교수자에 있다.

(2) 교재와 교수자 문제로 인해 생긴 오류

이런 오류 유형은 정상 분포로 나타나는 대학교와 비정상 분포로 나타나는 대학교에서 사용한 교재가 다르며, <표32>에 따르면 개별적 비정상 분포로 나타나는 대학의 교수자들에도 문제가 있는 경우다. 이는 교재와 교수자 등 복합 원인으로 생기는 오류이다.

문항11) 어릴 때 살던 곳에 가 봤는데 너무 많이 <u>변해서</u> 다른 동네인 것 같았어요. (②)
　　　①커져서　　②바뀌어서　　③발전해서　　④복잡해져서

이 문항의 정답은 '바뀌다'인데, 전체 평균을 보면, 2학년에서 보편적 정상 분포로 나타나고 있지만, E대학에서 개별적 비정상 분포를 보인다.

2학년 바뀌다(66.58) 〉 발전하다(29.26) 〉 복잡해지다(3.43) 〉
선택 안함(0.72) 〉 커지다(0)

<표90> 2학년 중급 문항11)의 대학별 답지 선택률

학교	커지다	바뀌다	발전하다	복잡해지다	선택 안함
A대학	0%	81.2%	12.5%	6.25%	0%
B대학	0%	63.6%	36.4%	0%	0%
C대학	0%	73.1%	23.1%	3.8%	0%
D대학	0%	75%	14.3%	7.1%	3.6%
E대학	**0%**	**40%**	**60%**	**0%**	**0%**
평균	0.00	66.58	29.26	3.43	0.72

A, B, C, D대학 2학년의 숙달도는 비교적 높은데, E대학에서는 정답을 40%만 선택하였고, '발전하다'는 60%로 정답보다 많이 선택하였다. E대학에서는 A, B, C, D대학과 다른 교재를 쓰고 있는데, 이것이 E대학 개별 비정상 분포가 나타나는 하나의 이유로 볼 수가 있다. 또한, E대학 교수에 대한 조사 결과를 보면, 교수의 전공이 어휘 교육에 적절하지 않다는 문제도 있다. 그러므로 E대학에서 개별적 비정상 분포로 나타나는 원인은 교재 및 교수자 문제 등이 복합적으로 나타난다.

문항84) 이 고기는 아주 연해서 누구나 먹기 좋을 것 같다. (④)
　　①약해서　　②익숙해서　　③가벼워서　　④부드러워서

이 문항의 정답은 '부드럽다'인데, 전체 평균 정답률을 보면, 2학년에서 보편적 정상 분포를 보이지만, E대학에서는 개별적 비정상 분포를 보인다.

2학년 **부드럽다**(63.86) 〉 익숙하다(19) 〉 가볍다(7.58) 〉
약하다(7.16) 〉 선택 안함(0.9)

<표91> 2학년 중급 문항84)의 대학별 답지 선택률

학교	약하다	익숙하다	가볍다	부드럽다	선택안함
A대학	0%	12.5%	0%	87.5%	0%
B대학	13.6%	0%	9.1%	72.7%	4.5%
C대학	11.5%	15.4%	7.7%	65.4%	0%
D대학	10.7%	7.1%	17.8%	57.1%	0%
E대학	**0%**	**60%**	**3.3%**	**36.6%**	**0%**
평균	7.16	19.00	7.58	63.86	0.90

<표91>을 보면 A, B, C, D대학 2학년의 숙달도는 50% 이상이며,

특히 A대학은 87.5%로 비교적 높다. 하지만, E대학교는 정답을 36.6%만 선택하였고, '익숙하다'를 60%로 많이 선택하였다. E대학은 A, B, C, D대학과 다른 교재를 쓰고 있는데, 이것이 E대학 개별 비정상 분포가 나타나는 하나의 이유로 볼 수가 있다. 또한, E대학 교수자의 전공이 어휘 교육에 적절하지 않다는 문제도 있다. 그러므로 E대학에서 개별적 비정상 분포로 나타나는 원인은 교재 및 교수자 문제 등이 복합적으로 나타난다.

문항60) 이번 행사는 일자리를 구하려는 대학생들에게 인기가 있었다. (②)
　①조언　　　②직장　　　③능력　　　④취직

이 문항의 정답은 '직장'인데, 전체 평균 정답률을 보면, 4학년의 조사 결과가 정상 분포로 나타났지만, 4학년의 E대학에서는 개별적 비정상 분포를 보인다.

4학년 **직장(66)** > 취직(22.96) > 능력(7.88) > 조언(2.70) > 선택 안함(1.66)

<표92> 4학년 중급 문항60)의 대학별 답지 선택률

학교	조언	직장	능력	취직	선택 안함
A대학	3.3%	66.7%	10%	20%	0%
B대학	0%	75%	0%	16.7%	8.3%
C대학	5.9%	58.8%	29.4%	5.9%	0%
D대학	0%	80%	0%	20%	0%
E대학	**4.3%**	**43.5%**	**0%**	**52.2%**	**0%**
평균	2.70	64.80	7.88	22.96	1.66

4학년을 보면, 5개 대학에서 E대학은 오답인 '취직'을 52.2%로 정답보다 많이 선택하였다. E대학은 A, B, C, D대학과 다른 교재를 쓰고

있는데, 이것이 E대학 개별 비정상 분포가 나타나는 하나의 이유로 볼 수가 있다. 또한, E대학 교수자의 전공이 어휘 교육에 적절하지 않다는 문제도 있다. 그러므로 E대학에서 개별적 비정상 분포로 나타나는 원인은 교재 및 교수자 문제 등이 복합적으로 판단된다.

2) 보편적 정상 분포 문항

중급 숙달도가 '보통'으로 나타난 문항에서 보편적 정상 분포는 모두 7문항이 있으며, 문항 유형은 결합된 낱말의 기본 의미 파악, 유의어군의 변별, 동음이의어 파악 등이 있다.

(1) 결합된 낱말의 기본 의미 파악

문항50) 설이나 추석 명절의 의미는 현재까지 <u>변함없이</u> 이어지고 있다.
(③)
①반드시　②살며시　③그대로　④언제가

이 문항은 '변함없이'가 [달라지지 않고 항상 같이]의 뜻으로 쓰일 때 기본적 의미 파악 능력을 알아보는 문항이며, 2학년의 평균 정답률은 55.68%이다.

문항44) 오랫동안 사귄 친구들을 떠날 생각을 하니까 <u>섭섭하다.</u> (③)
①우울하다　②부끄럽다　③서운하다　④답답하다

이 문항은 심리 형용사 '섭섭하다'의 [서운하고 아쉽다]라는 기본적 의미를 알고 있는지 파악하는 문항이며, 2학년의 평균 정답률은 59.6% 이다.

문항78) 회사 측은 기숙사를 지어 달라는 직원들의 요구를 <u>받아들였다.</u>
(③)
①이끌었다   ②멈추었다   ③들어주었다   ④알아들었다

이 문항은 [수용하다], [허락하다] 등의 뜻을 가진 '받아들이다'의 [다른 사람의 요구, 성의, 말 따위를 들어주다]라는 기본적 의미를 알고 있는지 알아보는 문항이다. 그리고 2학년의 평균 정답률은 64.46%이다.

문항54) 이번 계약을 성사시키지 못하면 그 동안의 노력들이 다 <u>소용 없는</u>
일이 된다. (②)
①끊임없는   ②쓸모없는   ③틀림없는   ④상관없는

이 문항은 [아무런 쓸모나 득이 될 것이 없다]의 뜻을 가진 '소용없다'의 기본적 의미를 알고 있는지 파악하는 문항이며, 2학년의 평균 정답률은 65.56%이다.

문항27) 어머니의 얼굴을 보니 뭐가 나쁜 일이 있는 것이 <u>틀림없다.</u> (③)
①가능하다   ②뚜렷하다   ③분명하다   ④적당하다

이 문항은 '틀림없다'의 기본적 의미를 알고 있는지 파악하는 문항이며, 3학년의 평균 정답률은 69.94%이다.

(2) 유의어군의 변별

문항64) 잘 팔리는 것을 보니까 그 소설은 재미있는 것이 틀림없다. (④)
①특별하다   ②당연하다   ③정확하다   ④확실하다

이 문항은 유의 관계를 가진 '틀림없다, 확실하다, 정확하다'의 변별 능력을 파악하는 문항이며, 3학년의 평균 정답률은 61.06%이다.

(3) 동음이의어의 파악

> 문항45) 자동차 소리가 이상해요. <u>바로</u> 고치지 않으면 큰일 나겠어요.
> (④)
> ①우선 　　　　②이미 　　　　③방금 　　　　④당장

이 문항은 동음이의어인 '바로'가 [시간적인 간격을 두지 아니하고 곧]이라는 뜻으로 쓰일 때 파악 능력을 알아보는 문항이며, 2학년의 평균 정답률은 66.5%이다.

3.2.2.3.3 고급

고급 숙달도가 '보통'으로 나타난 문항은 모두 29문항이 있는데 학년별로 분포돼 있다. 분포 양상을 보면, '개별적 비정상 분포'와 '보편적 정상 분포'만 있다.

1) 개별적 비정상 분포 문항

개별적 비정상 분포로 나타난 25문항에서는 3학년에 20문항, 4학년에 5문항이 있다. 그리고 오류 유형을 보면 모두가 현장에 있는 교수자의 세부 전공이 어휘 교육과 거리가 있고 어휘 교육에 적절하지 않아서 생긴 오류다. 그 중에서 C대학교 교수자 문제로 인해 생긴 오류가 제일 많다. <표32>에서 5개 대학교 28명 교수자에 대해 조사한 결과, 지금 한국에서 한국어 교육을 전공하고 있는 교수자는 두 명이 있으며, 외국어로서의 한국어 교육학을 전공하는 교수자 한 명이 있다. 남은 25명 교수자들의 전공은 주로 한국문학, 亞非語言文學, 한국문화, 중한문학 비교, 언어학, 교육학 등이 있으며, 그 이외에는 시장마케팅, 정치학, 역사학, 언론정보학 등이 있다.

문항25) 전통 사찰인 해동 사에서 발생한 화재의 원인을 조사 중인 경찰은 <u>빈틈없는</u> 수사를 통해 문화재를 불태운 범인을 반드시 체포할 것이 라고 밝혔다. (④)
①신중한　　②당당한　　③성실한　　④철저한

이 문항의 정답은 '철저하다'인데, 전체 평균 정답률에서 3학년의 조사 결과는 보편적 정상 분포로 나타나고 있지만, C, D대학에서는 개별적 비정상 분포를 보인다.

철저하다(53.82) 〉 신중하다(30.74) 〉 성실하다(8.18) 〉 당당하다(7.28)

<표93> 고급 3학년 문항25)의 대학별 답지 선택률

학교	신중하다	당당하다	성실하다	철저하다
A대학	43.3%	0%	10%	46.7%
B대학	5.3%	0%	0%	94.7%
C대학	**27.3%**	**36.4%**	**27.3%**	**9.1%**
D대학	**67.8%**	**0%**	**3.6%**	**28.6%**
E대학	10%	0%	0%	90%
평균	30.74	7.28	8.18	53.82

<표93>을 보면, A, B, E대학의 3학년은 정상 분포로 나타나고 있으며, 특히 B, D대학의 숙달도는 90% 이상이다. 한편, C, D대학에서는 정답을 9.1%, 28.6%만 선택하였고, '당당하다'와 '신중하다'는 36.4%, 67.8%로 정답보다 많이 선택하였다. C, D대학과 같은 교재를 사용하는 A, B대학에서는 숙달도가 높기 때문에 교재의 문제라고 볼 수가 없다. 그리고 3학년 정독 수간 배정을 보면, C, D대학과 같은 96시간으로 배정된 E대학은 정상 분포로 나타나서 교과 과정의 문제로 보기도 어렵다. 한편, 학생 수준을 살펴보면, C, D대학과 비슷한 수준을 갖춘 B대학에서 정상 분포로 나타나므로 학생 수준 문제도 아니다. 그러므로 <표32>에 따르

면, C, D대학에서 개별적 비정상 분포의 원인은 교수자에 있다.

문항40) 한때는 절친한 친구였는데 사소한 다툼 이후로 <u>어색한</u> 사이가 되어
버렸다. (②)
　　①어설픈　　　②서먹한　　　③못마땅한　　　④애처로운

이 문항의 정답은 '서먹하다'인데, 전체 평균 정답률을 보면, 3학년
조사 결과는 보편적 정상 분포로 보이지만, C, D대학에서는 개별적 비
정상 분포를 보인다.

서먹하다(55.74) 〉 어설프다(15.86) 〉 애처롭다(13.48) 〉 못마땅하다(13.12)

<표94> 고급 3학년 문항30)의 대학별 답지 선택률

학교	어설프다	서먹하다	못마땅하다	애처롭다	선택 안함
A대학	16.7%	63.3%	13.3%	6.7%	0%
B대학	0%	100%	0%	0%	0%
C대학	**0%**	**27.3%**	**27.3%**	**36.4%**	**9.1%**
D대학	**39.3%**	**21.4%**	**25%**	**14.3%**	**0%**
E대학	23.3%	66.7%	0%	10%	0%
평균	15.86	55.74	13.12	13.48	1.82

<표94>를 보면, A, B, E대학 3학년의 숙달도는 60% 이상으로 나오며,
특히 B대학의 숙달도는 100%이다. 하지만, C, D대학에서는 정답을
27.3%, 21.4%만 선택하였으며, '애처롭다'와 '어설프다'는 36.4%,
39.3%나 선택하였다. C, D대학과 같은 교재를 사용하는 A, B대학에서
는 숙달도가 높아서 교재의 문제라고 볼 수 없다. 그리고 3학년 교과
과정을 보면, C, D대학과 같은 96시간으로 배정된 E대학은 정상 분포라
서 역시 교과 과정 문제로 보기도 어렵다. 한편, 학생 수준을 살펴보면,

C, D대학과 비슷한 수준인 B대학에서 정상 분포로 나타나기 때문에 학생 수준 문제도 아니다. 그러므로 <표32>에 따르면, C, D대학에서 개별적 비정상 분포의 원인은 교수자에 있다.

문항27) 물가가 오른다고 해서 <u>마구잡이로</u> 물건을 사들이는 태도는 지양해야 한다. (③)

　　①아쉬운 대로　②이로운 대로　③닥치는 대로　④틈나는 대로

　이 문항의 정답은 '닥치는 대로'인데, 전체 평균 정답률을 보면, 3-4학년의 조사 결과가 보편적 정상 분포로 나타나고 있지만, C대학의 3학년, C, D대학의 4학년에서는 개별적 비정상 분포를 보인다.

3학년 **닥치는 대로**(57.74)〉아쉬운 대로(16.72)〉틈나는 대로(11.96)〉
이로운 대로(11.78)〉선택 안함(1.82)
4학년 **닥치는 대로**(57.58)〉이로운 대로(27.62)〉틈나는 대로(10.26)〉
아쉬운 대로(4.5)

<표95> 고급 3학년 문항27)의 대학별 답지 선택률

학교	아쉬운 대로	이로운 대로	닥치는 대로	틈나는 대로	선택 안함
A대학	13.3%	20%	60%	6.7%	0%
B대학	0%	5.3%	89.5%	5.3%	0%
C대학	**63.6%**	**9.1%**	**18.2%**	**0%**	**9.1%**
D대학	0%	17.8%	64.3%	17.8%	0%
E대학	6.7%	6.7%	56.7%	30%	0%
평균	16.72	11.78	57.74	11.96	1.82

<表96> 고급 4학년 문항27)의 대학별 답지 선택률

학교	아쉬운 대로	이로운 대로	닥치는 대로	틈나는 대로
A대학	3.3%	23.3%	63.3%	10%
B대학	0%	0%	93.7%	6.3%
C대학	0%	82.3%	17.6%	0%
D대학	15%	20%	30%	35%
E대학	4.2%	12.5%	83.3%	0%
평균	4.50	27.62	57.58	10.26

A, B, D, E대학의 3학년에서 정답률이 50% 이상으로 정상 분포로 나타나고 있지만, C대학에서는 '아쉬운 대로'를 63.6%로 정답보다 더 많이 선택하였다. A, B, D대학교는 C대학교과 같은 교재를 써서 교재 문제라고 보기 어렵다. 그리고 3학년 정독 수간 배정을 보면, C대학과 같은 96시간으로 배정된 D, E대학은 정상 분포로 나타나서 교과 과정의 문제로 보기도 어렵다. 한편, 학생 수준을 살펴보면, C대학과 비슷한 수준인 B, D대학에서 정상 분포라서 학생 수준 문제도 아니다. 그러므로 <표32>에 따르면, C대학에서 개별적 비정상 분포의 원인은 교수에 있다.

4학년을 보면, C, D대학은 정답보다 '이로운 대로'와 '틈나는 대로'가 각각 82.3%, 35%로 선택되었다. A, B대학교는 C, D대학교와 같은 교재를 써서 교재 문제라고 보기 어렵다. 그러나 <표35>를 보면, 4학년 C대학과 같이 정독을 번역 수업으로 대신하는 A대학은 정상 분포이고, B, D대학과 같이 7학기까지 정독 수업을 개설하고 8학기는 논문과 실습으로 설정돼 있는 E대학도 역시 정상 분포이다. 그러므로 교과 과정 문제로 볼 수도 없다. 한편, 학생 수준을 살펴보면, C, D대학과 비슷한 수준인 B대학에서 정상 분포라서 학생 수준 문제도 아니다. 그러므로 <표32>에 따르면, C, D대학에서 개별적 비정상 분포의 원인은 교수자에 있다.

문항37) 이 책에는 저자가 직접 찍은 사진들과 함께 여행 중에 겪은 <u>소소한</u> 이야기들이 꾸밈없이 담겨져 있다. (②)

①어설픈   ②자잘한   ③가지런한   ④까다로운

이 문항의 정답은 '자잘하다'인데, 전체 평균 정답률을 보면, 3학년 조사 결과는 보편적 정상 분포로 나타나지만, C대학에서는 개별적 비정상 분포를 보인다.

자잘하다(61.1) 〉 까다롭다(17.7) 〉 가지런하다(13.22) 〉
어설프다(9.68) 〉 선택 안함(1.82)

<표97> 고급 3학년 문항37)의 대학별 답지 선택률

학교	어설프다	자잘하다	가지런하다	까다롭다	선택 안함
A대학	6.7%	90%	0%	3.3%	0%
B대학	0%	100%	0%	0%	0%
C대학	**0%**	**9.1%**	**45.4%**	**36.4%**	**9.1%**
D대학	25%	46.4%	10.7%	17.8%	0%
E대학	16.7%	60%	10	13.3	0%
평균	9.68	61.10	13.22	14.16	1.82

<표97>을 보면, A, B, D, E대학 3학년의 숙달도는 정상 분포로 나오며, 특히 A, B대학의 숙달도는 90% 이상이다. 그와 반대로, C대학에서는 정답을 9.1%만 선택하였으며, '가지런하다'는 45.4%로 정답보다 많이 선택하였다. C대학과 같은 교재를 사용하는 A, B, D대학에서는 숙달도가 높아서 교재의 문제라고 볼 수 없다. 그리고 3학년 정독 수간 배정을 보면, C대학과 같은 96시간으로 배정된 D, E대학은 정상 분포로 나타나서 교과 과정의 문제로 보기도 어렵다. 한편, 학생 수준을 살펴보면, C대학과 비슷한 수준인 B, D대학에서 정상 분포라서 학생 수준

문제도 아니다. 그러므로 <표32>에 따르면, C대학에서 개별적 비정상 분포의 원인은 교수자에 있다.

문항33) 올해는 취업 준비생들이 금융 관련 분야를 선호하는 분위기가 뚜렷 해지고 있다. (④)
①솟구치고　　②되풀이되고　　③머뭇거리고　　④두드러지고

이 문항의 정답은 '두드러지다'인데, 전체 평균 정답률을 보면, 3학년 조사 결과는 정상 분포로 나타나지만, C대학에서는 개별적 비정상 분포를 보인다.

두드러지다(62.22) 〉 머뭇거리다(16.46) 〉 솟구치다(11.66) 〉 되풀이되다(9.66)

<표98> 고급 3학년 문항33)의 대학별 답지 선택률

학교	솟구치다	되풀이되다	머뭇거리다	두드러지다
A대학	10%	0%	0%	90%
B대학	31.6%	0%	0%	68.4%
C대학	**0%**	**27.3%**	**54.5%**	**18.2%**
D대학	0%	14.3%	17.8%	67.8%
E대학	16.7%	6.7%	10%	66.7%
평균	11.66	9.66	16.46	62.22

<표98>을 보면, A, B, D, E대학 3학년의 숙달도는 60%이며, 특히 A대학의 숙달도는 90%이다. 하지만, C대학에서는 정답을 18.20%만 선택하였고, '머뭇거리다'를 정답보다 많은 54.5%나 선택하였다. C대학과 같은 교재를 사용하는 A, B, D대학은 숙달도가 높아서 교재의 문제라고 볼 수가 없다. 그리고 3학년 정독 수간 배정을 보면, C대학과 같은 96시간으로 배정된 D, E대학은 정상 분포로 나타나서 교과 과정의 문제로

보기도 어렵다. 한편, 학생 수준을 살펴보면, C대학과 비슷한 수준인 B, D대학에서 정상 분포로 나타나기 때문에 학생 수준 문제도 아니다. 그러므로 <표32>에 따르면, C대학에서 개별적 비정상 분포의 원인은 교수자에 있다.

문항30) 집에 다다를 무려 <u>급작스레</u> 퍼붓기 시작한 소나기 때문에 옷이 흠뻑 젖고 말았다. (②)
①아낌없이　　②난데없이　　③어이없이　　④하염없이

이 문항의 정답은 '난데없이'인데, 전체 평균 정답률을 보면, 3학년 조사 결과는 정상 분포로 나타나지만, C대학에서는 개별적 비정상 분포를 보인다.

난데없이(62.3) 〉 어김없이(15.52) 〉 하염없이(10.4) 〉
어이없이(9.98) 〉 선택 안함(1.82)

<표99> 고급 3학년 문항30)의 대학별 답지 선택률

학교	어김없이	난데없이	어이없이	하염없이	선택 안함
A대학	0%	76.7%	16.7%	6.7%	0%
B대학	0%	89.5%	10.5%	0%	0%
C대학	**63.6%**	**18.2%**	**9.1%**	**0%**	**9.1%**
D대학	10.7%	57.1%	3.6%	28.6%	0%
E대학	3.3%	70%	10%	16.7%	0%
평균	15.52	62.30	9.98	10.40	1.82

<표99>를 보면, A, B, D, E대학 3학년에서 정상 분포로 나타나고 있으며, D대학 이외 대학의 숙달도는 70% 이상이다. 그와 반대로, C대학에서는 정답을 18.20%만 선택하였고, 오히려 '어김없이'를 63.6%로

정답보다 많이 선택하였다. C대학과 같은 교재를 사용하는 A, B, D대학에서는 숙달도가 높아서 교재 문제라고 볼 수가 없다. 그리고 3학년 정독 수간 배정을 보면, C대학과 같은 96시간으로 배정된 D, E대학은 정상 분포로 나타나므로 교과 과정의 문제로 보기도 어렵다. 한편, 학생 수준을 살펴보면, C대학과 비슷한 수준인 B, D대학에서 정상 분포로 나타나기 때문에 학생 수준 문제도 아니다. 그러므로 <표32>에 따르면, C대학에서 개별적 비정상 분포의 원인은 교수자에 있다.

문항26) 큰 부상으로 더 이상 재기가 어렵다는 판정을 받았음에도 불구하고
그 선수는 <u>부단한</u> 노력 끝에 우승을 차지했다. (④)
①헛된   ②온갖   ③적잖은   ④끈질긴

이 문항의 정답은 '끈질기다'인데, 평균 정답률을 보면, 3-4학년 조사 결과는 보편적 정상 분포로 나타나고 있지만, 3학년은 C대학교, 4학년은 B, C대학에서는 개별적 비정상 분포를 보인다.

3학년 끈질기다(65.58) 〉 적잖다(12.84) 〉 온갖(10.16) 〉 헛되다(9.6) 〉 선택 안함(1.82)
4학년 끈질기다(54.18) 〉 적잖다(20.14) 〉 온갖(18.6) 〉 헛되다(4.68) 〉 선택 안함(2.36)

<표100> 고급 3학년 문항24)의 대학별 답지 선택률

학교	헛되다	온갖	적잖다	끈질기다	선택 안함
A대학	10%	6.7%	0%	83.3%	0%
B대학	0%	0%	0%	100%	0%
C대학	**27.3%**	**9.1%**	**36.4%**	**18.2%**	**9.1%**
D대학	10.7%	25%	17.8%	46.4%	0%
E대학	0%	10%	10%	80%	0%
평균	9.60	10.16	12.84	65.58	1.82

<표101> 고급 4학년 문항24)의 대학별 답지 선택률

학교	헛되다	온갖	적잖다	끈질기다	선택 안함
A대학	6.7%	3.3%	26.7%	63.3%	0%
B대학	**12.5%**	**43.7%**	**6.2%**	**37.5%**	**0%**
C대학	**0%**	**23.5%**	**58.8%**	**5.9%**	**11.8%**
D대학	0%	10%	5%	85%	0%
E대학	4.2%	12.5%	4%	79.2%	0%
평균	4.68	18.60	20.14	54.18	2.36

A, B, D, E대학 3학년에서 보편적 정상 분포가 보이며, A, B, E대학의 숙달도는 80% 이상이다. 하지만, C대학에서는 '적잖다'를 36.4%나 선택하였다. A, B, D는 C대학교과 같은 교재를 쓰기 때문에 교재 문제라고 보기 어렵다. 그리고 3학년 정독 수간 배정을 보면, C대학과 같은 96시간을 배정된 D, E대학은 정상 분포로 나타나므로 교과 과정의 문제로 보기도 어렵다. 한편, 학생 수준을 살펴보면, C대학과 비슷한 수준인 B, D대학에서 정상 분포로 나타나서 학생 수준 문제도 아니다. 그러므로 <표32>에 따르면, C대학에서 개별적 비정상 분포의 원인은 교수자에 있다.

한편, 4학년을 보면, B, C대학에서는 정답보다 '온갖'과 '적잖다'가 각각 43.7%, 58.8%로 선택되었다. A, D대학은 B, C대학과 같은 교재를 쓰기 때문에 교재의 문제라고 보기 어렵다. 그러나 <표35>를 보면, 4학년 C대학과 같이 정독을 번역 수업으로 대신하는 A대학은 정상 분포이고, B대학과 같이 7학기까지 정독 수업을 개설하고 8학기는 논문과 실습으로 설정돼 있는 D, E대학도 역시 정상 분포이다. 그러므로 교과 과정 문제로 볼 수도 없다. 한편, 학생 수준을 살펴보면, B, C대학과 비슷한 수준인 D대학에서 정상 분포로 나타나서 학생 수준 문제도 아니다. 그러므로 <표32>에 따르면, B, C대학에서 개별적 비정상 분포의 원인은 교수자에 있다.

문항43) 그 요리사는 평범한 재료를 이용해 최고급 음식을 만들어 내는 뛰어
난 능력을 가지고 있다. (③)
①특이한　　　　②범상한　　　　③탁월한　　　　④풍부한

이 문항의 정답은 '탁월하다'인데, 전체 평균 정답률을 보면, 3학년
조사 결과는 보편적 정상 분포로 나타나지만, C대학에서는 개별적 비정
상 분포를 보인다.

탁월하다(67.92) 〉 특이하다(17.18) 〉 풍부하다(12.18) 〉 범상하다(2.72)

<표102> 고급 3학년 문항43)의 대학별 답지 선택률

학교	특이하다	범상하다	탁월하다	풍부하다
A대학	0%	10%	60%	30%
B대학	0%	0%	100%	0%
C대학	**54.5%**	**0%**	**18.2%**	**27.3%**
D대학	21.4%	0%	71.4%	3.6%
E대학	10%	3.6%	90%	0%
평균	17.18	2.72	67.92	12.18

<표102>를 보면, A, B ,D, E대학 3학년의 숙달도는 60%이상으로
나오며, 특히 B대학의 숙달도는 100%이다. 한편, C대학에서는 정답을
18.2%만 선택하였고, 오히려 '특이하다'를 정답보다 많은 54.5%나 선택
하였다. C대학과 같은 교재를 사용하는 A, B, D대학에서는 숙달도가
높으므로 교재의 문제라고 볼 수가 없다. 그리고 3학년 정독 수간 배정
을 보면, C대학과 같은 96시간으로 배정된 D, E대학은 정상 분포로
나타나기 때문에 교과 과정의 문제로 보기도 어렵다. 한편, 학생 수준을

살펴보면, C대학과 비슷한 수준인 B, D대학에서 정상 분포로 나타나서 학생 수준 문제도 아니다. 그러므로 <표32>에 따르면, C대학에서 개별적 비정상 분포의 원인은 교수자에 있다.

문항29) 아무것도 먹고 싶지 않았는데 주위에서 자꾸 권하는 바람에 <u>억지로</u> 조금 먹는 시늉을 했다. (④)
①의외로   ②무조건   ③빠짐없이   ④마지못해

이 문항의 정답은 '마지못하다'인데, 전체 평균 정답률을 보면, 3학년 조사 결과는 보편적 정상 분포로 보이지만, C대학에서는 개별적 비정상 분포를 보인다.

마지못하다(68.28) 〉 무조건(12.72) 〉 빠짐없이(11.6) 〉
의외로(5.56) 〉 선택 안함(1.82)

<표103> 고급 3학년 문항29)의 대학별 답지 선택률

학교	의외로	무조건	빠짐없이	마지못하다	선택 안함
A대학	6.7%	0%	16.7%	76.7%	0%
B대학	0%	0%	0%	100%	0%
C대학	**0%**	**63.6%**	**27.3%**	**0%**	**9.1%**
D대학	17.8%	0%	10.7%	71.4%	0%
E대학	3.3%	0%	3.3%	93.3%	0%
평균	5.56	12.72	11.60	68.28	1.82

<표103>을 보면, A, B, D, E대학 3학년의 숙달도는 70%이상으로 나오며, 특히 B대학의 숙달도는 100%이다. 한편, C대학에서는 정답률이 0%이며, 오답인 '무조건'을 63.6%로 많이 선택하였다. C대학과 같은 교재를 사용하는 A, B, D대학에서는 숙달도가 높아서 교재 문제라고 볼 수 없다. 그리고 3학년 정독 수간 배정을 보면, C대학과 같은 96시간

으로 배정된 E, D대학은 정상 분포로 나타나므로 교과 과정의 문제로 보기도 어렵다. 한편, 학생 수준을 살펴보면, C대학과 비슷한 수준인 B, D대학에서 정상 분포로 나타나서 학생 수준 문제도 아니다. 그러므로 <표32>에 따르면, C대학에서 개별적 비정상 분포의 원인은 교수자에 있다.

문항45) 그는 방송사의 잘못된 프로그램 제작 관행에 대한 <u>거리낌 없는</u> 비판으로 시청자들의 주목을 받았다. (①)
①어김없는　　②다름없는　　③쓸데없는　　④거침없는

이 문항의 정답은 '거침없다'인데, 전체 평균 정답률을 보면, 4학년 조사 결과는 보편적 정상 분포로 보이지만, C대학에서는 개별적 비정상 분포를 보인다.

4학년 **거침없다(59.9)** 〉 어김없다(23.5) 〉 쓸데없다(8.52) 〉 다름없다(8.08)

<표104> 고급 4학년 문항45)의 대학별 답지 선택률

학교	어김없다	다름없다	쓸데없다	거침없다
A대학	23.3%	16.7%	10%	50%
B대학	18.7%	18.7%	12.5%	50%
C대학	**58.8%**	**0%**	**5.9%**	**35.3%**
D대학	0%	5%	10%	85%
E대학	16.7%	0%	4.2%	79.2%
평균	23.50	8.08	8.52	59.90

A, B, D, E대학 4학년의 숙달도는 50% 이상으로 나오며, 특히 D대학의 숙달도는 85%로 비교적 높다. 한편, C대학에서는 정답을 35.3%만 선택하였고, '어김없다'를 정답보다 많은 58.8%나 선택하였다. C대학과

같은 교재를 사용하는 A, B, D대학에서는 숙달도가 높아서 교재의 문제라고 볼 수 없다. 그러나 <표35>를 보면, 4학년 C대학과 같이 정독을 번역 수업으로 대신하는 A대학은 정상 분포로 나타나기 때문에 교과과정 문제로 볼 수가 없다. 한편, 학생 수준을 살펴보면, C대학과 비슷한 수준인 B, D대학에서 정상 분포로 나타나서 학생 수준 문제가 아니다. 그러므로 <표32>에 따르면, C대학에서 개별적 비정상 분포의 원인은 교수자에 있다.

문항32. 그 사람은 일이 잘 안 풀리면 까닭 없이 주위사람들에게 신경질적인
　　　　반응을 보인다. (①)
　　　　①공연히　　　②도리어　　　③제멋대로　　　④난데없이

이 문항의 정답은 '공연히'인데, 전체 평균 정답률을 보면, 4학년 조사 결과는 보편적 정상 분포로 보이지만, B대학에서는 개별적 비정상 분포를 보인다.

공연히(53.14) 〉 난데없이(24.52) 〉 제멋대로(17) 〉 도리어(4.34) 〉 선택 안함(1)

<표105> 고급 4학년 문항32)의 대학별 답지 선택률

학교	공연히	도리어	제멋대로	난데없이	선택 안함
A대학	46.7%	3.3%	13.3%	36.7%	0%
B대학	**0%**	**12.5%**	**50%**	**37.5%**	**0%**
C대학	88.2%	5.9%	0%	5.9%	0%
D대학	85%	0%	5%	5%	5%
E대학	45.8%	0%	16.7%	37.5%	0%
평균	53.14	4.34	17.00	24.52	1.00

<표105>를 보면, A, C, D, E대학 4학년에서는 정상 분포로 나타나고

있으며, 특히 C대학의 숙달도는 88.2%이다. 한편, B대학에서 정답률은 0%이고, 오답인 '제멋대로'를 50%나 선택하였다. B대학과 같은 교재를 사용하는 A, C, D대학에서는 숙달도가 높으므로 교재의 문제라고 볼 수 없다. 그리고 3학년 교과 과정을 보면, 정상 분포로 나타나는 A, C, D, E대학교에서 C, D, E대학의 정독 수업은 같은 96시간으로 배정되지만, A대학은 102시간으로 3대학과 달라서 교과 과정의 문제로 보기도 어렵다. 한편, 학생 수준을 살펴보면, B대학과 비슷한 수준인 C, D대학에서 정상 분포로 나타나기 때문에 학생 수준 문제도 아니다. 그러므로 <표32>에 따르면, B대학에서 개별적 비정상 분포의 원인은 교수자에 있다.

문항52) 김 의원의 시장 선거 출마 선언이 끝나자마자 기자들의 <u>날카로운</u> 질문이 쏟아졌다. (①)
①예리한　　　②선명한　　　③신속한　　　④적절한

이 문항의 정답은 '예리하다'인데, 전체 평균 정답률을 보면, 3학년 조사 결과는 보편적 정상 분포로 나타나고 있지만, C, D대학에서는 개별적 비정상 분포를 보인다.

예리하다(58.76) 〉 적절하다(17.04) 〉 신속하다(10.24) 〉
선택안함(8.42) 〉 선명하다(5.46)

<표106> 고급 3학년 문항58)의 대학별 답지 선택률

학교	예리하다	선명하다	신속하다	적절하다	선택 안함
A대학	83.3%	0%	10%	6.7%	0%
B대학	73.7%	0%	0%	0%	26.3%
C대학	18.2%	27.3%	9.1%	36.4%	9.1%
D대학	28.6%	0%	32.1%	32.1%	6.7%

E대학	90%	0%	0%	10%	0%
평균	58.76	5.46	10.24	17.04	8.42

<표106>을 보면, A, B, E대학 3학년의 숙달도는 70% 이상으로 나오며, 특히 E대학의 숙달도는 90%이다. 이와는 다르게, C, D대학에서는 정답을 18.2%, 28.6%만 선택하였으며, '적절하다'는 36.4%, 32.1%로 많이 선택하였다. 하지만, C, D대학과 같은 교재를 사용하는 A, B대학에서는 숙달도가 높아서 교재의 문제라고 볼 수 없다. 그리고 3학년 정독 수간 배정을 보면, E대학은 C대학과 같이 96시간이지만, 정상 분포로 나타나므로 교과 과정의 문제로 보기도 어렵다. 한편, 학생 수준을 살펴보면, C, D대학과 비슷한 수준인 B대학에서 정상 분포로 나타나기 때문에 학생 수준 문제도 아니다. 그러므로 <표32>에 따르면, C, D대학에서 개별적 비정상 분포의 원인은 교수자에 있다.

문항12) 청소년 한마당에서는 참가한 모든 청소년들이 모처럼 일상을 벗어나 즐거운 시간을 보내도록 할 계획이다. (④)
　　①결코　　②일단　　③가급적　　④오래간만에

이 문항의 정답은 '오래간만에'인데, 전체 평균 정답률을 보면, 3학년 조사 결과는 보편적 정상 분포로 보이지만, B대학에서는 개별적 비정상 분포를 보인다.

오래간만에(65.88) 〉 가급적(21.06) 〉 결코(7.34) 〉 일단(5.7)

<표107> 고급 3학년 문항12)의 대학별 답지 선택률

학교	결코	일단	가급적	오래간만에
A대학	3.3%	6.7%	0%	90%
B대학	5.3%	0%	68.4%	26.3%

C대학	0%	18.2%	9.1%	72.7%
D대학	21.4%	3.6%	17.8%	57.1%
E대학	6.7%	0%	10%	83.3%
평균	7.34	5.70	21.06	65.88

<표107>을 보면, A, C, D, E대학 3학년에서는 보편적 정상 분포로 나타나며, A대학의 숙달도는 90%이다. 하지만, B대학에서는 정답을 26.3%만 선택하였고, '가급적'을 68.4%로 정답보다 많이 선택하였다. B대학과 같은 교재를 사용하는 A, C, D대학에서는 숙달도가 높아서 교재의 문제라고 볼 수 없다. 그리고 3학년 교과 과정을 보면, 정상 분포로 나타나는 A, C, D, E대학교에서 C, D, E대학의 정독 수업은 같은 96시간으로 배정되지만, A대학은 102시간으로 3대학과 달라서 교과 과정의 문제로 보기도 어렵다. 한편, 학생 수준을 살펴보면, B대학과 비슷한 수준인 C, D대학에서 정상 분포로 나타나기 때문에 학생 수준 문제도 아니다. 그러므로 <표32>에 따르면, B대학에서 개별적 비정상 분포의 원인은 교수자에 있다.

문항14) 김영수 씨는 자신의 글에서 현대 사회의 부도덕성을 날카롭게 꼬집었다. (①)
①지적했다   ②추구했다   ③수정했다   ④비유했다

이 문항의 정답은 '지적하다'인데, 전체 평균 정답률을 보면, 4학년 조사 결과는 보편적 정상 분포로 나타나지만, C대학에서는 개별적 비정상 분포를 보인다.

4학년 지적하다(62.52) 〉 추구하다(27.3) 〉 비유하다(18.08) 〉 수정하다(8.26) 〉 선택 안함(1.9)

<표108> 고급 4학년 문항14)의 대학별 답지 선택률

학교	지적하다	추구하다	수정하다	비유하다	선택 안함
A대학	76.7%	10%	10%	3.3%	3.3%
B대학	87.5%	0%	6.2%	62%	6.2%
C대학	**5.9%**	**82.3%**	**11.8%**	**11.8%**	**0%**
D대학	80%	15%	5%	5%	0%
E대학	62.5%	29.2%	8.3%	8.3%	0%
평균	62.52	27.30	8.26	18.08	1.90

<표108>을 보면, A, B, D, E대학 4학년의 숙달도는 60% 이상으로 나오며, B대학의 숙달도는 87.5%로 비교적 높다. 한편, C대학에서는 정답을 5.9%만 선택하였고, '추구하다'를 정답보다 많은 82.3%나 선택하였다. C대학과 같은 교재를 사용하는 A, B, D대학에서는 숙달도가 높으므로 교재의 문제라고 볼 수 없다. 그러나 <표35>를 보면, 4학년 C대학과 같이 정독을 번역 수업으로 대신하는 A대학은 정상 분포이어서 교과 과정 문제로 볼 수가 없다. 한편, 학생 수준을 살펴보면, C대학과 비슷한 수준인 B, D대학에서 정상 분포로 나타나서 학생 수준 문제도 아니다. 그러므로 <표32>에 따르면, C대학에서 개별적 비정상 분포의 원인은 교수자에 있다.

문항15) 날씨도 덥고 하루 종일 일도 많았기 때문인지 집에 돌아왔을 때는 몸이 파김치가 되었다. (①)
①매우 지쳤다　　　　　②무척 가뿐해졌다
③아주 예민해졌다　　　④완전히 마비되었다

이 문항의 정답은 '매우 지치다'인데, 3학년 조사 결과는 정상 분포이지만, C, D대학에서는 개별적 비정상 분포로 나타난다.

매우 지치다(59.82) 〉 무척 가뿐해지다(17.2) 〉 완전히 마비되다(13.96) 〉
아주 예민해지다(7.2) 〉 선택 안함(1.82)

<표109> 고급 3학년 문항15)의 대학별 답지 선택률

학교	매우 지치다	무척 가뿐해지다	아주 예민해지다	완전히 마비되다	선택 안함
A대학	76.7%	23.3%	0%	0%	0%
B대학	94.7%	0%	0%	5.3%	0%
C대학	9.1%	27.3%	18.2%	36.4%	9.1%
D대학	28.6%	32.1%	17.8%	21.4%	0%
E대학	90%	3.3%	0%	6.7%	0%
평균	59.82	17.20	7.20	13.96	1.82

<표109>를 보면, A, B, E대학 3학년의 숙달도는 70% 이상으로 나오
며, 특히 B, E대학의 숙달도는 90% 이상이다. 이와 다르게, C, D대학에
서는 정답을 9.1%, 28.6%만 선택하였으며, '완전히 마비되다'와 '무척
가뿐해지다'를 각각 36.4%, 32.1%나 선택하였다. 하지만, C, D대학과
같은 교재를 사용하는 A, B대학에서는 숙달도가 높기 때문에 교재의
문제라고 볼 수 없다. 그리고 3학년 교과 과정을 보면, C대학은 정상
분포로 나타난 E대학교와 같은 96시간으로 배정되지만 비정상 분포로
나타나서 교과 과정의 문제로 보기도 어렵다. 한편, 학생 수준을 살펴보
면, C, D대학과 비슷한 수준인 B대학에서 정상 분포로 나타나기 때문에
학생 수준 문제도 아니다. 그러므로 <표32>에 따르면, C, D대학에서
개별적 비정상 분포의 원인은 교수자에 있다.

문항9) 물건을 팔 때만 친절한 모습을 보이고 그 뒤에 소비자들이 겪는 불편
은 <u>나몰라라</u> 하는 태도는 바람직하지 않다. (②)
①침해하는　　②외면하는　　③납득하는　　④제외하는

이 문항의 정답은 '외면하다'인데, 전체 평균 정답률을 보면, 3학년 조사 결과는 보편적 정상으로 나타나지만, C대학에서는 개별적 비정상 분포를 보인다.

외면하다(61.12) 〉 제외하다(16.4) 〉 납득하다(13.84) 〉 침해하다(8.62)

<표110> 고급 3학년 문항9)의 대학별 답지 선택률

학교	침해하다	외면하다	납득하다	제외하다
A대학	23.3%	46.7%	10%	20%
B대학	0%	100%	0%	0%
C대학	**9.1%**	**18.2%**	**45.4%**	**27.3%**
D대학	10.7%	60.7%	7.1%	21.4%
E대학	0%	80%	6.7%	13.3%
평균	8.62	61.12	13.84	16.40

<표110>을 보면, A, B, D, E대학 3학년의 숙달도는 정상 분포로 나오며, 특히 B대학의 숙달도는 100%이다. 그러나 C대학에서는 정답을 18.2%만 선택하였고, '납득하다'를 정답보다 많은 45.4%나 선택하였다. 하지만 C대학과 같은 교재를 사용하는 A, B, D대학에서는 숙달도가 높기 때문에 교재 문제라고 볼 수 없다. 그리고 3학년 정독 시간 배정을 보면, C대학과 같은 96시간으로 배정된 E, D대학은 정상 분포로 나타나서 교과 과정의 문제로 보기도 어렵다. 한편, 학생 수준을 살펴보면, C대학과 비슷한 수준인 B, D대학에서 정상 분포로 나타나므로 학생 수준 문제도 아니다. 그러므로 <표32>에 따르면, C대학에서 개별적 비정상 분포의 원인은 교수자에 있다.

문항6) 갑자기 따귀를 얻어맞은 그는 <u>어안이 벙벙한</u> 얼굴로 아내를 쳐다보았다. (④)
　　①어설픈　　②어수룩한　　③어쭙잖은　　④어리둥절한

이 문항의 정답은 '어리둥절하다'인데, 전체 평균 정답률을 보면, 3학년 조사 결과는 보편적 정상으로 나타나지만, C대학에서는 개별적 비정상 분포를 보인다.

어리둥절하다(61.18) 〉 어쭙잖다(16.84) 〉 어수룩하다(14.02) 〉 어설프다(7.92)

<표111> 고급 3학년 문항6)의 대학별 답지 선택률

학교	어설프다	어수룩하다	어쭙잖다	어리둥절하다
A대학	0%	3.3%	13.3%	83.3%
B대학	0%	0%	0%	100%
C대학	**18.2%**	**45.4%**	**36.4%**	**0%**
D대학	21.4%	21.4%	17.8%	39.3%
E대학	0%	0%	16.7%	83.3%
평균	7.92	14.02	16.84	61.18

<표111>을 보면, A, B, D, E대학 3학년의 숙달도는 정상 분포로 나오며, 특히 B대학의 숙달도는 100%이다. 이와 다르게, C대학의 정답률은 0%이며, '어수룩하다'의 선택률은 45.4%이다. C대학과 같은 교재를 사용하는 A, B, D대학에서는 숙달도가 높으므로 교재의 문제로 볼 수 없다. 그리고 3학년 정독 수간 배정을 보면, C대학과 같은 96시간으로 배정된 E, D대학은 정상 분포로 나타나서 교과 과정의 문제로 보기도 어렵다. 한편, 학생 수준을 살펴보면, C대학과 비슷한 수준인 B, D대학에서 정상 분포로 나타나기 때문에 학생 수준 문제도 아니다. 그러므로 <표32>에 따르면, C대학에서 개별적 비정상 분포의 원인은 교수자에 있다.

문항28) 우리 팀의 승리가 나에게 달렸다고 생각하니 <u>어깨가 무거웠다.</u>
(③)
①능청스러웠다 ②유난스러웠다 ③부담스러웠다 ④고통스러웠다

이 문항의 정답은 '부담스럽다'인데, 전체 평균 정답률을 보면, 3학년 조사 결과는 보편적 정상 분포로 나타나지만, C대학에서는 개별적 비정상 분포를 보인다.

부담스럽다(68.8) 〉 유난스럽다(12.88) 〉 고통스럽다(11.16) 〉
선택안함(4.98) 〉 능청스럽다(2.14)

<표112> 고급 3학년 문항28)의 대학별 답지 선택률

학교	능청스럽다	유난스럽다	**부담스럽다**	고통스럽다	선택 안함
A대학	0%	13.3%	80%	0%	6.7%
B대학	0%	36.8%	63.1%	0%	0%
C대학	**0%**	**0%**	**36.4%**	**45.4%**	**18.2%**
D대학	10.7%	14.3%	67.8%	7.1%	0%
E대학	0%	0%	96.7%	3.3%	0%
평균	2.14	12.88	68.80	11.16	4.98

<표112>를 보면, A, B, D, E대학 3학년의 숙달도는 60% 이상으로 나오며, 특히 E대학의 숙달도는 96.7%이다. 한편, C대학에서는 정답을 36.4%만 선택하였고, '고통스럽다'를 정답보다 많은 45.4%나 선택하였다. C대학과 같은 교재를 사용하는 A, B, D대학에서는 숙달도가 높으므로 교재의 문제로 볼 수 없다. 그리고 3학년 정독 수간 배정을 보면, C대학과 같은 96시간으로 배정된 E, D대학은 정상 분포로 나타나서 교과 과정의 문제로 보기도 어렵다. 한편, 학생 수준을 살펴보면, C대학과 비슷한 수준인 B, D대학에서 정상 분포로 나타나기 때문에 학생 수준 문제도 아니다. 그러므로 <표32>에 따르면, C대학에서 개별적 비정상 분포의 원인은 교수자에 있다.

문항17) 지난달 미국에서 열린 한인 음악 대축제에 스무 개 팀이 참가해 불꽃 튀는 경쟁을 벌었다. (③)
①화려한   거대한   ③치열한   ④엄격한

이 문항의 정답은 '치열하다'인데, 전체 평균 정답률을 보면, 3학년 조사 결과는 보편적 정상 분포로 나타나지만, C대학에서는 개별적 비정상 분포를 보인다.

치열하다(68.88) 〉 화려하다(14.96) 〉 거대하다(13.04) 〉
선택 안함(1.82) 〉 엄격하다(1.38)

<표113> 고급 3학년 문항17)의 대학별 답지 선택률

학교	화려하다	거대하다	치열하다	엄격하다	선택 안함
A대학	10%	16.7%	73.3%	0%	0%
B대학	0%	10.5%	89.5%	0%	0%
C대학	**36.7%**	**27.3%**	**27.3%**	**0%**	**9.1%**
D대학	21.4%	10.7%	64.3%	3.6%	0%
E대학	6.7%	0%	90%	3.3%	0%
평균	14.96	13.04	68.88	1.38	1.82

<표113>을 보면, A, B, D, E대학 3학년의 숙달도는 60% 이상으로 나오며, 특히 E대학의 숙달도는 90%이다. 한편, C대학에서는 정답을 27.3%만 선택하였고, '화려하다'를 36.7%나 선택하였다. C대학과 같은 교재를 사용하는 A, B, D대학에서는 숙달도가 높으므로 교재의 문제라고 볼 수 없다. 그리고 3학년 정독 수간 배정을 보면, C대학과 같은 96시간으로 배정된 E, D대학은 정상 분포로 나타나서 교과 과정 문제로 보기도 어렵다. 한편, 학생 수준을 살펴보면, C대학과 비슷한 수준인 B, D대학에서 정상 분포로 나타나기 때문에 학생 수준 문제도 아니다.

그러므로 <표32>에 따르면, C대학에서 개별적 비정상 분포의 원인은
교수자에 있다.

문항19) 대단찮은 선물이지만 정성껏 준비했으니 꼭 받아 주십시오. (①)
①변변찮은　②변치 않는　③만만치 않은　④수월치 않은

이 문항의 정답은 '변변찮다'인데, 전체 평균 정답률을 보면, 3학년
조사 결과는 정상 분포로 나타나지만, C대학에서는 개별적 비정상 분포
를 보인다.

변변찮다(62.62) 〉 만만치 않다(21.32) 〉 수월치 않다(8.36) 〉 변치 않다(7.68)

<표114> 고급 문항19) 3학년의 대학별 답지 선택률

학교	변변찮다	변치 않다	만만치 않다	수월치 않다
A대학	83.3%	13.3%	0%	3.3%
B대학	100%	0%	0%	0%
C대학	**9.1%**	**18.2%**	**54.5%**	**18.2%**
D대학	60.7%	3.6%	32.1%	3.6%
E대학	60%	3.3%	20%	16.7%
평균	62.62	7.68	21.32	8.36

<표114>를 보면, A, B, D대학 3학년의 숙달도는 60% 이상이며, 특히,
B대학은 100%이다. C대학에서는 정답을 9.1%만 선택하였고, '만만치 않
다'를 정답보다 많은 54.5%나 선택하였다. C대학과 같은 교재를 사용하는
A, B, D대학에서는 숙달도가 높기 때문에 교재의 문제라고 볼 수 없다.
그리고 3학년 정독 수간 배정을 보면, C대학과 같은 96시간으로 배정된
E, D대학은 정상 분포로 나타나서 교과 과정의 문제로 보기도 어렵다.
한편, 학생 수준을 살펴보면, C대학과 비슷한 수준을 갖춘 B, D대학에서

정상 분포로 나타나서 학생 수준 문제가 아니다. 그러므로 <표32>에 따르면, C대학에서 개별적 비정상 분포의 원인은 교수자에 있다.

문항16) 어려운 사람들을 위해 봉사와 헌신의 삶을 살았던 슈바이처 박사는 삭막하고 이기적인 오늘을 사는 우리들이 <u>거울</u>로 삼을 만한 분이다. (④)
①반성　　　　②사례　　　　③표준　　　　④본보기

이 문항의 정답은 '본보기'인데, 전체 평균 정답률을 보면, 3학년 조사 결과는 정상 분포로 나타나지만, C, D대학에서는 개별적 비정상 분포를 보인다.

본보기(64.02) 〉 반성(18.74) 〉 표준(13.98) 〉 선택 안함(1.82) 〉 사례(1.42)

<표115> 고급 문항16)의 대학별 답지 선택률

학교	반성	사례	표준	본보기	선택 안함
A대학	16.7%	0%	0%	83.3%	0%
B대학	0%	0%	0%	100%	0%
C대학	27.3%	0%	45.4%	18.2%	9.1%
D대학	46.4%	7.1%	17.8%	28.6%	0%
E대학	3.3%	0%	6.7%	90%	0%
평균	18.74	1.42	13.98	64.02	1.82

<표115>를 보면, A, B, E대학 3학년의 숙달도는 80% 이상이며, 특히 B대학은 100%이다. C, D대학에서는 정답을 18.2%, 28.6%만 선택하였고, '표준'과 '반성'은 정답보다 많은 각각 45.4%, 46.4%나 선택하였다. C, D대학과 같은 교재를 사용하는 A, B대학에서는 숙달도가 높으므로 교재의 문제라고 볼 수 없다. 그리고 3학년 정독 수간 배정을 보면, C,

D대학과 같은 96시간으로 배정된 E대학은 정상 분포로 나타나고 있기 때문에 교과 과정의 문제로 보기도 어렵다. 한편, 학생 수준을 살펴보면, C, D대학과 비슷한 수준인 B대학에서 정상 분포로 나타나서 학생 수준 문제가 아니다. 그러므로 <표32>에 따르면, C, D대학에서 개별적 비정상 분포의 원인은 교수자에 있다.

문항13) 강도 사건이 잇따라 발생해 경찰이 수사에 나섰지만 아직 사건의 실마리를 찾지 못하고 있다. (①)
①단서   ②원리   ③요리   ④이유

이 문항의 정답은 '단서'인데, 전체 평균 정답률을 보면, 3학년 조사 결과는 정상 분포로 나타나지만, C대학에서는 개별적 비정상 분포를 보인다.

단서(65.14) 〉 이유(24.34) 〉 원리(7.24) 〉 선택 안함(1.82) 〉 요구(1.42)

<표116> 고급 3학년 문항13)의 대학별 답지 선택률

학교	단서	원리	요구	이유	선택 안함
A대학	53.3%	13.3%	0%	33.3%	0%
B대학	94.7%	0%	0%	5.3%	0%
C대학	**27.3%**	**9.1%**	**0%**	**54.5%**	**9.1%**
D대학	57.1%	7.1%	7.1%	28.6%	0%
E대학	93.3%	6.7%	0%	0%	0%
평균	65.14	7.24	1.42	24.34	1.82

<표116>을 보면, A, B, D, E대학 3학년에서 보편적 정상 분포로 나타나며, B, D대학의 숙달도는 90% 이상이다. C대학에서는 정답을 27.3%만 선택하였고, '이유'를 정답보다 많은 54.5%나 선택하였다. 하지만,

C대학과 같은 교재를 사용하는 A, B, D대학에서는 숙달도가 높아서 교재의 문제로 볼 수 없다. 그리고 3학년 정독 수간 배정을 보면, C대학과 같은 96시간으로 배정된 E, D대학은 정상 분포로 나타나서 교과 과정의 문제로 보기도 어렵다. 한편, 학생 수준을 살펴보면, C대학과 비슷한 수준인 B, D대학에서 정상 분포라서 학생 수준 문제가 아니다. 그러므로 <표32>에 따르면, C대학에서 개별적 비정상 분포의 원인은 교수자에 있다.

문항10) 현재와 같은 상황에서 아파트 공급만 확대하는 것은 미분양 현상을 더욱 부채질해 오히려 경제에 역영향을 끼칠 수 있다. (①)
①부추겨서   ②증축해서   ③부풀려서   ④증진해서

이 문항의 정답은 '부추기다'인데, 전체 평균 정답률을 보면, 3학년 조사 결과는 보편적 정상 분포로 나타나지만, C대학에서는 개별적 비정상 분포를 보인다.

부추기다(55.4) 〉 부풀리다(19.58) 〉 증진하다(17.66) 〉 증축하다(7.4)

<표117> 고급 3학년 문항10)의 대학별 답지 선택률

학교	부추기다	증축하다	부풀리다	증진하다
A대학	70%	10%	0%	20%
B대학	78.9%	0%	21.%1	0%
C대학	**9.1%**	**9.1%**	**45.4%**	**36.4%**
D대학	35.7%	14.3%	21.4%	28.6%
E대학	83.3%	3.3%	10%	3.3%
평균	55.40	7.34	19.56	17.66

<표117>을 보면, A, B, D, E대학 3학년의 숙달도는 정상 분포이며, 특히 A, B, D대학의 숙달도는 70% 이상이다. 한편, C대학에서는 정답을

9.1%만 선택하였고, '부풀리다'를 45.4%나 선택하였다. C대학과 같은 교재를 사용하는 A, B, D대학에서는 숙달도가 높아서 교재의 문제로 볼 수 없다. 그리고 3학년 정독 수간 배정을 보면, C대학과 같은 96시간 으로 배정된 E, D대학은 정상 분포로 나타나기 때문에 교과 과정의 문제로 보기도 어렵다. 한편, 학생 수준을 살펴보면, C대학과 비슷한 수준인 B, D대학에서 정상 분포로 나타나서 학생 수준 문제도 아니다. 그러므로 <표32>에 따르면, C대학에서 개별적 비정상 분포의 원인은 교수자에 있다.

2)보편적 정상 분포 문항

고급 숙달도 '보통'으로 나타난 문항에서 '보편적 정상 분포'는 모두 4문항이 있으며, 3학년과 4학년은 각각 2문항이 있다. 유형을 보면, 결합 된 낱말의 기본 의미 파악, 다의어의 문맥에 따른 의미 선택 및 파악, 속담 파악, 사자성어 파악 등이 있다.

(1) 결합된 낱말의 기본 의미 파악

문항25) 전통 사찰인 해동 사에서 발생한 화재의 원인을 조사 중인 경찰은 <u>빈틈없는</u> 수사를 통해 문화재를 불태운 범인을 반드시 체포할 것이 라고 밝혔다. (④)
①신중한   ②당당한   ③성실한   ④철저한

이 문항은 '빈틈없다'가 가지는 [비어 있는 사이가 없거나 허술하거나 부족한 점이 없다]라는 기본적 의미를 알고 있는지 평가하는 유형이다. 그리고 4학년 평균 정답률은 69.96%이다.

(2) 다의어의 문맥에 따른 의미 선택 및 파악

문항52) 김 의원의 시장 선거 출마 선언이 끝나자마자 기자들의 <u>날카로운</u>
질문이 쏟아졌다. (①)
　①예리한　　②선명한　　③신속한　　④적절한

이 문항은 다의어인 '날카롭다'가 [(질문이나 지적이)현상의 핵심을
빠르고 정확하게 포착하는 데가 있다]란 뜻으로 쓰일 때의 의미를 알고
있는지 평가하는 유형이다. 그리고 4학년 평균 정답률은 69.68%이다.

(3) 속담 파악74)

문항22) 궁지에 몰린 나는 <u>지푸라기라도 잡는</u> 심정으로 평소 친하게 지내던
선배들에게 전화를 걸었다. (①)
　①절박한　　②철저한　　③소박한　　④만만한

이 문항은 한국어 속담인 '물에 빠지면 지푸라기라도 잡다'의 줄인
말의 [위급한 때를 당하면 무엇이나 닥치는 대로 잡고 늘어지게 되다]라
는 의미를 알고 있는지 평가하는 것이다. 그리고 3학년 평균 정답률은
58.66%이다.

(4) 사자성어의 파악75)

문항5) 이번 청문회에서 의원들은 불을 뿜는 것처럼 열기가 확확 쏟아지는
말을 일<u>사천리</u>로 쏟아 놓았다. (②)
　①거세게　　②거침없이　　③소신대로　　④차분하게

---

74) 속담 파악 유형이란 기출 문제에서 한국 속담을 물음 문항으로 출제하였으며, 그와
비슷한 의미를 가진 단어나 표현을 선택하는 유형들이다. 이런 유형들은 한국 속담을
제대로 파악할 수가 있으며 정답을 선택할 수가 있다.
75) 사자성어 파악 유형이란 기출 문제에서 한국 사자성어를 물음 문항으로 출제하였으
며, 그와 비슷한 의미를 가진 사자성어나 표현을 선택하는 유형들이다. 이런 유형들은
한국 사자성어를 제대로 파악할 수가 있으며 정답을 선택할 수가 있다.

이 문항은 한국어 사자성어 '일사천리'가 가진 [어떤 일이 거침없이 빨리 진행되다]는 의미를 알고 있는지 평가하는 유형이다. 그리고 3학년 평균 정답률은 67.94%이다.

3.2.2.4 숙달도 '높음' 문항 분석

<표28>을 보면, 숙달도가 '높음'으로 나타난 문항은 모두 289문항이며, 초급은 66문항, 중급은 169문항, 고급은 54문항이다. 학년별로 보면, 초급 1학년에 28문항, 2학년에 10문항, 3학년에 7문항, 4학년에 21문항이 있다.[76] 중급은 2학년에 55문항, 3학년에 36문항, 4학년에 68문항이 있다. 그리고 고급은 3학년에 22문항이 있으며, 4학년은 31문항이 있다. 분포 양상을 보면, 숙달도가 '높음'으로 나타난 문항에서 '보편적 비정상 분포' 문항이 없으며, '개별적 비정상'과 '보편적 정상 문항'만 있다.

3.2.2.4.1 초급

초급 숙달도가 '높음'으로 나타난 66문항에서 개별적 비정상 분포 문항은 모두 8문항이 있다. 학년으로 볼 때, 1학년과 2학년에 각각 3문항이 있으며, 3학년과 4학년은 각각 하나만 있다. 그리고 보편적 정상 분포는 58문항이 있으며, 1학년에 25문항, 2학년에 7문항, 3학년에 6문항, 4학년에 20문항이 있다.

1) 개별적 비정상 분포 문항

개별적 비정상 분포에 있는 8문항의 오류 유형을 살펴보면 모두 현장에 있는 교수자의 세부 전공이 어휘 교육과 거리가 있고 어휘 교육에

---

76) 본 연구에서 3·4학년은 중급과 고급 문항 총 154문항으로 조사하기 때문에, 3·4학년에게 초급 문항을 적당히 줄여서 27문항만 하였다.

적절하지 않아서 생긴 오류들이다. <표32>에서 5개 대학교 28명 교수자에 대해 조사한 결과, 지금 한국에서 한국어 교육을 전공하고 있는 교수자는 두 명이 있으며, 외국어로서의 한국어 교육학을 전공하는 교수자 한 명이 있다. 남은 25명 교수자들의 전공은 주로 한국문학, 亞非語言文學, 한국문화, 중한문학비교, 언어학, 교육학 등이 있으며, 그 이외에는 시장마케팅, 정치학, 역사학, 언론정보학 등도 있다.

문항26) 가 : 지난해에는 어디로 여행을 갔어요?
　　　　나 : (②)에는 제주도로 갔어요.
　　　　① 어제　　② 작년　　③ 주말　　④ 일요일

이 문항의 정답은 '작년'인데, 전체 평균 정답률을 보면, 1학년 조사 결과는 보편적 정상 분포로 나타나지만, A대학에서는 개별적 비정상 분포를 보인다.

1학년 **작년**(71.02) 〉 어제(16) 〉 주말(8.74) 〉 일요일(4.2)

<표118> 초급 문항26)의 대학별 답지 선택률

학교	어제	작년	주말	일요일
A대학	**48.1%**	**40.7%**	**11.1%**	**0%**
B대학	0%	95.8%	4.2%	0%
C대학	0%	100%	0%	0%
D대학	6.9%	79.3%	3.4%	10.3%
E대학	25%	39.3%	25%	10.7%
평균	16.00	71.02	8.74	4.20

<표118>을 보면, B, C, D, E대학 1학년에서는 정상 분포로 나타나며, 특히 C대학의 숙달도는 100%이다. 또 A대학에서는 정답을 40.7%로

선택하였고, 오답인 '어제'를 정답보다 많은 48.1%나 선택하였다. 하지만 A대학교와 같은 교재를 사용하는 C, D대학에서는 정상 분포로 나타나서 교재의 문제라고 할 수 없다. 그리고 <표35>를 보면, 1학년 A대학교는 136시간으로 남은 대학교와 비슷하게 나와서 교과 과정 문제로 보기 어렵다. 한편, 학생 수준을 살펴보면, A대학과 비슷한 수준인 E대학에서 정상 분포로 나타나므로 학생 수준 문제도 아니다. 그러므로 <표32>에 따르면, A대학에서 개별적 비정상 분포의 원인은 교수자에 있다.

문항18) 수미 씨는 언제나 웃는 얼굴이에요. (②)
　　　　①가끔　　　②항상　　　③자주　　　④매우

이 문항의 정답은 '항상'인데, 전체 평균 정답률을 보면, 2학년 조사 결과는 보편적 정상 분포로 나타나지만, B대학에서는 개별적 비정상 분포를 보인다.

항상(75.96) 〉 자주(18.26) 〉 가끔/매우(2.18) 〉 선택 안함(1.38)

<표119> 초급 문항18) 2학년의 대학별 답지 선택률

학교	가끔	항상	자주	매우	선택 안함
A대학	0%	100%	0%	0%	0%
B대학	**0%**	**40.9%**	**59.1%**	**0%**	**0%**
C대학	3.8%	80.8%	11.5%	3.8%	0%
D대학	7.1%	71.4%	10.7%	7.1%	3.6%
E대학	0%	86.7%	10%	0%	3.3%
평균	2.18	75.96	18.26	2.18	1.38

<표119>를 보면, A, C, D, E대학 2학년의 숙달도는 70% 이상이며,

특히 A대학은 100%이다. 하지만, B대학에서는 정답을 40.9%로 선택하였고, 오답인 '자주'를 정답보다 많은 59.1%나 선택하였다. B대학교와 같은 교재를 쓰는 A, C, D대학에서는 정상 분포로 나타나서 교재의 문제로 볼 수 없다. 교과 과정을 살펴보면, A대학은 B대학과 같이 136시간을 배정하였으므로, 교과 과정의 문제라고 보기도 어렵다. 한편, 학생 수준을 살펴보면, B대학과 비슷한 수준인 C, D대학에서 정상 분포로 나타나기 때문에 학생 수준 문제도 아니다. 그러므로 <표32>에 따르면, B대학에서 개별적 비정상 분포의 원인은 교수자에 있다.

문항16) 집 근처에 공원이 있어요?(②)
　　　 ① 먼 곳　　② 가까운 곳　　③ 어두운 곳　　④ 밝은 곳

이 문항의 정답은 '가까운 곳'인데, 전체 평균 정답률을 보면, 2학년 조사 결과는 보편적 정상 분포로 나타나지만, D대학에서는 개별적 비정상 분포를 보인다.

가까운 곳(81.42) > 어두운 곳(18.58) > 먼 곳/밝은 곳(0)

<표120> 초급 문항16) 2학년의 대학별 답지 선택률

학교	먼 곳	가까운 곳	어두운 곳	밝은 곳
A대학	0%	100%	0%	0%
B대학	0%	100%	0%	0%
C대학	0%	100%	0%	0%
D대학	**0%**	**7.1%**	**92.9%**	**0%**
E대학	0%	100%	0%	0%
평균	0.00	81.42	18.58	0.00

<표120>을 보면, A, B, C, E대학 2학년의 숙달도는 모두 100%이지만,

D대학은 정답을 7.1%로 선택하였고, '어두운 곳'을 정답보다 많은 92.9%나 선택하였다. D대학교와 같은 교재를 쓰는 A, B, C대학에서는 정상 분포로 나타나서 교재의 문제로 볼 수 없다. 그리고 2학년 정독 배정 시간을 보면, D대학교는 128시간으로 배정되어 그보다 96시간으로 배정된 C대학이나 160시간으로 배정된 E대학에서는 모두 정상 분포로 나타나기 때문에 교과 과정 문제로 보기 어렵다. 한편, 학생 수준을 살펴보면, D대학과 비슷한 수준인 B, C대학에서 정상 분포로 나타나서 학생 수준 문제가 아니다. 그러므로 <표32>에 따르면, D대학에서 개별적 비정상 분포의 원인은 교수자에 있다.

문항44) 가: 여름에 비가 많이 <u>와요.</u>
　　　　 나: 네, 비가 많이(③).
　　　　 ①다녀요　　②떠나요　　③불어요　　④내려요

이 문항의 정답은 '내리다'인데, 전체 평균 정답률을 보면, 1학년 조사 결과는 보편적 정상 분포로 나타나고 있지만, D대학에서는 개별적 비정상 분포를 보인다.

내리다(72.6) 〉 떠나다(16.6) 〉 불다(7.44) 〉 다니다(3.32)

<표121> 초급 문항44)의 대학별 답지 선택률

학교	다니다	떠나다	불다	내리다
A대학	7.4%	11.1%	0%	81.5%
B대학	2.1%	2.1%	8.3%	87.5%
C대학	0%	0%	4.6%	95.4%
D대학	**0%**	**44.8%**	**17.2%**	**37.9%**
E대학	7.1%	25%	7.1%	60.7%
평균	3.32	16.60	7.44	72.60

<표121>을 보면, A, B, C, E대학 1학년에서 정상 분포로 나타나며, 특히 C대학의 숙달도는 95.4%이다. 또 D대학은 정답을 37.9%만 선택하였고, '떠나다'를 정답보다 많은 44.8%나 선택하였다. 하지만 D대학과 같은 교재를 사용하는 A, C대학에서는 정상 분포로 나타나기 때문에 교재 문제라고 할 수 없다. 그리고 정독 배정 시간을 보면, 1학년 D대학교는 128시간으로 남은 대학교와 비슷하게 나와서 교과 과정 문제로 보기 어렵다. 한편, 학생 수준을 살펴보면, D대학과 비슷한 수준인 B, C대학에서 정상 분포로 나타나서 학생 수준 문제도 아니다. 그러므로 <표32>에 따르면, D대학에서 개별적 비정상 분포의 원인은 교수자에 있다.

문항50) 가: 수진 씨는 컴퓨터를 자주 <u>써요?</u>
　　　　　나: 네, 매일(③).
　　　　　①배워요　　②바꿔요　　③사용해요　　④물어봐요

　이 문항의 정답은 '사용하다'인데, 평균 정답률을 보면, 1학년 조사 결과는 보편적 정상 분포로 나타나고 있지만, E대학에서는 개별적 비정상 분포를 보인다.

사용하다(74.86) 〉 바뀌다(8.98) 〉 물어보다(8.62) 〉 배우다(7.52)

<표122> 초급 문항50)의 대학별 답지 선택률

학교	배우다	바뀌다	사용하다	물어보다
A대학	0%	3.7%	96.3%	0%
B대학	6.2%	2.1%	87.5%	4.2%
C대학	6.8%	0%	93.2%	0%
D대학	10.3%	3.4%	75.9%	10.3%
E대학	14.3%	35.7%	21.4%	28.6%
평균	7.52	8.98	74.86	8.62

<표122>를 보면, A, B, C, D대학 1학년의 숙달도는 70% 이상이며, 특히 A대학은 96.3%로 높게 나타나고 있다. 그리고 E대학에서는 정답을 21.4%로 선택하였고, '바뀌다'를 정답보다 많은 35.7%나 선택하였다. E대학교는 A, C, D대학과 다른 교재를 사용하고 있지만, A, C, D대학과 다른 교재를 사용하는 B대학에서는 정상 분포로 나타나기 때문에 교재의 문제로 볼 수 없다. 그리고 정독 배정 시간을 보면, 1학년 E대학교는 130시간으로 남은 대학교와 비슷하게 나와서 교과 과정 문제로 보기 어렵다. 한편, 학생 수준을 살펴보면, E대학과 비슷한 수준인 A대학에서 정상 분포로 나타나서 학생 수준 문제가 아니다. 그러므로 <표32>에 따르면, E대학에서 개별적 비정상 분포의 원인은 교수자에 있다.

문항60) 가: 민수 씨는 안경을 써요?
　　　　 나: 네, 안경을 (①).
　　　　 ①껴요　　②차요　　③받아요　　④입어요

이 문항의 정답은 '끼다'인데, 2학년 조사 결과는 보편적 정상 분포지만, D대학에서는 개별적 비정상 분포를 보인다.

끼다(77.68) 〉 입다(15.94) 〉 차다(6.36) 〉 받다(0)

<표123> 초급 2학년 문항60)의 대학별 답지 선택률

학교	끼다	차다	받다	입다
A대학	100%	0%	0%	0%
B대학	86.4%	13.6%	0%	0%
C대학	69.2%	11.5%	0%	19.2%
D대학	**42.8%**	**0%**	**0%**	**57.2%**
E대학	90%	6.7%	0%	3.3%
평균	77.68	6.36	0.00	15.94

<표123>을 보면, A, B, C, E대학 2학년의 숙달도는 60% 이상이며, 특히 A대학은 100%이다. 하지만, D대학은 정답을 42.8%만 선택하였고, '입다'를 정답보다 많은 57.2%나 선택하였다. D대학교와 같은 교재를 쓰는 A, B, C대학에서는 정상 분포로 나타나기 때문에 교재의 문제로 볼 수가 없다. 그리고 2학년 정독 배정 시간을 보면, D대학교는 128시간으로 배정되어 그보다 96시간으로 배정된 C대학이나 160시간으로 배정된 E대학에서는 모두 정상 분포로 나타나기 때문에 교과 과정 문제로 보기 어렵다. 한편, 학생 수준을 살펴보면, D대학과 비슷한 수준인 B, C대학에서 정상 분포로 나타나서 학생 수준 문제도 아니다. 그러므로 <표32>에 따르면, D대학에서 개별적 비정상 분포의 원인은 교수자에 있다.

문항9) 언니에게 전화를 <u>걸었어요.</u>(②)
　　①갔어요　　②했어요　　③왔어요　　④받았어요

이 문항의 정답은 '하다'인데, 전체 평균 정답률을 보면, 3학년 조사 결과는 보편적 정상 분포로 나타나지만, C대학에서는 개별적 비정상 분포를 보인다.

하다(81.7) 〉 받다(14.86) 〉 오다(3.42) 〉 가다(0)

<표124> 초급 3학년 문항9)의 대학별 답지 선택률

학교	가다	하다	오다	받다
A대학	0%	100%	0%	0%
B대학	0%	100%	0%	0%
C대학	**0%**	**36.4%**	**0%**	**63.6%**
D대학	0%	82.1%	7.1%	10.7%
E대학	0%	90%	10%	0%
평균	0.00	81.70	3.42	14.86

<표124>를 보면, A, B, C, E대학 3학년의 숙달도는 모두 80% 이상이며, A, B대학은 100%이다. 그리고 C대학은 정답을 36.4%로 선택하였고, '받다'를 63.6%로 선택하였다. C대학교와 같은 교재를 쓰는 A, B, D대학에서는 정상 분포로 나타나기 때문에 교재의 문제로 볼 수 없다. 3학년 정독 수업의 배정 시간을 살펴보면, C대학과 같은 96시간으로 배정한 E대학은 정상분포로 나타나므로 교과 과정의 문제로 보기 어렵다. 한편, 학생 수준을 살펴보면, C대학과 비슷한 수준을 갖춘 B, D대학에서 정상 분포로 나타나서 학생 수준 문제도 아니다. 그러므로 <표32>에 따르면, C대학에서 개별적 비정상 분포의 원인은 교수자에 있다.

문항3 은영 씨는 저보다 세 살이 <u>어려요</u>. (④)
　　①길어요　　②짧아요　　③많아요　　④적어요

이 문항의 정답은 '적다'인데, 전체 평균 정답률을 보면, 4학년 조사 결과는 보편적 정상 분포지만, B대학에서는 개별적 비정상 분포를 보인다.

적다(78.36) 〉길다(9.02) 〉많다(6.16) 〉짧다(4.64) 〉선택 안함(2.48)

<표125> 초급 4학년 문항3)의 대학별 답지 선택률

학교	길다	짧다	많다	적다	선택 안함
A대학	0%	0%	3.3%	96.7%	0%
B대학	36.4%	18.2%	18.2%	18.2%	9.1%
C대학	0%	0%	0%	100%	0%
D대학	0%	5%	5%	90%	0%
E대학	8.7%	0%	4.3%	86.9%	3.3%
평균	9.02	4.64	6.16	78.36	2.48

<표125>를 보면, A, C, D, E대학 4학년의 숙달도는 모두 80% 이상이며, C대학은 100%이다. 그리고 B대학은 정답을 18.2%만 선택하였고, 오답인 '길다'를 정답보다 많은 36.4%나 선택하였다. B대학교에서는 A, C, D대학교와 다른 교재를 쓰고 있지만, A, C, D대학교와 다른 교재를 사용하는 E대학에서 정상 분포로 나타나기 때문에 교재 문제로 볼수 없다. 그러나 <표35>를 보면, 4학년 B대학과 같이 7학기까지 정독수업을 개설하고 8학기는 논문과 실습으로 설정돼 있는 D, E대학도 역시 정상 분포이어서 교과 과정 문제로 볼 수가 없다. 한편, 학생 수준을 살펴보면, B대학과 비슷한 수준인 C, D대학에서 정상 분포로 나타나서 학생 수준 문제가 아니다. 그러므로 <표32>에 따르면, B대학에서 개별적 비정상 분포의 원인은 교수자에 있다.

2) 보편적 정상 분포 문항

초급 숙달도가 '높음' 보편적 정상 분포 문항은 모두 58 문항이 있으며, 1학년 25문항, 2학년 7문항, 3학년은 6문항, 4학년은 20문항이 있다. 문항 유형은 결합된 낱말의 기본적 의미 파악, 연어 관계에 있는 낱말의 쓰임, 다의어의 문맥에 따른 의미 선택 및 파악, 동의이의어 파악 등이 있으며, 등급과 학년별 평가 유형을 정리하면 아래와 같다.

<표126> 초급 1학년 숙달도 '높음' 보편적 정상 문항(25문항)

문항	평가 유형
14. 전화를 걸다-하다　　　70.22	연어 관계에 있는 낱말 파악
41. 노래를 잘하다-잘 부르다83.92	
59. 보내다-부치다　　　　75.02	다의어의 문맥에 따른 의미 선택 및 파악

27. 주문하다-시키다	72.94	
16. 근처-가까운 곳	76.26	
19. 밑-아래	77.78	
32. 매일-날마다	77.84	
38. 아주-매우	78.32	
13. 다음해-내년	79.32	
58. 예쁘다-아름답다	80.34	
54. 빨리-일찍	80.88	
36. 재미있다-즐겁다	81.32	
64. 기분이 좋다-기쁘다	71.86	
46. 밑-아래	84.02	결합된 낱말의 기본 의미 파악
43. 정말-참	84.7	
22. 말하다-이야기하다	85.58	
1. 그러나-그런데	85.88	
35. 모두-다	85.92	
25. 참-아주	85.98	
49. 또-다시	86.08	
34. 만나다-보다	86.26	
20. 모두-다	88.22	
57. 아주-매우	89.14	
52. 시간이 없다-바쁘다	89.54	
63. 다시-또	89.78	

<표127> 초급 2학년 숙달도 '높음' 보편적 정상 문항(7문항)

	문항		평가 유형
1	23. 맞은 편-건너편	83.64	결합된 낱말의 기본 의미 파악
2	66. 너무-아주	88.62	
3	9. 잘 지내다-잘 있다	84.26	
4	27. 주문하다-시키다	85.92	
5	30. 보내다-부치다	86.12	다의어의 문맥에 따른 의미 선택 및 파악

6	3. 선물을 하다-주다 84.14	연어 관계에 있는
7	14. 전화를 걸다-하다 89.64	낱말의 쓰임

<표128> 초급 3학년 숙달도 '높음' 보편적 정상 문항(6문항)

문항		평가 유형
1. 선물을 하다-주다	89.52	연어 관계에 있는 낱말의 쓰임
3. 어리다-적다	86.74	동음이의어의 파악
19. 정말-참	84.46	
11. 언제나-항상	79.56	결합된 낱말의
27. 깨끗하다-맑다	89.58	기본 의미 파악
5. 잘 지내다-잘 있다	85.38	

<표129> 초급 4학년 숙달도 '높음' 보편적 정상 문항(20문항)

문항		평가 유형
2. 구하다-찾다	78.82	연어 관계에 있는
1. 선물을 하다-주다	87.28	낱말의 쓰임
9. 전화를 걸다-하다	87.5	
25. 보내다-부치다	82.82	다의어의 문맥에 따른
15. 보내다-부치다	82.32	의미 선택 및 파악
22. 빨리-일찍	82.54	
4. 다-모두	83.68	
8. 알아듣다-이해하다	84.86	
10. 마치다-끝내다	86.4	
14. 주문하다-시키다	86.6	
18. 아주-매우	86.78	결합된 낱말의
13. 참-아주	87.1	기본 의미 파악
19. 정말-참	87.14	
21. 또-다시	88.7	
6. 고민-걱정	89.36	
23. 크다-넓다	89.44	
27. 깨끗하다-맑다	89.56	

20. 나중에-이따가	89.72	
24. 마치다-끝나다	89.82	
11. 언제나-항상	89.92	

3.2.2.4.2 중급

중급 숙달도가 '높음'의 169문항에서 '개별적 비정상 분포' 문항은
모두 13문항이다. 학년으로 볼 때, 2학년과 3학년은 각각 4문항이 있으
며, 4학년은 5문항이 있다. 그리고 '보편적 정상 분포' 문항은 모두 156문
항이 있으며, 2학년에 51문항, 3학년에 42문항, 4학년에 63문항이 있다.

1) 개별적 비정상 분포 문항

개별적 비정상 분포에 있는 13문항의 오류 유형을 살펴보면 교수자
문제, 교과 과정과 교수자 문제 등 두 가지가 있다. 그중에서 11문항은
교수자 문제로 인해 오류가 생기는 것이며, 남은 두 문항은 교과 과정과
교수자 문제로 오류가 생기는 것이다.

(1) 교수자 문제로 인해 생긴 오류

교수자 문제는 현장에 있는 교수자의 세부 전공이 어휘 교육과 거리
가 있고 어휘 교육에 적절하지 않다는 것을 말하는 것이다. <표33>에서
5개 대학교 28명 교수자에 대해 조사한 결과, 지금 한국에서 한국어
교육을 전공하고 있는 교수자는 두 명이 있으며, 외국어로서의 한국어
교육학을 전공하는 교수자 한 명이 있다. 남은 25명 교수자들의 전공은
주로 한국문학, 亞非語言文學, 한국문화, 중한문학비교, 언어학, 교육학
등이 있으며, 그 이외에는 시장마케팅, 정치학, 역사학, 언론정보학 등도
있다.

문항97) 인터넷에 나와 있는 정보가 <u>가끔</u> 맞지 않는 경우도 있다.
(④)
①꽤   ②흔히   ③자주   ④때때로

이 문항의 정답은 '때때로'인데, 전체 평균 정답률을 보면, 2학년에서
보편적 정상 분포로 나타나지만, A대학에서는 개별적 비정상 분포를
보인다.

때때로(70.78) 〉 흔히(19.08) 〉 자주(10.1) 〉 꽤(0)

<표130> 중급 2학년 문항97)의 대학별 답지 선택률

학교	꽤	흔히	자주	때때로
A대학	0%	50%	6.3%	43.7%
B대학	0%	4.5%	22.7%	72.7%
C대학	0%	3.8%	7.7%	88.5%
D대학	0%	7.1%	7.1%	85.7%
E대학	0%	30%	6.7%	63.3%
평균	0.00	19.08	10.10	70.78

<표130>을 보면, B, C ,D, E대학 2학년의 숙달도는 모두 60% 이상이
며, C대학은 88.5%로 비교적 높게 나타나고 있다. 그리고 A대학은 정답
을 43.7%만 선택하였고, '흔히'를 50%나 선택하였다. A대학교와 같은
교재를 쓰는 B, C, D대학에서는 정상 분포로 나타나기 때문에 교재의
문제로 볼 수가 없다. 2학년 정독 수업의 배정 시간을 살펴보면, A, B대
학은 같은 136시간을 배정하였지만, B대학에서는 정상 분포로 나타났
다. 한편, 학생 수준을 살펴보면, A대학과 비슷한 수준인 E대학에서
정상 분포로 나타나서 학생 수준 문제도 아니다. 그러므로 <표32>에
따르면, A대학에서 개별적 비정상 분포의 원인은 교수자에 있다.

문항36) 만약의 경우를 위해 다른 방법도 <u>마련해야</u> 한다. (②)
①준비해야　②예상해야　③발견해야　④선택해야

　이 문항의 정답은 '준비하다'인데, 전체 평균 정답률을 보면, 2학년의 조사 결과는 보편적 정상 분포로 나타나지만, B대학에서는 개별적 비정상 분포를 보인다.

준비하다(71.26) > 발견하다(16.9) > 선택하다(9.8) > 예상하다(2)

<표131> 중급 2학년 문항36)의 대학별 답지 선택률

학교	준비하다	예상하다	발견하다	선택하다
A대학	62.5%	6.2%	0%	31.2%
B대학	**40.9%**	**0%**	**59.1%**	**0%**
C대학	76.9%	3.8%	15.4%	3.8%
D대학	89.3%	0%	0%	10.7%
E대학	86.7%	0%	10%	3.3%
평균	71.26	2.00	16.90	9.80

　<표131>을 보면, A, C, D, E대학 2학년의 숙달도는 모두 60% 이상이며, D대학은 89.3%로 비교적 높게 나타나고 있다. 또 B대학은 정답을 40.9%만 선택하였고, '발견하다'를 59.1%나 선택하였다. B대학교와 같은 교재를 쓰는 A, C, D대학에서는 정상 분포로 나타나서 교재의 문제로 볼 수가 없다. 2학년 정독 수업의 배정 시간을 살펴보면, A, B대학은 같은 136시간을 배정했지만, A대학에서는 정상 분포로 나타났다. 그러므로 교과 과정의 문제로 볼 수가 없다. 한편, 학생 수준을 살펴보면, B대학과 비슷한 수준을 갖춘 C, D대학에서 정상 분포로 나타나서 학생 수준 문제도 아니다. 그러므로 <표32>에 따르면, B대학에서 개별적 비정상 분포의 원인은 교수자에 있다.

> 문항53) 맡은 업무 이외의 일들에는 별로 신경을 쓰지 않아도 된다.
> (③)
> ①이미   ②제법   ③그다지   ④오히려

이 문항의 정답은 '그다지'인데, 전체 평균 정답률을 보면, 2학년 조사 결과는 보편적 정상 분포로 나타나지만, B대학에서는 개별적 비정상 분포를 보인다.

그다지(71.3) 〉 오히려(13.98) 〉 제법(10.04) 〉 이미(4.62)

<표132> 중급 2학년 문항53)의 대학별 답지 선택률

학교	이미	제법	그다지	오히려
A대학	0%	0%	100%	0%
B대학	**4.5%**	**18.2%**	**31.8%**	**45.4%**
C대학	11.5%	7.7%	76.9%	3.8%
D대학	7.1%	14.3%	67.8%	10.7%
E대학	0%	10%	80%	10%
평균	4.62	10.04	71.30	13.98

<표132>를 보면, A, C, D, E대학 2학년의 숙달도는 모두 60% 이상이며, A대학은 100%이다. B대학은 정답을 31.8%만 선택했고, '오히려'를 45.4%나 선택하였다. B대학교와 같은 교재를 쓰는 A, C, D대학에서는 정상 분포로 나타나기 때문에 교재의 문제로 볼 수가 없다. 2학년 정독 수업의 배정 시간을 살펴보면, A, B대학은 같은 136시간을 배정했지만, A대학에서는 정상 분포로 나타났다. 그러므로 교과 과정의 문제로 볼 수가 없다. 한편, 학생 수준을 살펴보면, B대학과 비슷한 수준인 C, D대학에서 정상 분포로 나타나서 학생 수준 문제도 아니다. 그러므로 <표32>에 따르면, B대학에서 개별적 비정상 분포의 원인은 교수자에 있다.

이 문항의 정답은 '곤란하다'인데, 전체 평균 정답률을 보면, 2학년 조사 결과는 보편적 정상 분포지만, B대학에서는 개별적 비정상 분포를 보인다.

곤란하다(71.76) 〉 피곤하다(21.56) 〉 약하다(5.3) 〉 불쌍하다(1.38)

<표133> 중급 2학년 문항10)의 대학별 답지 선택률

학교	약하다	곤란하다	불쌍하다	피곤하다
A대학	0%	100%	0%	0%
B대학	**9.1%**	**18.2%**	**0%**	**72.7%**
C대학	3.8%	88.5%	0%	7.7%
D대학	3.6%	82.1%	3.6%	10.7%
E대학	10%	70%	3.3%	16.7%
평균	5.30	71.76	1.38	21.56

<표133>을 보면, A, C, D, E대학 2학년의 숙달도는 모두 70% 이상이며, 특히 A대학은 100%이다. 그리고 B대학은 정답을 18.2%만 선택했고, 오답인 '피곤하다'를 72.7%나 선택하였다. B대학교와 같은 교재를 쓰는 A, C, D대학에서는 정상 분포로 나타나서 교재 문제로 볼 수가 없다. 2학년 정독 수업의 배정 시간을 보면, A, B대학은 같은 136시간을 배정했지만, A대학에서는 정상 분포로 나타나므로 교과 과정의 문제로 볼 수가 없다. 한편, 학생 수준을 살펴보면, B대학과 비슷한 수준인 C, D대학에서 정상 분포로 나타나서 학생 수준 문제도 아니다. 그러므로 <표32>에서 교수자에 대한 분석 결과에 따르면, B대학에서 개별적 비

정상 분포의 원인은 교수자에 있다.

문항44) 오래동안 사귄 친구들을 떠날 생각을 하니까 <u>섭섭하다.</u> (③)
①우울하다   ②부끄럽다   ③서운하다   ④답답하다

이 문항의 정답은 '서운하다'인데, 정체 평균 정답률을 보면, 3학년 조사 결과는 보편적 정상 분포지만, C대학에서는 개별적 비정상 분포를 보인다.

서운하다(71.36) 〉 우울하다(18.94) 〉 답답하다(8.26) 〉 부끄럽다(1.42)

<표134> 중급 3학년 문항44)의 대학별 답지 선택률

학교	우울하다	부끄럽다	서운하다	답답하다
A대학	10%	0%	90%	0%
B대학	0%	0%	100%	0%
C대학	**45.4%**	**0%**	**27.3%**	**27.3%**
D대학	39.3%	7.1%	42.8%	10.7%
E대학	0%	0%	96.7%	3.3%
평균	18.94	1.42	71.36	8.26

<표134>을 보면, A, B, D, E대학 3학년의 숙달도는 정상적 분포로 나타나고, 특히 A, B, E대학의 숙달도는 90% 이상이며 B대학의 정답률은 100%이다. 그리고 C대학은 정답을 27.3%만 선택했고, 오답인 '우울하다'를 45.4%나 선택하였다. C대학교와 같은 교재를 쓰는 A, B, D대학에서는 정상 분포로 나타나기 때문에 교재의 문제로 볼 수가 없다. 3학년 교과 과정을 살펴보면, C대학은 E대학과 같은 96시간을 배정했지만, E대학에서는 정상 분포로 나타나서 교과 과정의 문제로 볼 수가 없다. 한편, 학생 수준을 살펴보면, C대학과 비슷한 수준인 B, D대학에서 정상 분포로 나타나서 학생 수준 문제도 아니다. 그러므로 <표32>에 따르

면, C대학에서 개별적 비정상 분포의 원인은 교수자에 있다.

문항15) 그 분은 나이보다 젊어 보여서 외모만 보고는 나이를 <u>짐작하기</u> 어렵다. (①)
①추측하기   ②전망하기   ③일치하기   ④비교하기

이 문항의 조사 결과는 3학년 보편적 정상 분포지만, C대학에서는 개별적 비정상 분포를 보인다.

추측하다(75.18) 〉 일치하다(16.96) 〉 비교하다(3.96) 〉
전망하다(2.86) 〉 선택 안함(1.06)

<표135> 중급 3학년 문항15)의 대학별 답지 선택률

학교	추측하다	전망하다	일치하다	비교하다	선택 안함
A대학	80%	0%	20%	0%	0%
B대학	94.7%	0%	0%	0%	5.3%
C대학	36.5%	0%	54.5%	9.1%	0%
D대학	71.4%	14.3%	3.6%	10.7%	0%
E대학	93.3%	0%	6.7%	0%	0%
평균	75.18	2.86	16.96	3.96	1.06

<표135>를 보면, A, B, D, E대학 3학년의 숙달도는 70% 이상으로 나오며, 특히 B, E대학의 숙달도는 90% 이상이다. 그러나 C대학은 정답을 36.5%만 선택했고, '일치하다'를 54.5%나 선택하였다. C대학교와 같은 교재를 쓰는 A, B, D대학에서는 정상 분포로 나타나서 교재의 문제로 볼 수가 없다. 3학년 교과 과정을 살펴보면, C대학은 E대학과 같은 96시간을 배정했지만, E대학에서는 정상 분포라서 교과 과정의 문제로 볼 수가 없다. 한편, 학생 수준을 살펴보면, C대학과 비슷한 수준

인 B, D대학에서 정상 분포라서 학생 수준 문제도 아니다. 그러므로 <표32>에 따르면, C대학에서 개별적 비정상 분포의 원인은 교수자에 있다.

문항67) 선수들의 피나는 노력으로 <u>마침내</u> 우승이라는 꿈을 이루었다. (④)
①제대로   ②뜻밖에   ③오히려   ④드디어

이 문항의 정답은 '드디어'인데, 평균 정답률을 보면, 4학년 조사 결과는 보편적 정상 분포지만, C대학에서는 개별적 비정상 분포를 보인다.

드디어(70.68) 〉 뜻밖에(23.62) 〉 제대로(4.02) 〉 선택안함(1.66) 〉 오히려(0)

<표136> 중급 4학년 문항67)의 대학별 답지 선택률

학교	제대로	뜻밖에	오히려	드디어	선택안함
A대학	0%	6.7%	0%	93.3%	0%
B대학	8.3%	25%	0%	58.3%	8.3%
C대학	**11.8%**	**64.7%**	**0%**	**23.5%**	**0%**
D대학	0%	0%	0%	100%	0%
E대학	0%	21.7%	0%	78.3%	0%
평균	4.02	23.62	0.00	70.68	1.66

<표136>을 보면, A, B, D, E대학 4학년의 숙달도는 정상 분포로 나오며, 특히 D대학의 숙달도는 100%이다. 그러나 C대학은 정답을 23.5%만 선택했고, '뜻밖에'를 64.7%나 선택하였다. C대학교와 같은 교재를 쓰는 A, B, D대학에서는 정상 분포로 나타나기 때문에 교재의 문제로 볼 수 없다. 그러나 <표35>를 보면, 4학년 C대학과 같이 정독을 번역 수업으로 대신하는 A대학은 정상 분포이어서 교과 과정 문제로도 보기

가 어렵다. 한편, 학생 수준을 살펴보면, C대학과 비슷한 수준인 B, D대학에서 정상 분포라서 학생 수준 문제도 아니다. 그러므로 <표32>에 따르면, C대학에서 개별적 비정상 분포의 원인은 교수자에 있다.

문항75) 그는 사람들의 다양한 <u>생김새를</u> 정확하게 그려 냈다. (①) ①모습   ②바탕   ③무늬   ④자취

이 문항의 정답은 '모습'인데, 4학년 조사 결과는 보편적 정상 분포이지만, B대학에서는 개별적 비정상 분포를 보인다.

모습(72.96) 〉 바탕(15.7) 〉 무늬(9.68) 〉 선택 안함(1.66) 〉 자취(0)

<표137> 중급 4학년 문항75) 대학별 답지 선택률

학교	모습	바탕	무늬	자취	선택 안함
A대학	80%	13.3%	6.7%	0%	0%
B대학	**33.3%**	**16.7%**	**41.7%**	**0%**	**8.3%**
C대학	76.5%	23.5%	0%	0%	0%
D대학	75%	25%	0%	0%	0%
E대학	100%	0%	0%	0%	0%
평균	72.96	15.70	9.68	0.00	1.66

<표137>을 보면, A, C, D, E대학 4학년의 숙달도는 정상 분포로 나오며, 특히 E대학의 숙달도는 100%이다. 그러나 B대학은 정답을 33.3%만 선택했고, 오답인 '무늬'를 41.7%나 선택하였다. B대학과 같은 교재를 쓰는 A, C, D대학에서는 정상 분포로 나타나기 때문에 교재 문제로 볼 수가 없다. 그러나 <표35>를 보면, 4학년 B대학과 같이 7학기까지 정독 수업을 개설하고 8학기는 논문과 실습으로 설정돼 있는 D, E대학도 정상 분포이어서 교과 과정 문제로 볼 수가 없다. 한편, 학생 수준을

살펴보면, B대학과 비슷한 수준인 C, D대학에서 정상 분포로 나타나서 학생 수준 문제도 아니다. 그러므로 <표32>에 따르면, B대학에서 개별적 비정상 분포의 원인은 교수자에 있다.

| 문항12) 여러분에게 한 약속은 <u>틀림없이</u> 지키겠습니다. (①) |
| ①반드시   ②뜻밖에   ③여전히   ④저절로 |

이 문항의 정답은 '반드시'인데, 전체 평균 정답률을 보면, 4학년 조사 결과는 보편적 정상 분포지만, C대학에서는 개별적 비정상 분포를 보인다.

반드시(74.9) 〉 여전히(20.16) 〉 뜻밖에(4.92) 〉 저절로(0)

<표138> 중급 4학년 문항12)의 대학별 답지 선택률

학교	반드시	뜻밖에	여전히	저절로
A대학	90%	10%	0%	0%
B대학	91.7%	0%	8.3%	0%
C대학	**5.9%**	**5.9%**	**88.2%**	**0%**
D대학	100%	0%	0%	0%
E대학	86.9%	8.7%	4.3%	0%
평균	74.90	4.92	20.16	0.00

<표138>을 보면, A ,B, D, E대학 4학년의 숙달도는 80% 이상이며, 특히 D대학의 숙달도는 100%이다. 그러나 C대학은 정답을 5.9%만 선택했고, '여전히'를 88.2%나 선택하였다. C대학교와 같은 교재를 쓰는 A, B, D대학에서는 정상 분포로 나타나서 교재의 문제로 볼 수가 없다. 그러나 <표35>를 보면, 4학년 C대학과 같이 정독을 번역 수업으로 대신하는 A대학은 정상 분포이어서 교과 과정 문제로도 보기가 어렵다. 한편, 학생 수준을 살펴보면, C대학과 비슷한 수준인 B, D대학에서 정상

분포로 나타나기 때문에 학생 수준 문제도 아니다. 그러므로 <표32>에 따르면, C대학에서 개별적 비정상 분포의 원인은 교수자에 있다.

문항10) 내일이 <u>어려우시면</u> 선생님께서 편하게 만나실 수 있는 시간을 다시 알려 주세요.(②)
　　①약하시면　　②곤란하시면　　③불쌍하시면　　④피곤하시면

이 문항의 정답은 '곤란하다'인데, 평균 정답률을 보면, 4학년 조사 결과는 보편적 정상 분포지만, C대학에서는 개별적 비정상 분포를 보인다.

곤란하다(79.4) 〉 피곤하다(10.7) 〉 불쌍하다(9.9) 〉 약하다(0)

<표139> 중급 4학년 문항10)의 대학별 답지 선택률

학교	약하다	곤란하다	불쌍하다	피곤하다
A대학	0%	90%	3.3%	6.7%
B대학	0%	91.7%	0%	8.3%
C대학	0%	35.3%	41.2%	23.5%
D대학	0%	80%	5%	15%
E대학	0%	100%	0%	0%
평균	0.00	79.40	9.90	10.70

<표139>를 보면, A, B, D, E대학 4학년의 숙달도는 80% 이상이며, 특히 E대학의 숙달도는 100%이다. 그러나 C대학은 정답을 35.3%만 선택했고, '불쌍하다'를 41.2%나 선택하였다. C대학교와 같은 교재를 쓰는 A, B, D대학에서는 정상 분포로 나타나서 교재의 문제로 볼 수가 없다. 그러나 <표35>를 보면, 4학년 C대학과 같이 정독을 번역 수업으로 대신하는 A대학은 정상 분포이어서 교과 과정 문제로도 보기가 어렵다. 한편, 학생 수준을 살펴보면, C대학과 비슷한 수준인 B, D대학에서

정상 분포로 나타나서 학생 수준 문제도 아니다. 그러므로 <표32>에 따르면, C대학에서 개별적 비정상 분포의 원인은 교수자에 있다.

문항27) 어머니의 얼굴을 보니 뭔가 나쁜 일이 있는 것이 <u>틀림없다.</u> (③)
①가능하다   ②뚜렷하다   ③분명하다   ④적당하다

이 문항의 정답은 '분명하다'인데, 평균 정답률을 보면, 4학년 조사 결과는 보편적 정상 분포지만, B대학에서 개별적 비정상 분포를 보인다.

분명하다(73.52) 〉 뚜렷하다(16.18) 〉 가능하다(8.52) 〉 적당하다(1.74)

<표140> 중급 4학년 문항27)의 대학별 답지 선택률

학교	가능하다	뚜렷하다	분명하다	적당하다
A대학	0%	13.3%	86.7%	0%
B대학	**0%**	**58.3%**	**41.7%**	**0%**
C대학	17.6%	0%	82.3%	0%
D대학	25%	5%	70%	0%
E대학	0%	4.3%	86.9%	8.7%
평균	8.52	16.18	73.52	1.74

<표140>을 보면, A, C, D, E대학 4학년의 숙달도는 70% 이상이지만, B대학은 정답을 41.7%만 선택했고, '뚜렷하다'를 58.3%나 선택하였다. B대학교와 같은 교재를 쓰는 A, C, D대학에서는 정상 분포로 나타나기 때문에 교재의 문제로 볼 수가 없다. 그러나 <표35>를 보면, 4학년 B대학과 같이 7학기까지 정독 수업을 개설하고 8학기는 논문과 실습으로 설정돼 있는 D, E대학도 정상 분포이어서 교과 과정 문제로 볼 수가 없다. 한편, 학생 수준을 살펴보면, B대학과 비슷한 수준인 C, D대학에서 정상 분포로 나타나서 학생 수준 문제도 아니다. 그러므로 <표32>에

따르면, B대학에서 개별적 비정상 분포의 원인은 교수자에 있다.

(2) 교과 과정과 교수자 문제로 인해 생긴 오류

이런 오류 유형은 학습자 환경에 따른 오류 분석한 결과, 정상 분포로 나타나는 대학교의 교과 과정은 비정상 분포로 나타나는 대학교와 다르게 나타나기도 하고, 개별적 비정상 분포로 나타나는 대학의 교수자들에도 문제가 보인다. 이는 교과 과정과 교수자 등 복합 원인으로 생기는 오류로 본다.

> 문항52) 그 사람은 자기 딸이 귀국했다는 소식을 듣고 얼굴 빛이 밝아졌다.
> (①)
> ①표정   ②행동   ③기분   ④희망

이 문항의 정답은 '표정'인데, 전체 평균 정답률을 보면, 3학년 조사 결과는 보편적 정상 분포지만, B대학에서는 개별적 비정상 분포를 보인다.

표정(74.92) 〉 기분(22.92) 〉 희망(2.14) 〉 행동(0)

<표141> 중급 3학년 문항52)의 대학별 답지 선택률

학교	표정	행동	기분	희망
A대학	76.7%	0%	23.3%	0%
B대학	**15.8%**	**0%**	**84.2%**	**0%**
C대학	100%	0%	0%	0%
D대학	82.1%	0%	7.1%	10.7%
E대학	100%	0%	0%	0%
평균	74.92	0.00	22.92	2.14

<표141>을 보면, A, C, D, E대학 3학년의 숙달도는 정상 분포로 나타나고, 특히 C, E대학의 숙달도는 100%이다. 그러나 B대학은 정답을 15.8%만 선택했고, '기분'을 84.2%나 선택하였다. B대학교와 같은 교재를 쓰는 A, C , D대학에서는 정상 분포로 나타나기 때문에 교재의 문제로 볼 수가 없다. 3학년 정독 수업의 배정 시간을 살펴보면, 정상 분포로 나타나는 A, C, D, E대학에서 비슷하게 96-102시간이자만 B대학은 68시간으로 적은 편이다. 이는 3학년 B대학에서 개별적 비정상 분포로 나타나는 하나의 이유로 볼 수가 있다. 또한 B대학교 교수자에 대한 조사한 결과, 교수자의 전공이 어휘 교육에 적절하지 않다는 문제도 있다. 그러므로 B대학에서 개별적 비정상 분포가 나타나는 이유는 교과 과정 및 교수자 문제 등 복합적인 원인으로 나타난 것이다.

문항55) 규모가 작은 기업으로서는 현재의 경제적 상황을 참아 내기 힘들 것이다. (②)
①막아　　　②견뎌　　　③이겨　　　④풀어

이 문항의 평균 정답률을 보면, 3학년 조사 결과는 보편적 정상 분포지만 B대학에서는 개별적 비정상 분포를 보인다.

견디다(78.14) 〉 이기다(17) 〉 막다(2.8) 〉 풀다(1.38) 〉 선택 안함(0.66)

<표142> 중급 3학년 문항55)의 대학별 답지 선택률

학교	막다	견디다	이기다	풀다	선택 안함
A대학	0%	83.3%	10%	3.3%	3.3%
B대학	0%	42.1%	57.9%	0%	0%
C대학	0%	100%	0%	0%	0%
D대학	10.7%	78.6%	7.1%	3.6%	0%
E대학	3.3%	86.7%	10%	0%	0%
평균	2.80	78.14	17.00	1.38	0.66

<표142>를 보면, A, C, D, E대학 3학년의 숙달도는 70% 이상으로 나오며, 특히 C대학의 숙달도는 100%이다. 그러나 B대학은 정답을 42.1%만 선택했고, '이기다'를 57.9%나 선택하여 심한 불균형을 이루고 있다. B대학교와 같은 교재를 쓰는 A, C, D대학에서는 정상 분포로 나타나기 때문에 교재의 문제로 볼 수가 없다. 3학년 정독 수업의 배정 시간을 살펴보면, 정상 분포로 나타나는 A, C, D, E대학에서 비슷하게 96-102시간이자만 B대학은 68시간으로 적은 편이다. 이는 3학년 B대학에서 개별적 비정상 분포로 나타나는 하나의 이유로 볼 수가 있다. 또한 B대학교 교수자에 대한 조사한 결과, 교수자의 전공이 어휘 교육에 적절하지 않다는 문제도 있다. 그러므로 B대학에서 개별적 비정상 분포가 나타나는 이유는 교과 과정 및 교수자 문제 등 복합적인 원인으로 나타난 것이다.

2) 보편적 정상 분포 문항

중급 숙달도가 '높음'으로 나타난 보편적 정상 분포 문항은 모두 157 문항이며, 2학년에 51문항, 3학년에 43문항, 4학년에 63문항이 있다. 유형을 보면 결합된 낱말의 기본 의미 파악, 한자어 파악, 유의어군의 변별, 연어 관계에 있는 낱말의 쓰임, 동음이의어 파악, 한 주제와 관련된 어휘의 변별, 다의어의 문맥에 따른 의미 선택 및 파악, 관용적 의미 파악 등이 있다. 등급과 학년대로 정리하면 아래와 같다.

<표143> 중급 2학년 숙달도 '높음' 보편적 분포 문항(51문항)

문항		평가 유형
30 마음껏-실컷	70.58	
57. 생각-의견	76.6	결합된 낱말의 기본 의미 파악
39. 분명하다-확실하다	71.22	

14. 비슷하다-유사하다	71.34	
59. 점차-차츰	75.54	
7. 이만하다-끝내다	72	
12. 틀림없이-반드시	72.32	
51. 예측-전망	72.98	
67. 마침내-드디어	73.42	
63. 줄이다-낮추다	73.66	
95. 옳다-바르다	75.3	
74. 심하다-지나치다	75.8	
75. 생김새-모습	77.86	
52. 얼굴 빛-표정	78.1	
56. 창피하다-부끄럽다	78.6	
83. 결코-절대로	79.16	
87. 능력-재주	79.94	
8. 마찬가지로-같이	80.2	
19. 마음먹다-결심하다	81.22	
41. 다투다-싸우다	82.54	
79. 훌륭하다-뛰어나다	82.7	
88. 보살피다-돌보다	82.8	
15. 짐작하다-추측하다	82.92	
91. 함부로-마구	83.14	
1. 무엇보다도-가장	83.58	
85. 잔뜩-가득	84.36	
35. 늘어나다-증가하다	85.42	
37. 게다가-더구나	85.64	
32. 우선-먼저	86.68	
18. 이미-벌써	87.46	
20. 맡다-담당하다	87.46	
21. 인내심-참을성	87.52	
92. 치우다-정리하다	87.94	
98. 자리-좌석	88.52	

문항		평가 유형
69. 습관-버릇	89.14	
72. 대부분-거의	89.24	
48. 마음먹다-결심하다	89.24	
33. 염려하다-걱정하다	89.82	
40. 반드시-틀림없이	88.5	
23. 가슴이 부풀어 있다-기대에 가득 차 있다	72.36	관용적 의미 파악
4. 어깨가 무겁다-부담이 많이 되다		
9. 전망이 밝다-앞날이 희망적이다	89.22	
66. 사이-틈	81.08	다의어의 문맥에 따른 의미 파악
29. 모자라다-부족하다	84.08	
73. 키우다-기르다	81.24	
82. 쉽다-가볍다	81.58	
6. 붙이다-짓다	72.82	연어 관계에 있는 낱말의 쓰임
28. 두다-놓다	82.2	
5. 정이 들다-서로 친해지다	74.5	
38. 미루다-연기하다	77.76	유의어군의 변별
81. 바뀌다-변하다	88.18	한 주제와 관련된 어휘의 변별

<표144> 중급 3학년 숙달도 '높음' 보편적 분포 문항(42문항)

문항		평가 유형
50. 변함없이-그대로	70.86	
78. 받아들이다-들어주다	78.52	
76. 막-방금	78.7	
7. 이만하다-끝내다	78.98	
47. 태도-자세	78.66	결합된 낱말의 기본 의미 파악
26. 쭉-계속	80.26	
30. 마음껏-실컷	80.54	
53. 별로-그다지	83.06	
75. 생김새-모습	83.36	
17. 알뜰하다-돈을 아껴 쓰다	83.14	

95. 옳다-바르다	85.24	
88. 보살펴 주다-돌보다	85.9	
34. 중단하다-멈추다	85.98	
83. 결코-절대로	86.02	
91. 함부로-마구	87.3	
85. 잔뜩-가득	87.32	
97. 가끔-때때로	88.02	
36. 마련하다-준비하다	88.58	
63. 줄이다-낮추다	88.58	
98. 자리-좌석	88.68	
51. 예측-전망	88.7	
1. 무엇보다도-가장	88.84	
8. 마찬가지로-같이	89.12	
31. 고치다-수리하다	89.76	
4. 어깨가 무겁다-부담이 많이 되다 89.6		관용적 의미 파악
23. 가슴이 부풀어 있다-기대에 가득 차 있다 84.94		
22. 눈 감아 주다-모르는 체해 주다 75.98		
49. 진하다-짙다	73.5	한자어 파악
82. 쉽다-가볍다	77.84	다의어의 문맥에 따른 의미 파악
86. 키우다-가꾸다	76.98	
46. 다루다-처리하다	83.06	
66. 사이-틈	88.92	
71. 세우다-대다	76.34	연어 관계에 있는 낱말의 쓰임
6. 붙이다-짓다	86.78	
65. 매다-묶다	77.72	
28. 두다-놓다	85.04	
5. 정이 들다-서로 친해지다	85.94	
24. 예정-계획	85.18	유의어군의 변별

문항		평가
61. 강하다-세다	81.36	동음이의어 파악
58. 연기하다-미루다	85.8%	
84. 연하다-부드럽다	83.3	
81. 바뀌다-변하다	86.48	한 주제와 관련된 어휘 변별

<표145> 중급 4학년 숙달도 '높음' 보편적 분포 문항(63문항)

문항		평가
81. 바뀌다-변하다	81.34	한 주제와 관련된 어휘 변별
34. 중단하다- 멈추다	81.56	결합된 낱말의 기본 의미 파악
54. 소용없다-쓸모없다	84.32	
93. 무척- 몹시	81.54	
97. 가끔-때때로	83.16	
44. 섭섭하다-서운하다	83.44	
70. 알다-깨닫다	83.5	
36. 마련하다-준비하다	83.58	
47. 태도-자세	83.68	
39. 분명하다-확실하다	84.08	
99. 오래되다-낡다	84.12	
51. 예측-전망	84.12	
41. 다투다-싸우다	83.42	
90. 캄캄하다-어둡다	84.36	
69. 습관-버릇	84.72	
68. 먼지-우선	84.76	
40. 반드시-틀림없이	85.32	
72. 대부분-거의	83.54	
31. 고치다-수리하다	85.88	
32. 우선-먼저	85.96	
94. 앞날-장래	86.1	
21. 인내심-참을성	86.72	
48. 마음먹다-결심하다	87.02	
62. 계속-내내	87.32	

91. 함부로-마구	87.38	
35. 늘어나다-증가하다	87.38	
95. 옳다-바르다	87.44	
26. 쭉-계속	88.04	
37. 게다가-더구나	88.04	
25. 수리하다-고치다	88.26	
56. 창피하다-부끄럽다	88.58	
80. 차례-순서	88.76	
17. 알뜰하다-돈을 아껴 쓰다	89.14	
33. 염려하다-걱정하다	89.3	
50. 변함없이-그대로	89.56	
77. 걱정-고민	89.76	
30. 마음껏-실컷	76.62	
55. 참다-견디다	73.62	
78. 받아들이다-들어주다	74.62	
57. 생각-의견	87.98	
63. 줄이다-낮추다	80.02	
76. 막-방금	80.2	
92. 치우다-정리하다	80.24	
52. 얼굴 빛-표정	81.02	
98. 자리-좌석	81.42	
83. 결코-절대로	76.5	
65. 매다-묶다	74.64	연어 관계에 따른 낱말의 쓰임
6. 붙이다-짓다	81.2	
5. 정이 들다-서로 친해지다	86.24	
28. 두다-놓다	84.9	
46. 다루다-처리하다	80.94	다의어의 문맥에 따른 의미 선택 및 파악
82. 쉽다-가볍다	77.68	
96. 이용하다-쓰다	80.58	
66. 사이-틈	86.5	
29. 모자라다-부족하다	82.58	

84. 연하다-부드럽다	71.84	동음이의어 파악
58. 연기하다-미루다	88.98	
49. 진하다-짙다	77.28	한자어 파악
38. 미루다-연기하다	79.58	유의어군의 변별
24. 예정-계획	81.5	
64. 틀림없다-확실하다	85.04	
22. 눈 감아 주다-모르는 체해 주다 81.5		관용적 의미 파악
23. 가슴이 부풀어 있다-기대에 가득 차 있다 83.82		

3.2.2.4.3 고급

고급 숙달도가 '높음'으로 나타난 54문항에서 '개별적 비정상 분포' 문항은 모두 7문항이 있다. 학년으로 볼 때, 3학년에 6문항, 4학년은 하나만 있다. 그리고 '보편적 정상 분포' 문항은 모두 47문항이며, 3학년 에 17문항, 4학년에 30문항이 있다.

1) 개별적 비정상 분포 문항

개별적 비정상 분포에 있는 7문항을 살펴보면 모두 현장에 있는 교수 자의 세부 전공이 어휘 교육과 거리가 있고 어휘 교육에 적절하지 않아 서 오류가 생기는 것이다. <표32>에서 5개 대학교 28명 교수자에 대해 조사한 결과, 지금 한국에서 한국어 교육을 전공하고 있는 교수자는 두 명이 있으며, 외국어로서의 한국어 교육학을 전공하는 교수자 한 명이 있다. 남은 25명 교수자들의 전공은 주로 한국문학, 亞非語言文學, 한국문화, 중한문학비교, 언어학, 교육학 등이 있으며, 그 이외에는 시장 마케팅, 정치학, 역사학, 언론정보학 등도 있다. 그리고 7개 문항에서 C대학교 비정상 분포는 6문항이 있으면, B, D대학교 비정상 분포는 각각 한 문항만 있다.

(1) B대학교의 교수자 문제로 인해 개별적 비정상 분포가 나타나는
문항

> 문항5) 이번 청문회에서 의원들은 불을 뿜는 것처럼 열기가 확확 쏟아지는
> 말을 <u>일사천리로</u> 쏟아 놓았다. (②)
> ①거세게   ②거침없이   ③소신대로   ④차분하게

이 문항의 정답은 '주도하다'인데, 전체 평균 정답률을 보면, 4학년 조사
결과는 보편적 정상 분포지만 B대학에서는 개별적 비정상 분포를 보인다.

거침없이(74.14) 〉 거세다(17.10) 〉 소신대로(5.42) 〉 차분하다(2.66)

<표146> 고급 4학년 문항5)의 대학별 답지 선택률

학교	거세다	거침없이	소신대로	차분하다
A대학	3.3%	73.3%	16.7%	3.3%
B대학	**56.2%**	**37.5%**	**6.2%**	**0%**
C대학	11.8%	88.2%	0%	0%
D대학	10%	80%	0%	10%
E대학	4.2%	91.7%	4.2%	0%
평균	17.10	74.14	5.42	2.66

<표146>을 보면, A, C, D, E대학 4학년의 숙달도는 정상 분포이며,
숙달도는 70% 이상이다. 하지만, B대학은 정답을 37.5%만 선택했고,
'거세다'를 56.2%나 선택하였다. B대학교와 같은 교재를 쓰는 A, C,
D대학에서 정상 분포로 나타나기 때문에 교재 문제로 볼 수가 없다.
그러나 <표35>를 보면, 4학년 B대학과 같이 7학기까지 정독 수업을
개설하고 8학기는 논문과 실습으로 설정돼 있는 D, E대학은 정상 분포

이어서 교과 과정 문제로 볼 수가 없다. 한편, 학생 수준을 살펴보면, B대학과 비슷한 수준인 C, D대학에서 정상 분포로 나타나서 학생 수준 문제도 아니다. 그러므로 <표32>에 따르면, B대학에서 개별적 비정상 분포의 원인은 교수자에 있다.

(2) D대학교의 교수 문제로 인해 개별적 비정상 분포가 나타나는 문항

문항39) 자녀가 잘못을 저질렀을 때 무조건 **혼내기보다** 스스로 뉘우칠 기회
를 주는 것이 바람직하다. (③)
①따돌리기보다　　　　　　　②타이르기보다
③나무라기보다　　　　　　　④쓰다듬기보다

이 문항의 정답은 '나무라다'인데, 전체 평균 정답률을 보면, 3학년 조사 결과는 보편적 정상 분포지만, D대학에서는 개별적 비정상 분포를 보인다.

나무라다(72.04) > 타이르다(15.5) > 따돌리다(6.72) >
선택 안함(4.3) > 쓰다듬다(1.42)

<표147> 고급 3학년 문항39)의 대학별 답지 선택률

학교	따돌리기보다	타이르기보다	나무라기보다	쓰다듬기보다	선택안함
A대학	6.7%	10%	83.3%	0%	0%
B대학	0%	0%	100%	0%	0%
C대학	9.1%	18.2%	54.5%	0%	18.2%
D대학	**17.8%**	**39.3%**	**35.7%**	**7.1%**	**0%**
E대학	0%	10%	86.7%	0%	3.3%
평균	6.72	15.50	72.04	1.42	4.30

<표147>을 보면, A, B, C, E대학 3학년의 숙달도는 정상 분포이고,

특히 B대학의 숙달도는 100%이다. 그러나 D대학은 정답을 35.7%만 선택했고, 오답인 '타이르다'를 39.3%나 선택하였다. D대학교와 같은 교재를 쓰는 A, B, C대학에서는 정상 분포로 나타나서 교재의 문제로 볼 수 없다. 한편, 3학년 교과 과정을 보면, C, E대학과 D대학은 같은 96시간을 배정했지만, 정상 분포로 나타나기 때문에 교과 과정의 문제로 볼 수가 없다. 한편, 학생 수준을 살펴보면, D대학과 비슷한 수준인 B, C대학에서 정상 분포로 나타나서 학생 수준 문제도 아니다. 그러므로 <표32>에 따르면, D대학에서 개별적 비정상 분포의 원인은 교수자에 있다.

(3) C대학교의 교수 문제로 인해 개별적 비정상 분포가 나타나는 문항

> 문항41) 노사 협상에 방해가 되었던 임금 인상 문제가 원만하게 해결되면서 양측은 곧 협상을 마무리 지을 예정이다. (③)
> ①본보기　　　②실마리　　　③걸림돌　　　④밑바탕

이 문항의 정답은 '걸림돌'인데, 전체 평균 정답률을 보면, 3학년 조사 결과는 정상 분포지만, C대학에서는 개별적 비정상 분포를 보인다.

걸림돌(72.06) 〉 실마리(13.34) 〉 본보기(9.2) 〉 밑바탕(5.38)

<표148> 고급 3학년 문항41)의 대학별 답지 선택률

학교	본보기	실마리	걸림돌	밑바탕
A대학	10%	3.3%	86.7%	0%
B대학	0%	5.3%	94.7%	0%
C대학	**18.2%**	**54.5%**	**18.2%**	**9.1%**
D대학	17.8%	3.6%	60.7%	17.8%
E대학	0%	0%	100%	0%
평균	9.20	13.34	72.06	5.38

<표148>을 보면, A, B, D, E대학 3학년의 숙달도는 정상 분포이며, 특히 E대학의 숙달도는 100%이다. 그러나 C대학은 정답을 18.2%만 선택했고, 오답인 '실마리'를 54.5%나 선택하였다. C대학교와 같은 교재를 쓰는 A, B, D대학에서는 정상 분포로 나타나서 교재 문제로 볼 수가 없다. 한편, 3학년 교과 과정을 보면, D, E대학은 C대학과 같은 96시간을 배정했지만, D, E대학에서는 정상 분포로 나타나서 교과 과정 문제로 볼 수가 없다. 그리고 학생 수준을 살펴보면, C대학과 비슷한 수준인 B, D대학에서 정상 분포라서 학생 수준 문제도 아니다. 그러므로 <표32>에서 교수자에 대한 분석 결과에 따르면, C대학에서 개별적 비정상 분포의 원인은 교수자에 있다.

문항1) 그의 역량을 고려할 때, 주문 받은 작품을 기한 내에 만들어 내는 것은 그다지 어렵지 않을 것이다. (④)
①매우   ②솔직히   ③정도껏   ④그렇게까지

이 문항의 정답은 '그렇게까지'인데, 전체 평균 정답률을 보면, 3학년 조사 결과는 정상 분포지만, C대학에서는 개별적 비정상 분포를 보인다.

그렇게까지(73.68) 〉 매우(17.36) 〉 정도껏(5.78) 〉 솔직히(3.16)

<표149> 고급 3학년 문항1)의 대학별 답지 선택률

학교	매우	솔직히	정도껏	그렇게까지
A대학	13.3%	6.7%	0%	80%
B대학	0%	0%	0%	100%
C대학	**45.4%**	**9.1%**	**18.2%**	**27.3%**
D대학	21.4%	0%	10.7%	67.8%
E대학	6.7%	0%	0%	93.3%
평균	17.36	3.16	5.78	73.68

<표149>를 보면, A, B, D, E대학 3학년의 숙달도는 정상 분포이며, 특히 B대학의 숙달도는 100%이다. 그러나 C대학은 정답을 27.3%만 선택했고, '매우'를 45.4%나 선택하였다. C대학교와 같은 교재를 쓰는 A, B, D대학에서는 정상 분포로 나타나서 교재의 문제로 볼 수 없다. 한편, 3학년 교과 과정을 보면, D, E대학은 C대학과 같은 96시간을 배정했지만, D, E대학에서는 정상 분포로 나타나서 교과 과정의 문제로 볼 수가 없다. 그리고 학생 수준을 살펴보면, C대학과 비슷한 수준인 B, D대학에서 정상 분포로 나타나서 학생 수준 문제도 아니다. 그러므로 <표32>에서 교수자에 대한 분석 결과에 따르면, C대학에서 개별적 비정상 분포의 원인은 교수자에 있다.

문항47) 동료들과 인사를 나누지도 못하고 갑자기 고향에 돌아가게 되어 못내 <u>섭섭했다.</u> (②)
①지겨웠다   ②서운했다   ③떳떳했다   ④얄미웠다

이 문항의 정답은 '서운하다'인데, 전체 평균 정답률을 보면, 3학년 조사 결과는 보편적 정상 분포지만, C대학에서는 개별적 비정상 분포를 보인다.

서운하다(75.74) 〉 떳떳하다(10.96) 〉 얄밉다(9.08) 〉
지겹다(2.4) 〉 선택안함(1.82)

<표150> 고급 3학년 문항47)의 대학별 답지 선택률

학교	지겨웠다	서운했다	떳떳했다	얄미웠다	선택 안함
A대학	0%	90%	10%	0%	0%
B대학	5.3%	94.7%	0%	0%	0%
C대학	**0%**	**36.4%**	**9.1%**	**45.4%**	**9.1%**
D대학	0%	64.3%	35.7%	0%	0%

E대학	6.7%	93.3%	0%	0%	0%
평균	2.40	75.74	10.96	9.08	1.82

<표150>을 보면, A, B, D, E대학 3학년의 숙달도는 정상 분포이며, 특히 B대학의 숙달도는 94.7%이다. 그러나 C대학은 정답을 9.1%만 선택했고, '얄밉다'를 45.4%나 선택하였다. C대학교와 같은 교재를 쓰는 A, B, D대학에서는 정상 분포로 나타나서 교재의 문제로 볼 수가 없다. 한편, 3학년 교과 과정을 보면, D, E대학은 C대학과 같은 96시간을 배정했지만, D, E대학에서 정상 분포로 나타나므로 교과 과정의 문제로 볼 수가 없다. 그리고 학생 수준을 살펴보면, C대학과 비슷한 수준인 B, D대학에서 정상 분포로 나타나서 학생 수준 문제도 아니다. 그러므로 <표32>에 따르면, C대학에서 개별적 비정상 분포의 원인은 교수자에 있다.

문항46) 고객 센터에서는 담당자가 부재중이라는 말만 <u>반복할</u> 뿐 제품 교환 여부에 대해서는 확답을 피했다. (④)
①내뱉을　　②앞세울　　③늘어놓을　　④되풀이할

이 문항의 정답은 '되풀이하다'인데, 전체 평균 정답률을 보면, 3학년 조사 결과는 보편적 정상지만, C대학에서는 개별적 비정상 분포를 보인다.

되풀이하다(81) 〉 앞세우다(11.84) 〉 늘어놓다(4.62) 〉 내뱉다(2.54)

<표151> 고급 3학년 문항46)의 대학별 답지 선택률

학교	내뱉다	앞세우다	늘어놓다	되풀이하다
A대학	0%	6.7%	0%	93.3%
B대학	0%	0%	0%	100%
C대학	**9.1%**	**45.4%**	**9.1%**	**36.4%**
D대학	3.6%	7.1%	10.7%	78.6%

| E대학 | 0% | 0% | 3.3% | 96.7% |
| 평균 | 2.54 | 11.84 | 4.62 | 81.00 |

<표151>을 보면, A, B, D, E대학 3학년의 숙달도는 70% 이상이며, 특히 B대학의 숙달도는 94.7%이다. 그러나 C대학은 정답을 36.4%만 선택했고, '앞세다'를 45.4%나 선택하였다. C대학교와 같은 교재를 쓰는 A, B, D대학에서는 정상 분포로 나타나서 교재의 문제로 볼 수 없다. 한편, 3학년 교과 과정을 보면, D, E대학은 C대학과 같은 96시간을 배정했지만, D, E대학에서는 정상 분포로 나타나므로 교과 과정 문제로 볼 수도 없다. 그리고 학생 수준을 살펴보면, C대학과 비슷한 수준인 B, D대학에서 정상 분포로 나타나서 학생 수준 문제도 아니다. 그러므로 <표32>에 따르면, C대학에서 개별적 비정상 분포의 원인은 교수자에 있다.

문항34) 김대리는 소규모 점포를 대상으로 영업하던 경험을 살려 판매 전략 회의를 <u>이끌었다</u>. (②)
　　①수립하였다　　②주도하였다　　③반영하였다　　④보완하였다

이 문항의 정답은 '주도하다'인데, 전체 평균 정답률을 보면, 3학년 조사 결과는 보편적 정상 분포이지만, C대학에서는 개별적 비정상 분포를 보인다.

주도하다(73.6) 〉 보완하다(10.06) 〉 수립하다10) 〉 반영하다(6.36)

<표152> 고급 3학년 문항34)의 대학별 답지 선택률

학교	수립하다	주도하다	반영하다	보완하다
A대학	10%	80%	10%	0%
B대학	0%	100%	0%	0%
C대학	**36.4%**	**27.3%**	**18.2%**	**18.2%**

D대학	3.6%	60.7%	3.6%	32.1%
E대학	0%	100%	0%	0%
평균	10.00	73.60	6.36	10.06

<표152>를 보면, A, B, D, E대학 3학년의 숙달도는 정상 분포이며, 특히 E대학의 숙달도는 100%이다. 그러나 C대학은 정답을 27.3%만 선택했고, 오답인 '수립하다'를 36.4%나 선택하였다. C대학교와 같은 교재를 쓰는 A, B, D대학에서는 정상 분포로 나타나서 교재의 문제로 볼 수 없다. 한편, 3학년 교과 과정을 보면, D, E대학은 C대학과 같은 96시간을 배정했지만, D, E대학에서는 정상 분포로 나타나므로 교과 과정의 문제로 볼 수도 없다. 그리고 학생 수준을 살펴보면, C대학과 비슷한 수준인 B, D대학에서 정상 분포라서 학생 수준 문제도 아니다. 그러므로 <표32>에 따르면, C대학에서 개별적 비정상 분포의 원인은 교수자에 있다.

2) 보편적 정상 분포 문항

보편적 정상 분포 문항은 3학년은 17문항, 4학년은 30문항이 있다. 문항 유형을 보면 주로 결합된 낱말의 기본 의미 파악, 다의어의 문맥에 따른 의미 파악 및 선택, 관용적 의미 파악, 비유적 의미, 속담 파악과 사자성어 파악 등이 있다.

<표153> 고급 3학년 숙달도 '높음' 보편적 정상 분포 문항(17문항)

문항		평가 유형
7. 덮어놓다-무턱대다	70.94	결합된 낱말의 기본 의미 파악
49. 진행하다-추진하다	72.08	
18. 가장- 더할 나위가 없다	72.5	
24. 기원하다-유래하다	75.4	

31. 나아지다-호전하다	76.86	
44. 밝히다-표명하다	77.96	
23. 고스란히-그대로	77.98	
50. 차분하다-침착하다	79.42	
3. 수월하다-손쉽다	87.44	
42. 달하다-이르다	87.54	
54. 뚜렷하다-명확하다	89.26	
55. 미치다-끼치다	79.06	다의어의 문맥에 따른 의미 선택 및 파악
48. 여유 있다-넉넉하다	82.98	
4. 14. 꼬집다-지적하다	72.58	
21. 꿩 먹고 알 먹다-일석이조	70.08	속담 파악
8. 흐름-동향	74.56	비유적 의미
일거양득-일석이조	74.04	사자성어

<표154> 고급 4학년 숙달도 '높음' 보편적 정상 분포 문항(30문항)

문항		평가 유형
53. 의지하다-기대다	70.38	
40. 어색하다-서먹하다	71.8	
30. 급작스레-난데없이	73.02	
39. 혼내다-나무라다	73.08	
18. 가장-더할 나위 없이	77.72	
1. 그다지-그렇게까지	80.88	
38. 변함없이-한결같이	80.88	
42. 달하다-이르다	81.96	결합된 낱말의 기본 의미 파악
33. 뚜렷해지다-두드러지다	82.08	
31. 나아지다-호전하다	82.16	
23. 고스란히-그대로	82.5	
29. 억지로-마지못하다	83.72	
50. 차분하다-침착하다	84.5	
44. 밝히다-표명하다	86.7	
49. 진행하다-추진하다	87.8	

43. 뛰어나다-탁월하다	88.92	
7. 덮어놓다-무턱대다	89.64	
48. 여유있다-넉넉하다	81.14	다의어의 문맥에 따른 의미 선택 및 파악
55. 미치다-끼치다	81.22	
12. 모처럼-오래간만이다	83.32	
34. 이끌다-주도하다	83.5	
9. 나 몰라라하다-외면하다	82.82	
17. 불꽃 튀다-치열하다	89.32	관용적 의미 파악
15.파김치가 되다-매우 지치다	76.42	
16. 거울-본보기	75.04	
8. 흐름-동향	82.34	비유적 의미
13. 실마리-단서	87.16	
11. 울며 겨자 먹다-마지못하다	74	
22. 지푸라기라도 잡다-절박하다	78.42	속담 파악
21. 꿩 먹고 알 먹다-일석이조	87.7	

3.2.2.5 숙달도 '아주 높음' 문항 분석

<표28>을 보면, 숙달도가 '아주 높음'으로 나타난 문항은 모두 191문항이 있으며, 초급은 96문항, 중급은 87문항, 고급은 8문항이다. 학년별로 보면, 초급은 1-4학년에 분포가 돼 있으며, 중급은 2-4학년에 분포돼 있다. 그리고 고급은 4학년에만 있다. 분포 양상을 보면, 숙달도가 '아주 높음'으로 나타난 문항은 '보편적 정상 분포'만 있다.

3.2.2.5.1 초급

초급 숙달도가 '아주 높음'으로 나타난 문항은 모두 96문항이며, 1학년 13문항, 2학년 57문항, 3학년 20문항, 4학년은 6문항이다. 유형은 결합된 낱말의 의미 파악, 연어에 있는 낱말의 쓰임, 동음이의어 파악, 다의어의 문맥에 따른 의미 선택 및 파악 등이 있다. 등급과 학년별로 보면 아래와 같다.

<표155> 초급 1학년 숙달도 '아주 높음' 문항 (13문항)

	문항		평가 유형
1	66. 너무-아주	91.98	
2	17. 마치다-끝내다	92.98	
3	6. 가격-값	93.26	
4	37. 죄송하다-미안하다	93.26	
5	53. 공부하다-배우다	93.84	
6	28. 함께-같이	94.36	결합된 낱말의
7	31. 감사하다-고맙다	94.72	기본 의미 파악
8	51. 같이-함께	95.06	
9	7. 다-모두	95.12	
10	15. 함께-같이	95.82	
11	8. 삼십 분-반	95.96	
12	29. 아버지와 어머니-부모님	97.62	
13	2. 토요일-주말	98.16	

<표156> 초급 2학년 숙달도 '아주 높음' 문항 (57문항)

문항		평가 유형
29. 아버지와 어머니-부모님	100%	
31. 감사하다-고맙다	100%	
32. 매일-날마다	100%	
35. 모두-다	100%	
49. 또-다시	100%	
56. 마치다-끝나다	100%	결합된 낱말의
58. 예쁘다-아름답다	100%	기본 의미 파악
7. 다-모두	100%	
62. 깨끗하다-맑다	90.74	
21. 갔다오다-다녀오다	90.8	
24. 조금 전-방금	92.34	

43. 정말-참	94.02
19. 밑-아래	94.1
63. 다시-또	95.12
20. 모두-다	95.68
64. 기분이 좋다-기쁘다	95.72
17. 마치다-끝내다	95.76
52. 시간이 없다-바쁘다	95.78
10. 고민-걱정	95.9
13. 다음 해-내년	95.94
26. 지난해-작년	96.78
55. 크다-넓다	96.88
22. 말하다-이야기하다	97.12
25. 참-아주	97.4
42. 쉬는 날-휴일	97.64
11. 많이 알다-유명하다	97.74
2. 토요일-주말	97.94
38. 아주-매우	98
8. 삼십분-반	98.18
57. 아주-매우	98.02
15. 함께-같이	98.3
1. 그러나-그런데	98.56
37. 죄송하다-미안하다	98.66
39. 질문하다-물어보다	98.66
6. 가격-값	98.66
28. 함께-같이	98.74
46. 밑-아래	99.08
51. 같이-함께	99.08
53. 공부하다-배우다	99.08
12. 알아듣다-이해하다	99.22
34. 만나다-보다	99.22
54. 빨리-일찍	99.28

문항		평가 유형
33. 제일-가장	99.34	
36. 재미있다-즐겁다	99.34	
48. 나중에-이따가	99.34	
45. 적다-어리다	92.68	유의어군의 변별
41. 노래를 잘하다-잘 부르다	93.1	
4. 구하다-찾다	95.86	
44. 비가 오다-내리다	96.86	연어 관계에 있는 낱말의 쓰임
67. 적다-쓰다	98.5	
50. 쓰다-사용하다	99.28	
5. 어리다-적다	90.1	동음이의어 파악
61. 시키다-주문하다	95.4	
40. 잘 있다-잘 지내다	97.74	
9. 보내다-부치다	98.18	다의어의 문맥에 따른 의미 선택 및 파악
65. 나가다-출발하다	98.36	
47. 떠나다-출발하다	99.22	

<표157> 초급 3학년 숙달도 '아주 높음' 문항 (20문항)

문항		평가 유형
14. 주문하다-시키다	90.92	
6. 고민-걱정	91.08	
4. 다-모두	91.16	
13. 참-아주	94.4	
24. 마치다-끝나다	94.74	
10. 마치다-끝내다	95.8	
21. 또-다시	96.48	결합된 낱말의 기본 의미 파악
18. 아주-매우	96.52	
7. 많이 알다-유명하다	96.52	
23. 크다-넓다	96.56	
8. 알아듣다-이해하다	97.2	
22. 빨리-일찍	97.24	
16. 제일-가장	97.86	

17. 재미있다-즐겁다	97.86	
20. 나중에-이따가	97.94	
12. 조금 전-방금	98.66	
2. 구하다-찾다	90.82	연어 관계에 있는 낱말의 쓰임
15. 보내다-부치다	93.18	다의어의 문맥에 따른
26. 시키다-주문하다	97.94	의미 선택 및 파악
25. 보내다-부치다	99.28	

<표158> 초급 4학년 숙달도 '아주 높음' 문항 (6문항)

문항		평가 유형
12. 조금전-방금	90.4	결합된 낱말의 기본 의미 파악
7. 많이 알다-유명하다	91.3	
5. 잘 지내다-잘 있다	91.62	
17. 재미있다-즐겁다	93.28	
16. 제일-가장	92.12	
26. 시키다-주문하다	91.64	다의어의 문맥에 따른 의미 선택 및 파악

3.2.2.5.2 중급

중급 숙달도가 '아주 높음' 문항은 모두 87문항이 있으며, 2학년에 15문항, 3학년에 47문항, 4학년에 25문항이 있다. 유형은 결합된 낱말의 기본 의미 파악, 다의어의 문맥에 따른 의미 파악, 동음이의어 파악, 유의어 변별, 관용적 의미 파악 등이 있다.[77] 등급과 학년별로 보면 아래와 같다.

<표159> 중급 2학년 숙달도 '아주 높음' 문항 (14문항)

문항		평가 유형
93. 무척-몹시	90.78	결합된 낱말의

[77] 중급 문항3)은 문법 표현 파악 능력을 평가하는 유형이며 학년별 하나씩이 있다. 하지만, 본 연구는 어휘에 관련 연구이므로 <표159-161>의 통계에서 제외시켰다.

43. 참을성-인내심	90.94
80. 차례-순서	91.06
77. 걱정-고민	91.68
94. 앞날-미래	92.7
25. 수리하다-고치다	92.76
90. 캄캄하다-어둡다	94.6
62. 계속-내내	95.02
31. 고치다-수리하다	95.9
68. 먼저-우선	96.2
13. 입맛-식욕	96.66
16. 버릇-습관	97.08

기본 의미 파악

96. 이용하다-쓰다	92.38
89. 사이-관계	95.02

다의어의 문맥에 따른
의미 선택 및 파악

<표160> 중급 3학년 숙달도 '아주 높음' 문항 (46문항)

문항		평가 유형
90. 캄캄하다-어둡다	90.52	
80. 차례-순서	90.28	
10. 어렵다-곤란하다	91.32	
25. 수리하다-고치다	91.68	
37. 게다가-더구나	91.94	
59. 점차-차츰	91.94	
35. 늘어나다-증가하다	91.96	
70. 알다-깨닫다	92.08	결합된 낱말의
93. 무척-몹시	92.16	기본 의미 파악
19. 마음먹다-결심하다	92.72	
20. 맡다-담당하다	90.46	
39. 분명하다-확실하다	92.3	
99. 오래되다-낡다	92.34	
92. 치우다-정리하다	93.08	
48. 마음먹다-결심하다	93.1	

14. 비슷하다-유사하다	93.32	
74. 심하다-지나치다	93.34	
12. 틀림없이-반드시	93.6	
40. 반드시-틀림없이	93.86	
57. 생각-의견	94.26	
56. 창피하다-부끄럽다	94.34	
72. 대부분-거의	96.16	
54. 소용없다-쓸모없다	95.28	
21. 인내심-참을성	95.34	
69. 습관-버릇	95.5	
67. 마침내-드디어	95.76	
79. 훌륭하다-뛰어나다	95.86	
33. 염려하다-걱정하다	95.94	
43. 참을성-인내심	95.94	
94. 앞날-미래	96.14	
77. 걱정-고민	96.16	
62. 계속-내내	96.8	
13. 입맛-식욕	97.24	
87. 능력-재주	97.28	
32. 우선-먼저	97.2	
16. 버릇-습관	97.94	
68. 먼저-우선	98.22	
18. 이미-벌써	98.62	
41. 다투다-싸우다	99.28	
38. 미루다-연기하다	92.88	유의어군의 변별
45. 바로-당장	92.26	동음이의어 파악
73. 키우다-기르다	94.42	다의어의 문맥에 따른 의미 선택 및 파악
29. 모자라다-부족하다	94.74	
96. 이용하다-쓰다	94.82	
89. 사이-관계	98.56	
9. 전망이 밝다-앞날이 희망적이다	93	관용적 의미 파악

<표161> 중급 4학년 숙달도 '아주 높음' 문항 (24문항)

문항		평가 유형
7. 이만하다-끝내다	90.58	결합된 낱말의 기본 의미 파악
59. 점차-차츰	90.72	
79. 훌륭하다-뛰어나다	90.76	
53. 별로-그다지	91.48	
14. 비슷하다-유사하다	92.08	
87. 능력-재주	92.3	
88. 보살피다-돌보다	92.3	
15. 짐작하다-추측하다	92.98	
85. 잔뜩-가득	93.1	
74. 심하다-지나치다	93.64	
19. 마음먹다-결심하다	94.1	
8. 마찬가지다-같이	94.5	
13. 입맛-식욕	95.08	
1. 무엇보다도-가장	95.62	
20. 맡다-담당하다	95.92	
16. 버릇-습관	96.28	
18. 이미-벌써	96.46	
43. 참을성-인내심	97.64	
45. 바로-당장	93	동음이의어 파악
61. 강하다-세다	93.14	다의어의 문맥에 따른 의미 선택 및 파악
73. 키우다-기르다	92.3	
89. 사이-관계	93.98	
4. 어깨가 무겁다-부담이 많이 되다	92.76	관용적 의미 파악
9. 전망이 밝다-앞날이 희망적이다	96.12	

3.2.2.5.3 고급

고급 '아주 높음' 문항은 모두 8문항이 있으며, 4학년에만 있다. 유형
은 결합된 낱말의 기본 의미 파악, 관용적 의미 파악, 사자성어 의미

파악이 있으며, 정리하면 아래와 같다.

<표162> 고급 4학년 숙달도 '아주 높음' 문항 (8문항)

문항		평가 유형
3. 수월하다-손쉽다	90.06	결합된 낱말의 기본 의미 파악
46. 반복하다-되풀이하다	90.16	
47. 섭섭하다-서운하다	90.74	
41. 방해-걸림돌	91.14	
54. 뚜렷하다-명확하다	91.16	
24. 기원하다-유래하다	93.4	
28. 어깨가 무겁다-부담스럽다	90.96	관용적 의미 파악
4. 일거양득-일석이조	95.16	사자성어 의미 파악

3.3 오류 유형별 통계 및 해결 방안

3.1에서는 먼저 중국 대학생들의 유의 관계어의 조사 결과에 대하여 정답률에 따라 5단계 숙달도로 나눠서 고찰하였으며, 그 다음에 분포대로 크게 '보편적 정상 분포', '보편적 비정상 분포', '개별적 비정상 분포' 등 3가지로 분류하였다.[78] 그리고 3.2에서는 각 숙달도에 있는 문항들을 학년과 등급대로 2장에서 규정한 오류 유형에 따라 분석하였다. 오류 유형은 원인에 따라 '평가 문항별 오류(12가지 유형)'과 '학습자 환경에 따른 오류(4가지)'가 있으며, '보편적 비정상 분포' 문항들은 5개 대학교 전체적으로 존재하는 문제이므로 '평가 문항별 오류 원인'을 중심으로 분석하였으며, '개별적 비정상 분포' 문항들은 개별 대학교에 문제가 있어서 '학습자 환경에 따른 오류 원인'을 중심으로 분석하였다. 그리고

---

78) 앞에서 보편적 정상, 보편적 비정상, 개별적 정상, 개별적 비정상 등 4가지로 분류되지만, 개별적 정상 분포는 다루지 않기 때문에, 여기서 3가지만 언급하였다.

'보편적 정상 분포' 문항은 숙달도가 비교적 높아서 조사 결과와 평가 유형만 정리하였다.

　이 절에서는 앞에서 분석한 결과를 바탕으로 크게 '평가 문항별 오류 유형'과 '학습자 환경에 따른 오류 유형'으로 나누어 오류 유형별 숙달도와 분포를 통계할 것이다. 이를 통하여 중국 대학생들은 유의 관계어의 파악에 있어서 어떤 유형의 교육이 잘 이루어 지고 있는지, 어떤 유형의 파악이 부족한지를 밝힌 다음에 이에 따른 교육 방안을 제시하고자 한다.

3.3.1 평가 문항별 오류 통계 및 교육 방법

3.3.1.1 평가 문항별 오류 유형의 통계

　이 절에서는 '보편적 분포' 문항들을 중심으로 오류 유형 분석 결과를 통계하고 분석할 것이다. 2장 <표10>에서 제시했듯이, 여기에 속한 유형은 주로 결합된 낱말의 기본 의미 파악, 어휘의 기본적·파생적 의미 변별, 한자어 파악, 유의어군의 변별, 연어 관계에 있는 낱말의 쓰임, 동음이의어의 파악, 한 주제와 관련된 어휘들의 변별, 다의어의 문맥에 따른 의미 선택 및 사용, 관용적 의미 파악, 어휘의 비유적 의미 파악, 속담 파악, 사자성어의 의미 파악, 속담의 의미 파악 등 12가지가 있다. 등급대로 유형별 분포 수량은 아래와 같이 정리할 수가 있다.

<표163> 등급별 문항 유형별 통계

유형 ＼ 등급	초급 (1-2학년)	초급 (3-4학년)	중급	고급
결합된 낱말의 의미 파악	51	20	69	30
연어 관계에 있는 낱말의 쓰임	8	3	5	
동음이의어 파악	1	1	4	1

다의어의 문맥에 따른 의미 선택 및 파악	6	3	8	7
관용적 의미 파악			4	5
한 주제와 관련된 어휘의 변별			3	
유의어군의 변별	1		3	2
한자어 파악			1	
사자성어의 의미 파악				2
어휘의 기본적·파생적 의미 변별			1	
비유적 의미 파악				4
속담의 의미 파악				3

<표163>을 살펴보면, 12가지 문항 유형에서 결합된 낱말의 기본 의미 파악 유형이 제일 많고, 그 다음에 다의어의 문맥에 따른 의미 선택 및 상용과 연어 관계에 있는 낱말의 파악 유형순이다. 초급보다 중급과 고급의 문항 유형이 더 다양하게 나타나고 있다. 그리고 순수 유의어군의 변별 유형은 비교적 많지 않다.

중국 대학생들은 위에서 제시한 문항 유형들에서 어떤 유형을 어려워 하는지, 어떤 유형이 잘 파악돼 있는지를 밝히기 위하여, 아래에서 숙달도와 분포별 유형별로 정리·분석하기로 한다.

(1) 결합된 낱말의 기본 의미 파악

이 유형은 낱말의 기본적 의미의 파악도를 평가하는 것이며, 학생들은 그 단어의 기본적 의미만 알면 정답을 선택할 수가 있는 문항들이다. 595문항 가운데 이 유형은 409문항이 있다. 그리고 409문항에서 보편적 분포로 나타난 문항은 350문항이 있으며 <표164>과 같다.

<표164> 결합된 낱말의 기본 의미 파악 유형

분포 양상	숙달도	아주 낮음	낮음	보통	높음	아주 높음
보편적 비정상	초	1	1			
	중	1	2			
	고	1	2			
보편적 정상	초			1	45	79
	중			5	108	69
	고			1	28	6
합계		3	5	7	181	154

<표164>에서 나타났듯이, 이 유형은 숙달도 '아주 낮음'은 3개만 있고, '낮음'과 '보통' 문항도 각각 5개, 7개가 있다. 그와 동시에 181개 문항의 숙달도는 '높음'에 있으며, 154개 문항의 숙달도는 '아주 높음'에 있다. 중국 대학생들은 이 유형에서 숙달도가 높다.

(2) 연어 관계에 있는 낱말의 쓰임

595개 문항에서 이 유형은 모두 37문항이 있으며, 보편적 분포로 나타난 문항은 28문항이 있다.

<표165> 연어 관계에 있는 낱말의 쓰임 유형

분포 양상	숙달도	아주 낮음	낮음	보통	높음	아주 높음
보편적 비정상	초	1				
보편적 정상	초			1	8	6
	중				12	
합계		1		1	20	6

이 유형의 수량은 비교적 적으며, 분포 양상으로 볼 때, 보편적 비정상 분포보다 대부분 보편적 정상에 있다. 모두 28문항 숙달도가 '아주 낮음'과 '보통'으로 나타난 문항은 각각 하나만 있다. 그리고 20문항의 숙달도가 '높음'으로 나타나고 있으며, 6문항의 숙달도는 '아주 높음'으로 나타나고 있다. 이는 중국 대학생들은 '연어 관계에 따른 단어 사용법'의 파악이 비교적 좋은 것으로 나타나고 있다.

(3) 다의어의 문맥에 따른 의미 선택 및 사용

이 유형은 학생들이 문항의 다의어에 대해 문맥에 따른 정확한 의미 선택 능력을 평가하는 유형이다. <표163>에 따르면, 이 유형은 모두 66문항이 있으며, 보편적 분포는 46문항이다.

<표166> 다의어의 문맥에 따른 의미 선택 및 사용 유형

분포 양상 \ 숙달도		아주 낮음	낮음	보통	높음	아주 높음
보편적 비정상	초		1			
	고	1	1			
보편적 정상	초				1	4	9
	중					13	8
	고				1	7	
합계		1	2	2	24	17

이 유형은 숙달도가 '높음' 이상에 많이 분포하고 있으며, '높음' 이상이 24개이다. 그리고 숙달도가 '보통'과 '낮음'에 있는 문항은 각각 2개가 있으며, '아주 낮음'의 문항은 1개만 있다. 그와 동시에 숙달도가 '아주 높음'에 있는 문항도 17개가 있다. 중국 대학생들은 이 유형의 숙달도가 높은 편이다.

(4) 동음이의어의 파악

이 유형은 주로 동음이의어로 출제하였으며, 문맥에 맞는 의미의 선택 능력을 평가하는 유형이다. <표163>에 따르면, 이 유형은 모두 18문항이고 보편적 분포로 나타난 문항은 14문항이다.

<표167> 동음이의어 유형

분포 양상 \ 숙달도		아주 낮음	낮음	보통	높음	아주 높음
보편적 비정상	고	2				
보편적 정상	초				1	1
	중			1	5	3
합계		2	1	1	6	4

<표167>에 따르면, 이 유형은 숙달도가 '아주 낮음'과 '낮음'의 문항이 2문항과 한 문항이며, 숙달도가 '보통' 이상의 문항들이 비슷하게 분포돼 있다. 숙달도 '높음' 문항은 6문항으로 제일 많고, '아주 높음'도 4문항이 있다. 숙달도 '보통'을 기준으로 볼 때, '보통' 이상은 10문항이고 '보통' 이하는 3문항이다. 중국 대학생들에게 동음이의어 교육이 비교적 잘되고 있다고 할 수 있다.

(5) 유의어군의 변별

이 유형은 문항과 정답 이외에, 선택 답지에서 나타나는 유의어군의 의미 변별 능력을 평가하는 유형이다. <표163>에 따르면, 이 유형의 문항은 모두 15문항이며, 보편적 분포는 13문항이다.

<표168> 유의어군의 변별 유형

분포 양상 \ 숙달도		아주 낮음	낮음	보통	높음	아주 높음

		아주 낮음	낮음	보통	높음	아주 높음
보편적 비정상	초		1			
	중		1			
	고	1	1			
보편적 정상	초					1
	중			1	5	1
합계		1	3	2	5	2

이 유형에서 숙달도 비율이 제일 많은 양상은 숙달도 '낮음'과 '높음'이며, 남은 숙달도는 비슷하게 나타나고 있다. 이를 통해 중국 대학생들은 유의어 변별 능력이 우수함과 낮음으로 양분되어 있음을 확인할 수가 있다. 그래서 앞으로 유의어 변별의 교육은 지속적으로 강화되어야 한다고 생각한다.

(6) 관용적 의미 파악

관용적 의미 파악 유형에서는 주로 한국어 관용적 표현을 중심으로 출제하였으며, 답지는 그와 비슷한 의미를 지닌 낱말이나 표현을 선택하는 문항들이다. <표163>에 따르면 모두 22문항이 있으며, 보편적 분포는 15문항이 있다.

<표169> 관용적 의미 파악 유형

분포 양상 \ 숙달도		아주 낮음	낮음	보통	높음	아주 높음
보편적 정상	중				8	3
	고				3	1
합계					11	4

이 유형의 문항들의 분포 양상을 보면, 보편적 비정상 분포가 없으며, 보편적 정상만 있다. 숙달도를 살펴보면 '높음'과 '아주 높음'만 있다.

이를 통하여 중국에서 '관용적 의미'의 교육이 잘되고 있는 것으로 나타나고 있다.

(7) 한 주제와 관련된 어휘들의 변별

이 유형은 주로 문항과 답지에서 특정 주제와 관련된 어휘들로 구성됐으며, 이에 대한 학생들의 구별 능력을 평가하는 문항들이다. <표163>에 따르면, 여기에 속한 문항은 모두 9문항인데 보편적 분포 문항은 4문항만 있다.

<표170> 한 주제와 관련된 어휘들

숙달도 분포 양상		아주 낮음	낮음	보통	높음	아주 높음
보편적 비정상	중		1			
보편적 정상	중				3	
합계			1		3	

이 유형의 문항들은 초급과 고급에 없으며 중급에만 있다. 그리고 숙달도를 살펴보면, '보통' 이상은 3문항이며, 숙달도 '낮음'은 하나만 있다. '한 주제와 관련된 어휘들'의 숙달도는 비교적 잘되고 있는 것으로 나타나고 있다.

(8) 어휘의 비유적 의미

어휘의 비유적 의미란 단어의 기본적 의미가 아니라 그 단어가 가지는 비유적 의미에 대한 이해도를 평가하는 유형이다. <표163>에 따르면, 이 유형의 문항은 모두 8문항이 있지만 보편적 분포에는 4문항이 있다.

<표171> 어휘의 비유적 의미 파악 유형

분포 양상 \ 숙달도		아주 낮음	낮음	보통	높음	아주 높음
보편적 정상	고				4	
합계					4	

    <표171>을 살펴보면, 이 유형은 고급 보편적 정상에만 있으며 성취도는 '높음'으로 나타나고 있다. 이를 근거하여 중국 대학생들이 이 유형 잘 파악하고 있다고 말할 수가 있다.

    (9) 속담 의미의 파악

    속담 의미 파악 유형은 한국어 속담이 가지는 의미를 평가하는 유형이며, 모두 6문항이 출제되었다. 그리고 이 유형에서 보편적 분포로 나타난 문항은 5문항이 있으며 고급에만 있다. 숙달도의 분포를 나타낸 것이 <표172>이다.

<표172> 속담의 의미를 파악하는 유형

분포 양상 \ 숙달도		아주 낮음	낮음	보통	높음	아주 높음
보편적 정상	고			1	4	
합계				1	4	

    <표172>을 살펴보면, '속담 의미 파악 유형'에 해당하는 5문항의 숙달도로 볼 때, 숙달도 '높음' 문항은 4개가 있으며, '보통' 문항은 하나만 있다. 이를 통하여, 중국 대학생들이 이 유형을 잘 파악하고 있음을 확인할 수 있다.

(10) 한자어 파악

<표163>에 따르면, 이 유형에 해당하는 문항은 3문항이며, 모두 보편적 분포였다. 그리고 숙달도로 볼 때, '아주 낮음'에 하나만 있고, '높음'에 2문항이 있다. 기출 문제에서 3문항만 있지만, 한 문항의 숙달도는 '아주 낮음'으로 나타나기 때문에, 한국과 같은 한자어권에 있는 중국 대학생들에게 한자어 교육의 강화가 필요도 있다고 본다.

(11) 어휘의 기본적 · 파생적 의미의 변별

이 유형은 주로 한 어휘가 가지는 직접의미와 그로 인해 파생된 행동이나 생각을 표현하는 단어들과의 구별 능력을 평가하는 유형이다. 이런 유형은 총 3문항이 있으며, 모두 중급에서만 출제되었다. 그 중에서 보편적 분포 문제는 하나만 있고 보편적 비정상 분포이다. 그리고 숙달도로 볼 때, 숙달도는 '아주 낮음'으로 나타나고 있다. 이를 통하여, 앞으로 어휘의 기본적 · 파생적 의미의 변별 교육이 필요하다고 생각한다.

(12) 사자성어의 의미

이 유형은 한국어 사자성어가 가지는 의미와 비슷한 낱말이나 표현을 고르는 유형을 말하며, 4문항에서 3문항은 보편적 분포이다. 그리고 등급으로 볼 때 고급에만 있으며, 숙달도 '보통', '높음', '아주 높음'에 하나씩 있다. 이를 통하여, 한자로 이루어진 사자성어는 중국 대학생들에게 비교적 이해도가 높게 나타나는 유형이라고 볼 수가 있다.

지금까지 평가 문항별에 따른 12가지 오류 유형에 있는 문항들은 숙달도 및 분포별 정리 · 분석하였다. 그 결과 크게 두 가지로 나눌 수가 있는데, 하나는 5개 대학교 학생들은 숙달도가 높은 유형이고, 하나는 전체적으로 숙달도가 낮은 유형이다.

가) 숙달도가 높은 유형

12가지 문항 유형에서 5개 대학교 모두 숙달도가 높은 유형은 9개가 있다. 구체적으로 제시하면, 결합된 낱말의 기본 의미 파악, 연어 관계에 있는 낱말의 쓰임, 다의어의 문맥에 따른 의미 선택 및 사용, 속담 의미 파악, 사자성어의 의미 파악, 한 주제와 관련된 어휘들의 변별, 관용적 의미 파악, 동음이의어 파악 등이다. 이 9가지 유형들은 학생들의 숙달도가 높으므로 본고에서는 따로 교육 방안을 제시하지 않을 것이다.

나) 숙달도가 낮은 유형

12가지 문항 유형에서 5개 대학교 모두 숙달도가 낮은 유형은 3개가 있다. 구체적으로 제시하면, 한자어 파악, 어휘의 기본적·파생적 의미 파악과 유의어군의 변별 등 3가지 유형이다. 이 3가지 유형은 전체 파악이 부족하므로 해당 문항 유형의 교육 방안을 제시할 것이다.

3.3.1.2 교육 방법의 제시

이 절에서는 앞에서 분석된 3가지 숙달도가 낮은 유형에 대하여 해당 교육 방안을 제시하고자 한다. 주로 한자어 파악, 유의어군의 변별 및 한 주제와 관련된 어휘들의 변별 등 3가지다.

(1) 한자어 파악

문항 유형별 분석 결과에 따르면, 한자어 파악 문제로 나타나는 문항은 하나인데, 한자어를 한국어 고유어로 답하는 문제였다. 중급 문항49) 한자어 '진하다'를 한국어 '짙다'로 답하는 문제였는데, 실제로 '깊다'를 정답으로 표시하는 비율이 '44.58%'로 제일 높다. 이 연구에서 나타나는 한자어 파악 문제의 원인은 학습자들이 해당 한자어의 용법을 잘 파악하지 못한 데에 원인이 있는 것으로 보인다. 이를 해결하기 위하여, 교육 현장에서 교수들은 학생들에게 한자어 교육을 강화시켜야 한다고 생각한다.

한국어 어휘 체계는 고유어, 한자어, 서양에서 들어온 외래어로 나눌 수 있는데, 그중에 한자어가 차지하는 비율이 가장 높고 사용도 매우 광범위하다. 한자어는 중국에서 들어온 한자어, 일본식 한자어, 한국에서 만든 한자어로 나눌 수가 있다. 한자어는 중국에서 쓰고 있는 한자와 비슷한 단어가 많아서 중국 학생들에게 한국 한자어 학습에 있어서 유리한 조건이라고 볼 수가 있다. 그래서 교수들은 중국 학생들에게 한자어를 교육할 때 이 유리한 조건을 잘 활용한다면 보다 효과적인 한자어 학습을 시킬 수가 있다. 하지만, 한국 한자어는 중국 한자와 비슷하다고 해도 완전히 같은 것이 아니다. 왜냐하면, 중국에서 들어온 한자어는 중국과 형태가 같지만, 한국에서 문화적 차이로 인해 다른 의미로 쓰이는 것이 많다. 이런 점을 고려하여 교수들은 학생들에게 한자어를 지도함에 있어서 양국 차이점도 인식시켜서 변별해 줘야 한다.

(2) 유의어군의 변별

유의어 변별 문제는 학생들은 물론이고 교수들에게도 어려운 문제이며, 교육 현장에서 많이 질문을 받는 부분이기도 한다. 유의어의 의미 차이를 분석하는 일은 유의어 변별에 가장 효과적인 방법이며, 크게 의미적, 통사적, 화용적으로 나눌 수가 있다. 의미적 측면의 차이로는, 강조하는 측면의 차이, 동작 방식의 차이, 지시 대상의 의미 영역의 차이, 정도의 차이, 긍정, 부정적 의미 내포의 차이가 있고, 화용적 측면의 차이로는 화자 태도의 차이, 격식·비격식의 차이, 사용하는 분야의 차이가 있으며, 통사적 측면의 차이로는 통사적 결합 차이 등이 있다.

그리고 유의어 변별에 대하여, 지금까지 주된 방법은 반의 검증법,

나열 검증법, 성분 검증법, 치환 검증법, 문법 체계 검증법, 결합 검증법 등 6가지 방법이 있는데, 교실 활동에서 현장과 적합한 방법을 선택하여 이용한다면, 보다 쉽게 유의어를 변별할 수가 있다. 그리고 어휘 제시 방안에 있어서 유의어 쌍의 의미 차이를 제시할 때 유용하게 사용할 수 있는 방법은 가시적인 자료를 활용하는 방법, 제2언어를 활용하는 방법, 맥락을 활용하는 방법으로 나눌 수가 있다. 최근에 유의어 변별 및 지도에서는 '격자형 비교표(격자표), 정도 차이 비교표, 벤 다이어그램 제시, 연어 관계의 활용, 시적 맥락, 장면과 상황의 활용' 등 방안도 많이 활용하여 해당 품사 및 대상에 맞게 지도하고 있다.

하지만, <표32>에서 제시했듯이, 28명 교수자들에 대해 유의어 변별 방법을 알고 있는지 조사한 결과, 안다고 하는 교수자는 9명밖에 없었다. 이를 통하여, 진정한 전문성을 갖춘 교수자의 양성만이 이 문제를 해결할 수 있는 핵심이라 생각한다.

(3) 어휘의 직접 및 파생 의미의 파악

이 유형에서 보편적 분포로 나타난 문항은 하나가 있으며 나머지는 보편적 비정상 분포이다. 3문항만 있지만, 숙달도는 모두 '아주 낮음'으로 나타났다. 이로 볼 때, 중국 대학생들에게 이 유형의 강화 교육이 필요하며, 여기서 이에 해당된 교육 방안을 제시하고자 한다.[79]

어휘 지도 원리는 Radio(1964), Finnochiaro(1976), Goldstein(1986) 등에서 제시한 원리를 많이 사용하고 있다. 먼저 라도(Radio, 1964)는 내용어[80]는 원칙적으로 사용되는 단어에 연결하여 제시하고 연습시켜야 하며, 초급 학습자에게 기능어를 제시할 때도 문법적인 설명보다는

---

79) 어휘 지도 및 어휘 제시 이론은 가재은(2009)과 정영교(2011)를 부분 참조 인용하였다.
80) 내용어란 그 자체로 독립적인 단어의 원리를 가지는 어휘를 말하며, 기능어란 내용어에 붙어 이들의 쓰임을 도와주는 문법적인 기능을 가진 어휘를 말한다.

문장 속의 내용어와 함께 사용되는 형태로 학습시키는 것이 좋다는 것을 강조하고 있다. Finnochiaro(1976)는 단어를 가르칠 때 극화, 그림, 제시, 부연설명하기 등 다양한 방법을 통해 그 어휘의 의미를 이해시키는 것이 효과적이라는 것을 강조하고 있다. 반면 Goldstein(1986)는 어휘가 학습자에게 노출되는 횟수는 다양한 단어 습득에 영향을 미치므로 반복해서 가르치되 여러 가지 문맥과 난이도를 제공해야 하며, 새 어휘를 학습할 때 학습자에게 능동적인 참여 기회를 주어야 한다는 것을 강조하였다.

한편, 어휘 제시 방안에 대한 논의는 Nation(2001), Thornbury(2002), McCaithy(2003) 등이 대표적이다.

Nation(2001)은 어휘 제시 방법을 수단에 따라 행동(Perfoming action)을 통한 제시, 실물(Object)을 통한 제시, 그림이나 도표(Picture or diagram)를 통한 제시, 번역(Translation)을 통한 제시, 제2언어(second language)를 통한 제시, 맥락의 단서(Contest clues) 제공을 통한 제시로 나누고 이를 다시 행동, 실물, 사진, 도표 등의 시각적인 자료를 사용하는 방법과 번역을 활용하는 방법, 제2언어를 활용하는 방법으로 분류하였다.

Thornbury(2002)는 Nation(2001)과 유사하게 번역을 활용한 방법, 실물·그림·행동 등을 통한 방법, 설명을 통한 방법을 제시하였다. 단지 Thornbury(2002)의 논의는 각 제시 방법이 갖는 한계점과 이를 극복할 수 있는 방법을 순차적으로 제시한다는 점에서 차별성을 지닌다.

McCaithy(2003)는 어휘 제시 방법의 얼개를 주제, 의미, 형태, 맥락 관련성의 네 가지로 분류하여 제안하였다. 주제를 이용하는 방법이란 특정 주제와 연관된 단어만을 제시하는 방법이고 의미를 이용하는 방법이란 단어의 의미나 유의어, 상·하의어 등의 의미 관계에 초점을 맞추는 방법이며, 형태를 이용하는 방법이란 파생어나 합성어 등 단어의 형태에 집중하는 방법이고 맥락 관련성은 말 투식 갈래나 담화 분석 결과를 어휘 제시에 응용하는 방법이다.

이상에서 제시한 어휘 제시 및 지도 방법에서 맥락을 활용하는 방법이 어휘의 기본적·파생적 의미 차이점을 제시함에 있어 효율적인 것으로 보인다. 어휘의 기본적 의미는 사전에서 찾아볼 수가 있으며, 변하지 않는 것이다. 하지만, 어휘의 파생적 의미는 한 어휘가 가지는 기본적 의미에서 파생되므로, 문맥이나 상황에 따라 나타나게 되는 것이다. 그래서 어휘의 기본적 의미 및 파생적 의미를 변별하는 데에 있어서 실제로 배우는 문맥 속에서 정의하면 다른 방식보다 자연스럽게 파악할 수가 있을 것이다. 어휘 교육할 때, 문맥에서 나타나는 어휘의 의미를 직접적으로 설명하지 않고 학습자로 하여금 단어의 사용과 다른 단어와의 결합 과정에서 나타나는 파생적 의미를 찾아가도록 유도하는 방식을 활용할 수가 있다.

3.3.2 학습자 환경에 따른 오류 유형 통계 및 해결 방안

3.3.2.1 학습자 환경에 따른 유형의 통계

이 절에서는 개별적 비정상 분포 문항들을 중심으로 오류 유형 분석 결과를 통계하고 분석할 것이다. 2장 <표10>에서 제시했듯이, 여기에 속한 유형은 주로 학습자 학습 환경에 따른 오류 유형이며, 교수자 문제는 기본적으로 나타나고 있다. 교과 과정과 교수자 문제, 교재와 교수자 문제, 학생 수준과 교수자 문제, 순수 교수자 문제 등이 오류 원인에 해당한다. 등급별, 유형별 분포 수량은 아래와 같이 정리할 수가 있다.

(1) 교과 과정과 교수자 문제로 인해 생긴 오류
교과 과정과 교수자 문제로 인해 오류가 생긴 문항은 모두 6문항이며,

초급에 4문항 중급에 2문항이다. 그리고 숙달도를 살펴보면, 초급 4문항은 숙달도 '낮음'과 '보통'은 각각 2문항이 있으며, 중급 2문항은 숙달도 '높음'으로 나타나고 있다. 이를 통하여 교재 문제는 중국 학생들에게 유의 관계어 파악에 있어서 영향을 미치지만 크지 않은 것으로 보인다.

(2) 교재와 교수자 문제로 인해 생긴 오류

여기에 있는 문항은 모두 4문항이 있으며, 초급 한 문항, 중급은 3문항이다. 그리고 숙달도를 살펴보면, 초급에 있는 한 문항은 숙달도가 '낮음'으로 나타나고 있으며, 중급에 있는 3문항은 숙달도가 '보통'으로 나타나고 있다. 이를 통하여 교재 문제는 중국 학생들에게 유의 관계어 파악에 있어서 영향이 미치지만 크지 않은 것으로 보인다.

(3) 학생 수준과 교수자 문제로 인해 생긴 오류

학생 수준과 교수 문제로 인해 오류가 생긴 문항은 2문항이 있으며 초급에만 있다. 그리고 숙달도로 볼 때 모두 '낮음'으로 나타나고 있다. 이를 통하여 학생 수준 문제는 중국 학생들에게 유의 관계어 파악에 있어서 영향을 미치지만 크지 않은 것으로 보인다.

(4) 순수 교수 문제로 인해 생긴 오류

학습자 환경에 따른 오류 원인 분석에서 교수 문제로 인해 오류가 생긴 문항이 제일 많다. 정리해 보면 <표173>과 같다.

<표173> 교수자 문제로 인해 생긴 오류 통계

등급 \ 성취도	낮음	보통	높음
초급	3	8	8

중급	4	20	11
고급	10	25	7
합계	17	53	26

<표173>에서 나타난 바, 교수자 문제로 인해 생긴 오류 문항은 모두 96문항이며, 등급별로 있다. 그리고 숙달도로 볼 때, '아주 낮음'과 '아주 높음'은 없으며, '낮음'에는 17개, '보통'과 '높음'에는 각각 53과 26문항 이었다. 이를 통하여 중국 대학생들은 유의 관계어의 파악에 있어서 교수자의 영향을 많이 받으며, 중국 대학교 교수자의 문제에 대한 해결 은 시급한 과제로 보인다.

이상으로 학습자 환경에 있는 교재, 교과 과정, 학습자, 교수자 오류 원인 등을 등급과 숙달도별로 정리·분석하였다. 분석한 결과에 따라 크게 두 가지로 나눌 수가 있다.

가) 학습자 환경에 따른 복합적인 원인으로 인해 오류가 생기는 문항
여기에 있는 문항들을 살펴보면, 주로 학습자 환경이 두 개 이상은 복합 원인 때문에 오류가 생기는 문항들이다. 이 문항들은 교수자 문제 이외에 교재, 교과 과정, 학생 수준 등 요인은 중국 대학생들이 유의 관계어 파악에 있어서 크게 영향을 미치지 않고 있어서 교재, 교과 과정 과 학생 수준 등 요인에 대하여 논의하지는 않을 것이다.

나) 학습자 환경에 따른 순수 교수자 문제로 인해 오류가 생기는 문항들
여기에 속한 문항은 모두 순수 교수자 문제로 인해 오류가 생기게 되는 것이며, 문항수도 제일 많다. 이를 통하여 교실 활동에서 교수자 의 중요성을 확인할 수가 있으며, 중국 대학생들이 유의 관계어 파악 에 있어서 주된 요인이 된다는 것을 알 수가 있다. 그러므로 본 연구에

서는 중국 대학교 교수자 문제를 분석하고 해결 방안을 제시하도록 한다.

3.3.2.2 해결 방안의 제시

이 절에서는 교실 활동에서 교수자의 중요성을 밝히며, 교수자로서의 자질과 한국어 교수자들의 자격을 정리할 것이다. 그 다음에 조사된 5개 대학교 교수의 기본 정보를 분석하고 존재하는 문제점을 밝힐 것이다. 이를 근거하여 중국 대학교 교수자에게 존재하는 문제점의 해결 방안을 제시하고자 한다.

교수자는 교육에 있어 중요한 역할을 하는 사람이다. 모든 교육적 활동이 곧 교수자를 통해 이루어지며, 효과적인 교육의 수행을 위해 교수자들은 수많은 역할을 담당해야 한다. 또한 기르치고 배우는 실제 활동은 결국 교수자와 학생간의 상호 작용 활동 속에서 이루어지는 것이다. 따라서 교수자와 학생 간의 관계는 다른 어떤 교육 환경보다 중요하며, 교수자의 가르침은 학생들에게 직접적인 영향을 미치기 때문에 교수자의 자질과 역할이 보다 더 학생들에게 직접적인 요인으로 작용한다고 볼 수 있다[81].

한편, Hattie(2003)는 5만 건 이상의 연구를 종합한 결과 학생들의 성취에 영향을 주는 주요 근원으로는 학생 요인이 50%, 교수 요인이 약 30%이며, 가정과 학교, 동료의 영향이 각각 5-10%임을 밝혀내었다. 1960년대에서 70년대에 걸친 과학교육혁명기에 개발되었던 교수-무관-교과서(teacher proof curriculum)의 교훈 역시 교수의 중요성을 잘 부각시켜 준다[82].

---

81) 김준희, "한국어 교수 양성 제도의 실태와 전망 - 국어기본법 시행 이후를 중심으로", 『한말연구』, 한말연구학회, 제18집1호, 2006, p45 재인용.
82) 김찬종, "교수 연수와 수업 전문성 발달", 『교육연구와 실천』, 제75집1호, 2009. p67

교수자의 중요성은 앞선 연구자들을 통하여 알 수가 있다. 그러면 교수자로서 어떤 자질을 갖춰야 할까? 교수자의 자질에 대하여는 백봉자(2001), 민현식(2005), 김준희(2006) 등에서 찾아볼 수가 있다. 백봉자(2001:29-30)에서는 학문적 자질, 언어적 자질, 교육적 자질, 한국인 교수로서의 자질, 교양인과 지식인으로서의 자질, 도덕적 자질등 일곱 가지를 들고 있다. 그리고 민현식(2005:130)에서는 언어 교수는 교육자적 자질, 언어적 자질, 언어 교육자적 자질을 갖추어야 한다고 강조하였다[83]. 김준희(2006:48)에서는 한국어 교수로서의 전문성이란 한국어에 관한 전문적 지식, 한국어 교육에 관한 전문 지식, 한국어 교육을 위한 다양한 교수 방법, 한국 문화와 학습자의 언어 문화에 대한 지식 등으로 정리하였다. 또한, H. D. Brown(2001:435-437)에서는 언어교육적 자질에 대해 논의하였으며, 그는 언어교육적 자질이란 교수가 언어교육과정론, 언어교재론, 언어교수학습론, 언어평가론, 언어교육사를 어느 정도 알고서 학생들에게 다양한 교수 학습 전략을 구사할 수 있는 것을 뜻한다고 설명하고 있다. 이상으로 볼 때, 교수, 특히 한국어 교수는 전문적 지식뿐만 아니라 교육 방법, 도덕적 자질 등 종합적인 자격을 갖춰야 한다.

한편, 한국에서는 2005년 7월 시행된 국어기본법에서는 한국어 교원 능력 시험 및 전문인 교수 양성 과정을 위한 필수 이수 과정을 5개 영역을 통하여 제정하였다. 이를 통하여 한국어 교수로서 갖춰야 할 전문지식이 어떤 것인지를 확인할 수가 있으며, 한국어 교수 양성 과정에서 필요한 과목은 <표174>와 같이 정리할 수가 있다.

재인용.

83) 민현식, "한국어 세계화의 과제", 한국언어문화학, 제2집2호, 2005.

번호	영역	과목 예시	대학의 영역별 필수 이수학점		대학원의 영역별 필수 이수 학점	교원양성 과정 이수시간
			주전공, 복수전공	부전공		
1	한국어학	국어학 개론, 한국어음운론, 한국어문법론, 한국어어휘론, 한국어의미론, 한국어화용론, 한국어사, 한국어어문규범	6학점	3학점	3-4학점	30시간
2	일반언어학 및 응용학	응용언어학, 언어학개론, 대조언어학, 사회언어학, 심리언어학, 외국어습득론 등	6학점	3학점	3-4학점	12시간
3	외국어로서의 한국어교육론	한국어교육개론, 한국어교육과정론,한국어평가론, 언어교수이론,한국어표현교육법, 한국어이해교육법,한국어문법교육론,한국어어휘교육론,한국어교재론,한국문화교육론,한국어한자교육론,한국어교육정책론, 한국어번역론 등	24학점	9학점	9-10학점	46시간
4	한국문화	한국 민속학, 한	6학점	3학점	2-3학점	12시간

		국의 현대 문화, 한국의 전통 문화, 한국 문학 개론, 전통문화현장실습, 한국현대문화비평,현대 한국 사회, 한국문학의 이해 등				
5	한국어교 육실습	강의 참관, 모의 수업, 강의 실습 등	3학점	3학점	2-3학점	20시간
	합계		45학점	21학점	18학점	120시간

<표174>에서는 한국어 교수자를 양성하기 위한 다양한 지식 내용과 최소 이수해야 할 시간과 최소 단위의 과목을 제시하였다. 크게 한국어학, 일반 언어학 및 응용학, 외국어로서의 한국어교육론, 한국문학, 한국어교육실습 등 5가지로 구성돼 있다. 하지만, <표32>에서 5개 대학교의 28명 교수자에 대한 조사 결과를 보면, 대부분 교수자들이 석사 이상 학위를 소지하고 있지만, 대부분 한국문학을 전공하고 한국어 교육과 다소 거리가 있다.[84] 그리고 교수자의 민족을 보면, 어떤 대학에서는 조선족만 있고, 어떤 대학은 한족과 조선족 교수자는 섞여 있다. 교수자들의 전공은 대부분 한국문학, 중한비교문학, 亞非語言系 등 전공이며, 한국어 교육학을 전공하는 교수자는 3명만 있다. 그 이외에는 언어학, 시장마케팅, 정치학, 한국문학, 언론정보학 등 전공들도 있다. 이는 많은 교수자들이 중국에서 한국어 대학원을 다녔으며, 중국 한국어과에 설치돼 있는 대학원의 전공이 한국 문화, 한국 문학, 한국언어학, 중한언어비

---

84) 조사 결과에 따르면, 5개 대학교 교수들은 크게 조선족과 한족으로 나눌 수가 있다. 조선족의 경우는 '정치학', '행정학', '역사학', '한국 문학등 전공이 많으며, 한족은 주로 '한국 문학등 전공이다. 한국에서 한국어 교육학 전공을 하는 한족 교수도 있지만, 수량이 적다.

교 등만 있기 때문이다[85]. 또한, 한국에서 외국어로서 한국어 교육학 전공을 설치된 대학은 많지만[86], 학교에서는 그 이외 전공을 가진 자를 모집하기 때문에 실제 교육 현장에 필요한 교수자와 일치하지 않는 경우가 많다. 조선족은 한국어와 비슷한 조선어를 사용하고 있지만, 문학을 전공하는 교수자들이 많고 한국사, 교육, 정치학, 역사학 등 전공자도 있어서 한국어 교육에 종사하는데 어려움을 겪을 경우가 있을 것이다. 중국 대학교 한국어과 고학년에서 문학 수업도 개설되지만, 그보다 한국어 교육 전공 지식이 필요한 과목이 더 많다.

위와 같은 분석을 통해 현재 중국 대학에 있는 교수자의 문제점을 밝혔다. 이런 문제점을 해결하기 위하여 아래와 같은 제안을 하고자 한다.

첫째, 학교와 나라에서는 현직 교수자들에게 재교육을 받거나 전문성을 양성할 수 있는 해외 파견 연수를 시켜야 한다. 교수자의 수업 전문성은 양성 과정에서 시작하여 교수자의 전 생애를 통해서 발달되고 변화된다. 이 과정에서 교수자 연수나 전문성 신장 경험은 수업 전문성 발달을 위한 좋은 계기나 자극이 되기도 한다. 한국어과 교수자로서 한국어교육과 관련된 교수 방법 및 전공 지식을 일정한 수준을 기본적으로 갖추어야 하며, 그 나라의 정치, 경제, 사회, 문화 등 전반적인 면에 대해폭넓은 지식도 있어야 한다. 한국에서 재교육을 받거나 파견 연수를

---

85) 중국에서 한국어과는 小語種(소어종)에 속하며, 朝鮮語과라고 한다. 그리고 한국어과 과련된 대학원을 개설한 대학교는 많지 않다. 현재 중국에서 석사 모집한 대학교는 주로 '북경대학교, 북경외국어대학교, 대외경제무역대학교, 천지외국어학원, 대련외국어학원, 길림대학교, 연변대학교, 복단대학교, 상해외국어대학교, 산동대학교, 서안외국어대학교, 연대대학교, 해방군외국어학원' 등 13개가 있으며, 전공은 '한국문학', '한국 문화', '한중언어비교', '한국언어학' 등 몇 가지가 있다. '한국어 교육'과 관련된 전공은 없다.
86) 연세대학교, 이화여자대학교, 경희대학교. 고려대학교, 한양대학교, 건국대학교, 한국외국어대학교. 선문대학교, 상명대학교, 서울대학교, 군산대학교, 부산대학교, 가톨릭대학교의 대학원에서 외국어로서의 한국어 교육학을 개설돼 있다.

철저히 시키면, 교수자들은 교육 현장에서 필요한 전공 지식을 갖출 수가 있고 중국에서의 한국어 교육을 한 층 더 발전시킬 수가 있다.

둘째, 학교에서 신임교수자를 채용할 때, 지금보다 교수자들의 세부 전공과 교육 현장에서 필요한 지식이 맞는지를 확인해야 한다. 그리고 교수자 채용할 때 학위도 중요하지만, 그 교수자의 해당 분야의 연구 성과도 같이 검토해야 한다. 가능하면 석, 박사 학위를 받자마다 즉시 교수자로 임용하는 일이 없도록 주의해야 한다.

셋째, 교수자 승진 자격 기준을 강화하여 강의 평가의 결과를 승진에 반영해야 한다. 교수자는 자기 전공 분야에 대해 연구도 중요하지만, 교수자의 핵심 업무가 가르치는 일이다. 학생들의 강의 평가를 통해 그 교수자의 교수 방법 및 전공 지식이 수업에 맞는지 어느 정도 알 수가 있다. 반대로, 교수들자에게 앞으로 교육을 어떻게 해야 할 지의 지표가 되기도 한다.

넷째, 교수자로서 장기적으로 한국어와 관련된 학회에 적극 참가하여 학문의 새로운 연구 동향과 성과를 파악해야 한다. 또한, 다양한 교수 방법도 빨리 알 수가 있으며, 수업 시간에 맞는 교수 방법을 사용할 수가 있다.

다섯째, 자기보다 훌륭한 동료들에게 배우는 자세가 있어야 하며, 학과에서 시범 강의 실시를 통하여 교수자들간의 교육 내용과 지도 방법의 교류 계기를 제공할 수가 있도록 해야 한다.

4. 맺음말

　의미가 같거나 비슷한 어휘들의 파악은 외국인 학습자들이 어려워하는 부분이며, 이를 정확하게 파악하는 것은 결코 쉬운 일이 아니다. 앞선 많은 연구들은 유의어의 공통점과 차이점의 구분에 대하여 연구해 왔다. 본 책은 유의어 간의 사소한 의미 변별에 중점을 두는 기존 연구와 달리, 유의 관계로 나타나는 기출 문제들에 해하여 등급, 학년과 분포 양상별 분석하였으며, 오류 원인 분석에 있어서 평가 문항별과 학습자 환경에 따른 요인인 교과 과정, 교재, 교수자, 학생 수준 등도 함께 고찰하였다.

　이 책의 조사 내용은 외국인 한국어능력수준을 측정하는 대표적인 시험인 TOPIK의 유의어 기출문제이며, 중국내 대학생들을 대상으로 실태 조사를 진행하였다. 그리고 오류 분석과 유형별 숙달도 분석을 통해 유의 관계어 파악에 있어서의 난점과 그에 대응한 해결 방안을 분석하였다. 여기서 각 장의 결과를 정리하는 것으로 결론을 제시하고자 한다.

　1장에서는 이 책의 목적, 대상들을 밝혔으며, 유의어와 관련된 선행 연구들에 대하여 살펴보았다. 지금까지 유의어 선행 연구들은 많은 성과를 얻었지만, 미비된 부분도 있다. 대부분의 연구는 중급 이상에 관심을 두었으며, 어휘 교육은 단계적으로 발전된다는 입장으로 볼 때, 초급 단계의 유의어 교육도 중시해야 한다. 그리고 외국인을 대상으로 한 연구 가운데 중국인을 대상으로 한 연구는 비교적 많지만, 중국내 대학생들을 중심으로 한 연구는 드물다. 선행 연구들에 대한 검토를 통해 지금까지 유의어 연구의 미진한 부분을 보완하고자 본고의 방향 및 대상을 정하게 되었다.

2장에서는 이론 부분이며, 연구의 주제인 유의어 개념의 확립, 유의어 교육과 어휘력 신장의 관계, 연구의 방법인 오류 분석에 대하여 살펴보았다. 그 결과, 서구, 한국과 중국 학계에서 synonym의 개념과 분류에서 차이를 보이는데, 이런 정리를 통해 본고에서 synonym을 유의어로 취했으며, 연구의 주제는 '유의 관계어'로 정의하였다. 그리고 대조 분석 이론, 중간 언어 이론과 오류 분석 이론에서 오류를 바라보는 관점에 대하여 고찰하였으며, 오류의 개념, 유형, 분석 절차를 정리하면서 이 책의 오류 원인에 따른 유형 분류 및 분석 방법을 제시하였다.

3장에서는 중국 대학생들을 대상으로 한 유의 관계어의 조사 결과에 대하여 오류 유형별로 분석하고 숙달도가 낮은 유형에 대해 교육 방법과 해결 방안을 제시하였다. 먼저 조사 문항들은 아주 낮음(30%이하), 낮음(30.01%-50%), 보통(50.01%-70%), 높음(70.01%-90%), 아주 높음(90.01% 이상)의 5단계 숙달도로 나누고, 학년별, 등급별 조사 결과를 정리하였다. 그 다음에 정답률과 오답률을 비교를 하여 '보편적 정상 분포', '보편적 비정상 분포', '개별적 비정상 분포' 등 3가지 분포로 분류시켰다. 이 장에서 문항들에 대한 오류 분석은 2장에서 정리한 <표 10>을 바탕으로 하였다. 즉, '평가 문항별 오류 유형'과 '학습자 환경에 따른 오류 유형' 등 두 가지에 따라 분석하였다. 그 중에서 '평가 문항별 유형'은 이미 문항 유형 분석을 통하여 추출하였기 때문에, 3.2.1에서는 '학습자 환경에 따른 오류 유형' 분석의 자료를 제공하기 위하여 각 대학의 교재, 학생, 교수자, 교과 과정 등 기본 정보를 정리하였다.

이어 숙달도별 문항들은 분포에 따라 학년과 등급대로 오류 원인을 분석하였다. 보편적 정상 분포에 있는 문항들은 비교적 숙달도가 높아서 조사 결과 및 문항 평가 유형만 제시하였고 보편적 비정상 분포에 있는 문항들은 5개 대학교 전체적으로 숙달도가 낮아서 '평가 문항별' 오류 원인을 분석하였다. 그리고 개별적 비정상 분포에 있는 문항들은 개별 대학교에 한정하는 문제이기 때문에 해당 대학교의 교과 과정, 교수자, 교재, 학습자 등 '학습자 학습 환경에 따른 요인'에서 오류 원인을 찾았다.

그 다음에 3.2.2에서 숙달도별 오류 원인 분석의 결과를 바탕으로 크게 '평가 문항별 오류 유형' 및 '학습자 환경에 따른 오류 유형'에 있는 문항들을 숙달도와 분포별로 통계·분석하였다. 이를 통하여 중국 대학생들이 유의 관계어를 파악함에 있어서 어떤 유형을 어려워하는지, 무엇 때문에 어려워하는지를 밝히려고 하였다. 그 결과, '평가 문항별' 12가지 오류 유형에서 9가지 유형의 숙달도는 높지만, 한자어 파악, 어휘의 기본적·파생적 의미 파악, 유의어군의 변별 등 3가지는 숙달도가 낮은 편으로 나타났다. 그래서 3.3.1.2에서는 이 3가지 유형에 대하여 교육 방법을 제시하였다. 한편, '학습자 학습 환경'에 따른 4가지 오류 유형에서는 순수 교수자 문제로 나타나기도 하고, 교과 과정과 교수자 문제, 교재와 교수자 문제, 학생 수준와 교수자 문제 등이 복합적으로 나타나기도 한다. 하지만, 교과 과정, 교재와 학생 수준은 중국 대학생들의 유의 관계어를 파악함에 있어서 영향을 크게 미치지는 않는다. 그보다 교수자 문제로 인해 생긴 오류는 제일 많고 해결해야 시급한 과제이기도 한다. 그래서 3.3.2.2에서는 중국 대학교 한국어과 교수자들이 가지는 문제점에 대하여 '해외 연수시키기', '전공에 맞는 교수자 모집하기', '강의 평가 결과를 승진에 반영시키기', '시범 수업을 실시하기' 등의 해결 방안을 제시하였다.

 이상으로 중국 대학생들이 유의 관계어를 파악함에 있어서 숙달도와 분포에 따라 학년과 등급별대로 '평가 문항별 오류 원인', '학습자 환경에 따른 오류 원인' 등을 분석하여 강화해야 할 유형의 교육 방법 및 문제가 있는 요인에 대한 해결 방안을 제시하였다. 본 책에서 다각도 분석을 통해 오류 원인을 분석하였으며, 원인별 교육 방법과 해결 방안도 제시하였기 때문에, 중국내 대학생들이 유의 관계어를 지도하는 데에 도움이 되리라 본다. 그리고 교육 현장에서 활용할 수 있는 수업 방안의 개발을 앞으로의 과제로 남긴다.

참고문헌

국립국어연구원,『표준 국어 대사전』, 두산동아, 1999.

김광해,『등급별 국어교육용 어휘』, 박이정, 2003.

김광해,『비슷한 말 반대말 사전』, 낱말, 2000.

김광해,『유의어 · 반의어 사전』, 한샘, 1987.

김광해,『유의어 반의어 사전』, 한샘, 1993.

김광해,『국어 어휘론 개설』, 집문당, 1993.

김명광,『외국어로서의 한국어 교육과정 개론』, 대구대학교출판부, 2012.

김병운,『중국대학교 한국어교육 실태 조사 보고서』, 한국문화사, 2012.

김영란,『한국어 교육 교재와 연구』, 소통, 2011.

김준기,『한국어 타동사 유의어 연구』, 한국문화사, 2000.

남기심 · 고영근,『표준 국어문법론』, 탑출판사, 1985.

남성우 외,『언어 교수이론과 한국어교육』, 한국문화사, 2006.

박경자 외 옮김,『제2언어 습득』, 박이정, 2001.

박경자,장복명,『언어교수학』, 박영시, 2011.

박덕재,박성현 옮김,『외국어습득 이론과 한국어 교수』, 박이정, 2011.

박영순,『한국어 의미론』, 고려대학교 출판부, 1994.

서상규 외,『외국인을 위한 한국어 학습사전』, 문학 관광부·한국어세계화 재단, 신원프라임, 2004.

서울대학교 국어교육연구소, 낱말 어휘정보처리연구소,『(넓은풀이) 우리말 유의어 대사전 : 廣解 類義語 大辭』, 2009.

소우신 · 박용진,『현대 유의어 용법사전』, 学古房, 2004.

이광호,『국어 어휘 의미론』, 서울月印, 2004.

이광호,『국어 어휘 의미론』, 월인, 2004.

이광호,『유의어 통시론』, 이회문화사, 1995.

이익섭,『국어학개설』, 학연사, 1993.

이익환,『의미론 개론』, 한신문화사, 1995.

이정희,『한국어 의미론』, 박이정, 2003.

임병빈 외 옮김,『제2언어 습득론』, 새진무역, 2008.

임지룡,『국어 의미론』, 서울 탑출판사, 2000.

임홍빈,『서울대 임홍빈 교수의 한국어사전』, 랭기지 플러스, 2004.

조남호,『현대 국어 사용 빈도 조사』, 국립국어원, 2002.

조현용,『한국어 어휘교육 연구』, 박이정, 2000.

한 채영 외,『한국어교수법』, 태학사, 2005.

한 채영 외,『한국어 어휘교육』, 태학사, 2010.

허 웅,『언어학 개론』,샘문회사, 1970.

허용 등,『외국어로서의 한국어교육학 개론』, 박이정, 2012.

陈刚编,『北京方言词典(第一版)』, 北京:商务印书馆, 1985.

高名凯,『普通语言学(下册)』, 东方书店, 1959.

高庆赐,『同义词和反义词』,上海:上海教育出版社, 1985.

葛本仪,『现代汉语词汇学』, 济南:山东人民出版社, 2004年10月第2版.

胡明杨,『语言与语言学』, 湖北教育出版社, 1985.

胡裕树,『现代汉语』,上海: 上海教育出版社, 1987.

加木,『什么是同义词和近义词』, 语文学习, 1960.

刘叔新,『汉语描写词汇学』, 北京: 商务印书馆, 1990.

刘叔新『现代汉語同義語辭典』,天津人民出版社, 1987.

劉乃叔 · 敖桂華,『近義詞使用區別』, 北京:北京語言文化大學出版社, 2005.

呂叔湘,『現代漢語八百詞』,北京:商務印書館, 1999.

馬燕華 · 庄瑩,『漢語近義詞詞典』,北京:北京大學出版社, 2003.

牟淑媛,『漢英對照漢語近義詞學習手冊』,北京:北京大學出版社, 2004.

商務印書館辭書研究中心編,『新華同義詞詞典』,北京:商務印書館, 2005.

王勤·武占坤,『现代汉语词汇』,湖南人民出版社, 1959.

夏葳編著,夏劍欽審訂,『同義詞詞典』, 漢語大詞典出版社, 2001.11.

楊寄洲·賈永芬,『1700對近義詞語用法對比』, 北京語言文化大學出版
　　社, 2010.

张静,『词汇教学讲话』, 湖北人民出版社, 1957.

张永言,『词汇学简论』, 华中工学院出版社, 1982.

강현화, "빈도를 나타내는 시간 부사의 어휘교육연구",『한국어교육』,
　　제12권 1호, 국제한국어교육학회, 2001.

강현화, "중·고급 학습자를 위한 감정 기초형용사의 유의관계 변별
　　기제 연구: 기쁨, 슬픔을 나타내는 형용사의 통합관계를 중심으로 ",
　　『한국어 의미학』, 제17권1호, 한국어의미학회, 2005.

강현화, "코퍼스를 이용한 부사의 어휘 교육 방안 연구",『이중언어학』,
　　제17권1호, 이중언어학회, 2000.

김광해, "국어 유의어사전 편찬을 위한 기초적 연구",『국어교육』, 한국
　　국어교육연구회, 제61권1호, 1987.

김광해, "국어사전의 뜻풀이와 유의어",『새국어생활』,제2권1호, 국립
　　국어연구원, 1992.

김광해, "어휘력과 어휘력의 평가",『先淸語文』, 제25집1호, 1997.

김광해, "유의 관계의 성립조건",『이화어문논집』,제10권1호, 이화여자
　　대학교, 이화어문학회, 1988.

김광해, "유의어의 의미 비교를 통한 뜻풀이 정교화 방안에 대한 연구",
　　『선청어문』,제26권1호, 1998.

김광해, "형용사 유의어의 뜻풀이 정교화 방안에 대한 연구' 아름답다
　　추하다' 군을 중심으로",『선청어문』,제27권1호, 1999.

김기혁, "국어 동사류의 의미구조", 『외국어로서의 한국어교육』, 제6집
  1호, 1981.

김동현, "국어 품사 분류 연구", 『평택대학교 논문집』, 제10집, 제1호.
  1998.

김병운, "한국어교육에서 어휘 의미 교육의 개선 방향", 『한국어문학국
  제학술포럼』, 제7차 한국어문학국제학술포럼.

김성화, "형용사 유의어 연구(2):밝다/환하다", 『어문학교육』,제22집1
  호, 한국어문, 2000.

김성화, "형용사 유의어 연구(4):불쌍하다/가엾다", 『어문학교육』,제25
  권1호, 한국어문, 2002.

김성화, "형용사 유의어 연구(5):기쁘다/즐겁다", 『어문학교육』,제26집1
  호, 한국어문, 2003.

김성화, "형용사 유의어 연구: 조요하다, 고요하다", 『어문학교육』,제23
  집1호, 한국어문, 2001.

김양진, 최정혜, "유의어(類義語)의 경계 탐색 : 채소류 및 곡류, 과일류
  의 구별을 중심으로", 『한국어 의미학』,제33집1호, 2010.

김옥녀, "동사 유의어의 의미분석", 『어문학교육』,제16집1호, 한국어문
  교육학회, 1994.

김완진, "국어 어휘 소멸의 연구", 『진단학보』, 제35집1호, 1973.

김용경, "따뜻하다류 형용사 연구 = A Study on Adjectives Expressing
  Warmness", 『한말연구』, 제8집1호, 2001.

김용석, "유의어 연구 - 그 개념 규정과 유형 분류", 『배달말』, 제5권1호,
  배달학회, 1981.

김유정, "언어사용역을 활용한 '죽다'류 유의어 의미 연구", 『인문연구』
  제62권1호, 2011.

김은영, "감정 동사 유의어의 의미 연구'즐겁다 무섭다'의 유의어 중심

으로", 한국어의미학』, 제14집1호, 한국어의미학회, 2004, 121-147.

김일, "품사 분류에서의 학자들의 견해상 차이에 대한 고찰",『어문논집』, 제42집, 2009.

김일환, 이승연, "형용사 유의어의 공기어 네트워크와 활용",『언어정보』, 제14집1호, 2012.

김정남, "국어 형용사의 의미 구조",『한국어 의미학』,제8집1호, 한국어 의미학회, 2001.

김종택, "同意語(유의어(synonym)s)의 意味評定 - 意味評定方法의 摸索를 위하여",『논문집』, 제6집1호, 1970.

김준기, "유의어의 성립 양상 고찰",『한국학연구』,제10집1호, 1999.

김준기, "유의어의 의미 변별법에 대한 고찰",『인천어문학』, 제16집1호, 2000.

김준기, "착용어장의 의미고찰",『국어교육』, 제112집1호, 2003.

김진식, "국어 유의어 연구(I)",『어문연구』, 제20집1호, 충남대학교 문리과 대학어문연구회, 1990.

김진식, "국어 유의어 연구(II)",『개선어문여구』,제8집1호, 1991.

김현철. 김지은, "중국어 유의어 '走'와 '去'의 비교 분석", 중국어교육과 연구, 2009.

남성우, "국어 유의 고",『국어국문학』, 제51집1호, 국어국문학회, 1971.

노대규, "외국어로서의 한국어 시험과 평가", 이중언어학, 제1집1호, 1983.

도재학, 강범모, "네트워크를 활용한 유의어 분석",『한국어 의미학』, 제37집 1호, 한국어의미학회, 2012.

문금현, "한국어 어휘 교육을 위한 연어(連語) 학습 방안" ,『국어교육』, 제109집1호, 2002.

문금현, "한국어 유의어의 의미 변별과 교육 방안",『한국어 교육』, 제15

집 3호, 2004.

문금현, "현대국어 유의어의 연구: 유형분류 및 의미분석을 중심으로", 『국어연구』, 제88호, 서울대학교 국어국문학과, 1989.

박덕준, "중국어 명사유의어 연구:'能力'류를 중심으로", 『中國言語研究』, 13輯, 2001.

박덕준, "중국어 어휘력의 신장을 위한 교수법", 『中國言語研究』, 第15輯, 2002.

박덕준·박정구·오문의, "현대 중국어 유의어 연구", 『中國言語研究』, 第12輯, 2001.

박석준, 기획논문 : 한국어능력시험(TOPIK) "어휘문법" 영역에 대한 논의, 문법 교육, 제15집1호, 2011.

박영희, "유의어의 의미 평정 - 감정어를 중심으로", 『수련어문논집』, 제11집, 부산여대국문과, 1984.

박재승, "중국어 유의어 교육 방법 개선안 연구", 『중어중문학』, 제43집, 2008.

박종호.황경수, "한국어 동사 유의어 교육 방안에 관한 소고", 『새국어교육』, 제92집1호, 2012.

반갑순, "초등학교 유의어 지도 방법 연구", 『어문학교육』, 제24집1호, 2002.

봉미경, "국어 형용사 유의관계의 유형", 『언어정보와 사전편판』, 제14집 1호, 2005.

봉미경, "시간 부사의 어휘 변별 정보 연구", 『외국어로서의 한국어교육』, 제30집1호, 2005.

봉미경, "학습용 유의어 사전 기술을 위한 기초 연구", 『한국사전학』, 제18집1호, 2009.

송병우, "한자 유의어 연구의 필요성과 효용적 가치", 『동양한문학연구』,

제28권1호, 2009.

신명선, "유의어 변별 능력과 국어적 사고력의 관계에 대한 연구", 『한국어학』, 제22집1호, 2004.

신희삼, "단어 형성의 원리를 이용한 한국 어휘교육의 방안에 관하여", 『한국언어문학』, 제74집, 한국언어문학회, 2010.

신희삼, "외국어로서 한국어 어휘교육 방안 연구", 『국어문학』, 제39집, 국어문학회, 2004.

심재기, "국어 어의변화의 구조적 연구", 『국어연구』, 제11집1호, 국어연구회, 1964.

안예리, "유의어 분석을 통한 어휘사 연구", 『언어사실과 관점』, 제27집1호, 2011.

양명희, "국어사전의 유의어에 대하여", 『한국어 의미학』, 제22권1호, 한국어의미학회, 2007.

왕혜숙, "영어화자의 한국어 작문에 나타난 어휘상 오류분석", 『이중언어학』,

제12집1호, 1995.

유지연, "국어교육 : 외국인 한국어 학습자를 위한 형용사 "아름답다", "예쁘다", "곱다"의미 교육 방안", 『새국어교육』, 제84권1호, 2010.

유현경 · 강현화, "유사관계 어휘정보를 활용한 어휘 교육", 『외국어로서의 한국어교육』, 제27집1호, 2002.

이관식, "제3회, 제4회 한국어 능력시험 어휘 평가 연구", 『人文學硏究』, 제4집1호, 2000.

이광호, "문체 특성에 따른 유의 관계", 『문학과 언어』, 제20집1호, 문학과 언어학회, 1998.

이광호, "유의어 변화의 기술 방안", 『언어학』, 제99집1호, 2008.

이광호, "유의어 정도성 측정을 위한 집합론적 유형화", 『문학과 언어』,

제 24집1호, 문학과언어학회, 2002.

이기연, "어휘력 평가의 평가 요소와 평가 유형에 대한 고찰", 『國語敎育學研究』, 제42집1호, 2011.

이도영, "어휘 교육 평가의 이론적 고찰 - 목표와 내용 타당도를 중심으로", 『國語敎育學研究』, 제140집1호, 2011.

이문규, "어휘력 평가의 실제", 『국어교육연구』, 제30집1호, 1998.

이민우, "유의어 동사 '놓다'와 '두다'의 사용 양상 비교 분석", 『어문논집』, 제51집1호, 2011.

이석주, "동의어고 - 정의, 양상과 의미영역", 『논문집』, 제5집1호, 1981.

이소현, "외국인 학습자를 위한 형용사 '부끄럽다'의 유의어 의미 변별의 기초 연구 및 지도방안 - '부끄럽다, 창피하다, 쑥스럽다, 수줍다, 수치스럽다'를 중심으로", 『언어와 문화』, 제3집1호, 2007.

이숭녕, "국어의 유의어(synonym)y의 연구", 『동대어문』, 제1집1호, 동덕여대 국어국문학과, 1971.

이승명, "국어유의고(其二)", 『어문논총』 제7집1호, 1972b.

이승명, "국어유의고(其一)", 『어문학』 제27집1호, 1972a.

이영숙, "국내외 한국어 교육의 현황과 과제", 『나라사랑』, 제119집1호, 2010.

이영숙, "어휘력과 어휘지도 - 어휘력 개념을 중심으로", 『선청어문』, 서울대, 1997.

임지룡, "어휘력 평가의 기본 개념", 국어교육연구, Vol.30 No.1, 1998.

임지아, "한국어 교재에 나타난 교육용 어휘 분석 - 유의어를 중심으로", 『국어국문학』, 제24집1호, 2005.

임채훈, "유의 어휘관계와 문장의미 구성", 『한국어 의미학』, 제34집1호, 한국어의미학회, 2011.

임홍빈, 한국어 연어의 개념과 그 통사·의미적 성격, 국어학, 제39집1

호, 2002.

장미경, "한국어 고급 학습자의 연어습득양상 연구", 이중언어학, 제39
집1호, 2009.

정성미, "'가깝다'와 유의어인 '한자어+하다'류의 논항 구조", 『어문논
집』, 제36집1호, 2007.

조민경, "유의어 변별을 위한 검증법과 기술 방법에 대한 연구", 한국어
의미학회, 『한국사전학회 발표집』, 제8집, 2010.

조오현·김용경, "국어학 : 예술적 표현 형용사 연구2 - 어둡다류를 중심
으로", 『겨레어문학』, 제25집1호, 2000.

조오현·김용경, "예술적 표현 형용사 연구 - 특히, '편하다류' 형용사를
중심으로", 『한글』, 제248집1호, 2000.

조오현·김용경, "예술적 표현 형용사 연구 2 : 어둡다류를 중심으로",
『겨레어문학』, 제25집1호, 2000.

조항범, "국어 유의어의 통시적 고찰 - 명사, 동사를 중심으로", 『국어연
구』, 제58집1호, 국어연구회, 1986.

조현용, "한국어 능력 시험 어휘 평가에 관한 연구", 『국어교육』, 제101
집1호, 2000.

조현용, "한국어 발음 및 어휘교육 ; 한국어 유의어 교육 연구", 『새
천년맞이 제10차 국제학술회의』, 제1집1호, 1999.

조현용, "한국어 어휘 평가의 현황과 전망 - 한국어능력시험(TOPIK)을
중심으로", 『이중언어학』, 제47집1호, 2011.

최운선, "어휘력 평가 영역 설정 기준에 대한 연구", 한국어교육학회
학술발표회, 제1호, 2012.

최웅환, "어휘력 평가의 현황", 『국어교육연구』, 제30집1호, 1998.

최은규, "유형별로 본 한국어 능력 평가의 실제와 과제 - 배치 시험과
성취도 시험을 중심으로", 한국어 교육, 제17집12호, 2006.

최은규, "현대국어 유의어의 의미구조 연구", 『국어연구』, 제67집, 국어
연구회, 1985.

최형기, "품사 통용을 이용한 국어 품사 교육 방안", 『언어학』, 제19집3
호, 2011.

최홍열, " '모자라다' 유의어의 의미 고찰", 『한국어학』, 제29집1호, 2005a.

최홍열, " '불쌍하다'유의어의 의미 고찰", 『한국어 의미학』, 제17집1호,
한국어의미학회, 2005b.

한영균·고은아, "유의적 정도부사의 빈도. 분포, 결합관계의 분석과
그 활용",

刘冠群, "关于同义词的两个问题", 『语文学习』, 1957.

刘巧云, "韩汉时间副词'금방'与'马上'语义句法功能辨析", 『语文学
刊 - 外语教育学』, 2010, 03.

刘叔新, "同义词词典怎样处理词性", 『辞书研究』, 1983.

刘威, "浅论中韩翻译过程中同类同义单词的择选原则", 『云梦学刊』,
2013.

李立冬, "同义词、近义词的意义类型分析及其在词义辨析中的应用",
『时代文学』(双月上半月), 2010.

李银淑, "韩国语时间副词'지금'와 '이제' 对比研究", 『科教文汇』, 2012,
09.

林丽, "韩国语近义词分类法及教学方法初探", 『当代韩国』, 2012.

伯绰, "同义词例解", 『语文学习』, 1951.

孙良明, "同义词的性质和范围", 『语文学习』, 1958.

张世禄, "词义和词性的关系", 『语文学习』, 1956年第7期.

陈炳迢, "汉语的同义词是不是一定要词性相同", 『语文知识』, 1958年
第6期.

가재은,『한국어 어휘 학습 지도 방안 연구 - 초급 중국인 학습자 중심으로』, 공주대학교 석사학위논문, 2009.

강미함,『중국인 한국어 학습자를 위한 유의어 교육 방안 연구 - 고유어와 한자어 간의 유의어를 중심으로』, 인하대학교 석사학위논문, 2011.

강수지,『한국어 교육에서의 유의어 교육 방안 연구』, 조선대학 석사학위논문, 2010.

고은정,『한국어 교육용 형용사 유의어 선정연구』, 경희대 교육대학원, 석사학위논문, 2011.

고이금,『한국어 정도부사의 의미 분석』, 제주대학교 석사학위논문, 1985.

곽효철,『우리말 동사 '떼다', '뜯다'의 유의성 연구』, 전북대학교 석사학위논문, 1988.

구묘향,『'생각하다'동사 '思'의 유의어 연구』, 동아대학교 석사학위논문, 2007.

권혜진,『현대 국어 시간 부사의 유의 관계연구 : 고유어와 한자어의 대응을 중심으로』, 고려대 석사학위논문, 2008.

김연란,『중국 내 한국어 교육 환경의 변화와 중국 대학의 한국어학과 교육과정 개선 방향 연구』, 상명대학교 석사학위논문, 2013.

김은영,『오류분석을 통한 고등학교 중국어 범위부사 ''의 교수 - 학습 지도방안』, 이화여자대학교, 석사학위논문, 2007

김은진,『국어 형용사의 유의 관계 연구』, 한국외국어대학교 석사학위논문, 2009.

김정남,『국어 형용사의 연구』, 서울대학교 박사학위논문, 1998.

김정은,『중국의 한국어교재 오류분석 연구』, 부산외국어대학교 석사학위논문, 2011.

김지선,『시적 맥락을 통해 유의어 교육방안 연구』, 한국외국어대학교 석사학위논문, 2011.

김지은,『한국어 연어 교육의 내용과 방법 연구』, 부산대학교 박사학위
논문, 2010.

김진식,『국어 유의어 생성 요구 연구』, 충남대학교 박사학위논문, 1991.

김해정,『중국어 학습 과정에서 나타나는 오류 분석』, 충남대학교 석사
학위논문, 2000.

만리,『한국어 교재의 시간부사 분석 - 유의어 시간부사를 중심으로』,
상명대학교 석사학위논문, 2011.

맹지은,『한국어 고급 학습자를 위한 유의어 사전 개발 방안 연구』, 한양
대학교 교육대학원 석사학위논문, 2011.

문금현,『현대 국어 유의어의 연구 - 유형분류 및 의미 분석을 중심으로』,
서울대학교 석사학위논문, 1989.

박새미,『의미변별을 활용한 한국어 유의어 교육방안 연구 - 고급 학습
자를 중심으로』, 한양대학교 교육대학원 석사학위논문, 2012.

박서향,『한국어 교재의 의미 분석을 토대로 한 다의어 교육 연구』, 연세
대학교 석사학위논문, 2006.

박설교,『중국인 학습자를 위한 한국어 착용동사 교육 방안 연구』, 세종
대학교 대학원, 2011.

박아름,『한국어 교육을 위한 유의어의 의미 연구: 명사를 중심으로』,
고려대학교 석사학위논문, 2009.

박우경,『<보다>란 의미의 한자 유의어 연구』, 동아대학교 석사학위논
문, 2000.

박재남,『외국어로서의 한국어의 유의어 교육 방안 연구』, 연세대학교
석사학위논문, 2002.

방가미,『한·중 유의어 대조 연구 - 능력 시험 중급 어휘를 중심으로』,
경희대학교, 석사학위논문, 2012.

봉미경,『한국어 형용사 유의관계 연구』, 연세대학교 대학원 석사학위
  논문.

사미란,『교육 연극을 활용한 한국어 감정형용사 유의어 교육방안 연구
  - 중국인 학습자를 대상으로』, 중앙대학교 석사학위논문, 2013.

서주연,『효과적인 어휘학습을 위한 연어 지도 방안』, 전남대학교 석사
  학위논문, 2009.

신지영,『외국인 학습자를 위한 한국어 '부사류+용언'형 연어교육 방안
  연구』, 한국외국어대학교 석사학위논문, 2008.

신현숙,『동사{받다, 얻다, 버리다, 잃다}의 의미 연구』, 건국대학교 박
  사학위논문, 1985.

안리주,『한국어 유의어 분석과 활용방안 - {깨다:부수다}, {가르다:나
  누다}, {찢다:째다}를 중심으로』, 상명대학교, 석사학위논문, 2012.

양선희,『한국어 정도부사의 유의어 교육 방안 연구』, 부산대학교, 석사
  학위논문, 2013.

양순영,『유의어 교육을 위한 의미 분석 연구 : 중급 한국어 교재의
  동사 중심으로』, 건국대학교 대학원 석사학위논문, 2010.

양염,『한국어 동음이의어 교육 방안 연구』, 중앙대학교 석사학위논문,
  2013.

여위령,『초급 중국인 학습자를 위한 한국어 시간부사 유의어 교육 방안
  연구』, 부산외국어대학교 석사학위논문, 2012.

오인근,『유의 부사의 통어적 특성 - 정도 부사와 시간 부사를 중심으로』,
  인제대학교 교육대학원 석사학위논문, 2003.

왕리후에이,『한국어 학습자를 위한 부사 유의어 교육 방안 연구 : 정도
  부사 중심으로』, 청주대학교 석사학위논문, 2012.

왕애려,『중국인 고급 학습자를 위한 한국어 유의어 교육 방안에 대한
  연구』, 경희대학교 석사학위논문, 2012.

왕효휘,『한국어 연어의 중국어 대응 양상 연구』, 숭실대학교 박사학위
　　논문, 2011.

웅문도,『'벌써'와 '의미'의 교육내용 구축과 사용 양상 연구: 중국인
　　학습자를 중심으로』, 경희대 석사학위논문, 2011.

유연,『중국인 학습자의 연어 사용 오류에 대한 연구』, 인하대하교 석사
　　학위논문, 2010.

유추문,『한국어 학습자를 위한 유의어 교육 연구 : 고유어와 한자어
　　간의 유의어를 중심으로』, 숙명여자대학교 석사학위논문, 2011.

유현경,『국어 형용사 연구』, 연세대학교 박사학위논문, 1996.

윤소영,『형용사 유의어 교육 연구 - 연어 구성을 중심으로』, 동국대학
　　교 석사학위논문, 2011.

이관희,『품사 교육의 위계화 연구』, 서울대학교 대학원 석사학위논문,
　　2008.

이수남,『중국인을 위한 부사 '다만, 단지, 단, 오직'의 교육 방안 연구』,
　　동아대학교 석사학위논문, 2012.

이인숙,『오류에 대한 두 관점』, 이화여자대학교 석사학위논문, 1985.

이연경,『시트롬 활용한 한국어 유의어 교육 방안 연구』, 한국외국어대
　　학교교육대학원 석사학위논문, 2009.

이영주,『유의어 지도방법 연구 중학교 교과서를 중심으로』, 한남대학
　　교 교육대학원 석사학위논문, 2006.

이정목,『NMS를 이용한 한국어 '기쁘다'류 심리형용사의 의미 분석과
　　기술』, 한국외국어대학교 석사학위논문, 2008.

이지혜,『심리 형용사 유의어의 의미 변별과 사전 기술 연구: 연어 분석
　　을 중심으로』, 연세대학교 석사학위논문, 2006.

이혜영,『한국어 교재의 유의어 분석 - 시간부사를 중심으로』, 충북대학
　　교 석사학위논문, 2012.

이효신,『중국인 학습자의 한국어 어휘 학습 전략 연구』, 영남대학교, 석사학위논문, 2009.

이효정,『한국어 정도부사의 분석과 응용』, 상명대학교, 석사학위논문, 1999.

이희재,『표현을 다양성 향상 제고를 위한 한국어 유의어 교육 방안』, 고려대학교 석사학위논문, 2013.

자원,『한·중 착탈어 연어표현 대조연구 : 신체 착탈어를 중심으로』, 경희대학교 석사학위논문, 2012.

정병도,『국어 '나눔'동사의 유의성 연구』, 전북대학교, 석사학위논문, 1986.

정순희,『중국인 학습자를 위한 한국어 통합 교재 개선 방안 연구』, 청주대학교 석사학위논문, 2012.

정영교,『한국어 교육을 위한 양태부사 유의어 의미분석과 제시방안 연구』, 세종대학교 석사학위논문, 2011.

정인경,『초급 학습자를 위한 연어 교육 방안 연구 - '체언+용언'형을 중심으로』, 선문대학교 석사학위논문, 2012.

정혜연,『유의 부사의 의미 차이 연구』, 아주대학교 석사학위논문, 2009.

조미영,『장면 - 상황 중심의 감정형용사 유의어 교육 방안 연구』, 계명대학교 석사학위논문, 2010.

조진희,『한국어 학습자를 위한 유의 시간부사 교수모형』, 상명대학교 교육대 학원 석사학위논문, 2005.

주하,『한국어 유의어 교육 방안에 관한 연구: 중국인 한국어 고급 학습자를 중심으로』, 중앙대학교 석사학위논문, 2010.

진꾸이시엔,『중국인 학습자를 위한 한국어 어휘 교육 방안 연구』, 대구가톨릭대학교 석사학위논문, 2013.

진화,『중국인을 위한 한국어 시간부사 '벌써'와 '의미'의 교육 방안』,

동국대학교 석사학위논문, 2010.

최경아,『한국어 유의어 교육 방안 연구: 시간 부사를 중심으로』, 고려대학교 석사학위논문, 2007.

최보일,『우리말 义类语의 意味构造 研究』, 서울대학교 석사학위논문, 1978.

최옥춘,『한·중 시간부사 유의어 대조 연구』, 경희대학교 석사학위논문, 2013.

최은규,『현대 국어 유의어의 의미구조 연구』, 서울대학교 석사학위논문, 1985.

최화정,『한국어 부사 유의어 교육 방안 연구 : 시간부사와 정도부사를 중심으로』, 전남대학교 석사학위논문, 2010.

하성예,『연어(連語) 학습을 통한 어휘 지도 방안 연구』, 한국교원대학교 석사학위논문, 2008.

한성희,『외국인 학습자를 위한 유의어 교육방안 연구: 한국어 교재에 나타난 동사, 명사, 부사 유의어를 중심으로』, 안동대학교 석사학위논문, 2011.

황성은,『한국어 교육용 기본어휘에 대한 학술어 유의어 연구』, 연세대학교 석사학위논문, 2011.

황정희,『문맥적 정보를 이용한 유의어 지도 방안 연구』, 경복대학교 석사학위논문, 2009.

황진재,『중국 내 한국어 교재 분석』, 고려대학교 석사학위논문, 2011

홍영모,『국어유의어의 연구』, 고려대 교육대학원 석사학위논문, 1976.

허은희,『고등학교 중국어 교과서 허사 유의어 오류분석 및 지도방안』, 명지대학교 석사학위논문, 2008.

郝会,『韩国语时间副词的近义词研究』, 青岛大学, 硕士学位论文, 2012.

Brown, H. Douglas, 이흥수 외 역(2009), 외국어 학습·교수의 원리, 피어슨에듀케이션코리아, 1980.

Firth,J.R, 『Papers in Linguistics』, London: Oxford University Press, 1957.

Lyons, J, Language, 『Meaning, and Context, Fontana Paperbacks』, 현대언어학연구회 역, 『언어 - 의미와 상황맥락』, 한신문화사, 1981.

Nida, E. A, 『Componential Analysis of Meaning』, 조항범 역, 『의미분석론』, 탑출판사, 1990.

Palmer, F. R, 『Semantics, Cambridge University Press』, 현대언어학연구회 역, 『의미론』, 한신문화사, 1981.

Partington A, 『Patterns and Meaning』,John Benjamins Publishing company, 1998.

Sinclair, J, 『Corpus, concordance, collocation』, Oxford University Press, 1991.

Ullmann, S, 『Semantics: An Introduction to the Science of Meaning』, 남성우 역, 「의미론 : 의미과학 입문」, 탑출판사, 1962.

─ 초급 문항(1-2학년 67문항)

번호	문항
1	한국어를 배웠습니다. 그러나 아직 잘 못합니다. ( ) ①그리고　　　②그래서　　　③그런데　　　④그러니까
2	토요일에 보통 뭐 해요? ( ) ①내일　　　②오후　　　③저녁　　　④주말
3	어제는 영수 씨의 생일이었어요. 그래서 선물을 했어요. ( ) ①봤어요　　　②줬어요　　　③받았어요　　　④만들었어요
4	이사갈 집을 구하고 있는데 좋은 집이 있을 까요? ( ) ①갖고　　　②들고　　　③사고　　　④찾고
5	은영 씨는 저보다 세 살이 어려요. ( ) ①길어요　　　②짧아요　　　③많아요　　　④적어요
6	이것은 가격이 얼마예요? ( ) ① 값　　　②표　　　③거리　　　④무게
7	친구들이 다 여행을 갔어요. ( ) ①가끔　　　②계속　　　③정말　　　④모두
8	회의가 한 시 삼십 분에 시작돼요. ( ) ①반　　　②안　　　③전　　　④후
9	그동안 잘 지냈어요? ( ) ①들었어요　　　②만났어요　　　③있었어요　　　④보았어요.
10	취직 때문에 고민이 많아요. ( ) ①내용　　　②느낌　　　③걱정　　　④경험
11	저 사람은 사람들이 많이 아는 배우예요. ( ) ①편리한　　　②이상한　　　③조용한　　　④유명한
12	가: 저분이 하는 말을 알아들을 수 있어요? ( ) ①찾을　　　②이해할　　　③설명할　　　④생각할
13	다음 해에 일본에 돌아가요. ( ) ①작년　　　②금년　　　③내년　　　④올해

14	언니에게 전화를 걸었어요. ( ) ①갔어요　　②했어요　　③왔어요　　④받았어요
15	친구와 함께 도서관에 가요. ( ) ①잘　　②같이　　③빨리　　④많이
16	집 근처에 공원이 있어요? ( ) ①먼 곳　　②가까운 곳　　③어두운 곳　　④밝은 곳
17	내일까지 할 일을 다 마치세요. ( ) ①잃어요　　②잊어요　　③끝내세요　　④끊으세요
18	수미 씨는 언제나 웃는 얼굴이에요. ( ) ①가끔　　②항상　　③자주　　④매우
19	가 : 책상 밑에 뭐가 있어요? 나 :책상( )에 가방이 있어요. ①위　　②뒤　　③아래　　④가운데
20	가 :사무실에 사람들이 모두 왔어요? 나 :네, ( ) 왔어요. ①다　　②바로　　③서로　　④혼자
21	가: 오전에 어디 갔다 왔어요? 나: 병원에 ( ) ①갈아탔어요　②가져갔어요　③올라왔어요　④다녀왔어요
22	가 :영수 씨한테 약속 시간 말했어요? 나 :네, 어제 ( ). ①봤어요　　②읽었어요　　③들었어요　　④이야기했어요
23	가: 병원이 어디에 있어요? 나: 백화점 맞은편에 있어요. ( ) ①근처　　②사이　　③가운데　　④건너편
24	가: 버스가 조금 전에 떠났어요? 나: 네, ( ) 갔어요. ①곧　　②방금　　③먼저　　④자주
25	가 : 수진 씨가 참 예쁘지요? 나 : 네, 수진 씨가 ( )예뻐요. ①다　　②아주　　③조금　　④언제나
26	가 : 지난해에는 어디로 여행을 갔어요? 나 : ( )에는 제주도로 갔어요 ①어제　　②작년　　③주말　　④일요일
27	가 : 배가 고프군요. 뭘 주문할까요? 나 : 냉면을 ( ). ①드립시다　　②받읍시다　　③찾읍시다　　④시킵시다
28	가 : 누구하고 함께 여행을 가요? 나: 동생하고 ( )가요. ①빨리　　②같이　　③제일　　④아주
29	가 :아버지와 어머니는 한국에 언제 오세요? 나: ( )은 내일 오세요. ①형　　②동생　　③선생님　　④부모님

30	가 : 제가 부탁한 편지를 보냈어요? 나: 네, 오전에 ( ). ①부쳤어요　②떠났어요　③받았어요　④만들었어요
31	가 : 감사합니다. 나: 아닙니다. 제가 더 ( ). ①나쁩니다　②슬픕니다　③고맙습니다　④재미있습니다
32	가 : 요즘도 매일 운동을 하세요? 나: 네, ( )운동을 해요. ①함께　②따로　③나중에　④날마다
33	가: 무슨 색깔 제일 좋아해요? 나: 파란색을 ( )좋아해요. ①조금　②가장　③별로　④항상
34	가: 다음에 만나요.　나: 네, 또 ( ) ①가요　②봐요　③사요　④써요
35	가: 필요한 물건 모두 샀어요? 나: 네, ( )샀어요. ①다　②더　③아주　④자주
36	가: 오늘 정말 재미있었어요. 나: 네, 저도 오늘 ( ). ①예뻤어요　②화났어요　③무서웠어요　④즐거웠어요.
37	가: 정말 죄송합니다. 나: 아닙니다, 제가 더 ( ). ①고맙습니다　②미안합니다　③싫어합니다　④괜찮습니다
38	가: 기분이 아주 좋은 것 같아요. 나: 네, 어머니 편지를 받아서 기분이 ( )좋아요. ①일찍　②전혀　③매우　④지금
39	가: 제니 씨, 한국어를 공부할 때 누구한테 질문해요? 나: 저는 한국친구에게 ( ). ①어울려요　②연락해요　③가져가요　④물어봐요
40	가: 그동안 잘 있었어요? 나: 네, 저는 잘 ( ) ①들었어요　②배웠어요　③지냈어요　④만났어요
41	가: 영수 씨는 노래를 잘해요. 나: 네,노래를 잘 ( ). ①쳐요　②와요　③다녀요　④불러요
42	가: 수미 씨는 쉬는 날이 언제 입니까? 나: 저는 내일이 ( ). ①휴일　②평일　③약속　④주말
43	가:수미 씨는 정말 친절하지요.나:네,수미 씨는 ( )친절해요. ①다　②참　③같이　④가장
44	가: 여름에 비가 많이 와요. 나:네, 비가 많이 ( ). ①다녀요　②떠나요　③불어요　④내려요

45	가: 누가 더 나이가 적어요? 나: 민호 씨가 더 ( )
	①짧아요.　　　　②넓어요.　　　　③어려요.　　　　④나빠요.
46	가: 우산이 의자 밑에 있어요. 나: 네, 의자 ( )에 있어요.
	①아래　　　　②왼쪽　　　　③건너편　　　　④오른쪽
47	가: 몇 시에 떠나요? 나: 한 시에 ( )
	①지내요　　　　②걸려요　　　　③출발해요　　　　④기다려요
48	가: 선생님 나중에 다시 올 까요? 나: 네, ( )오세요.
	①먼저　　　　②아마　　　　③날마다　　　　④이따가
49	가: 언제 또 볼까요? 나: 금요일 저녁에 ( )봅시다.
	①다시　　　　②가끔　　　　③잠깐　　　　④정말
50	가: 수진 씨는 컴퓨터를 자주 써요? 나: 네, 매일 ( ).
	①배워요　　　　②바꿔요　　　　③사용해요　　　　④물어봐요
51	가: 누구하고 같이 왔어요? 나: 남동생과 ( ) 왔어요.
	①함께　　　　②다시　　　　③정말　　　　④지금
52	가: 오늘도 시간이 없어요? 나: 미안해요. 오늘도 너무 ( ).
	①아파요　　　　②늦어요　　　　③바빠요　　　　④슬퍼요
53	가: 한국어는 언제부터 공부했어요? 나: 작년부터 ( ) 시작했어요.
	①다니기　　　②배우기　　　③물어보기　　　④준비하기
54	가: 오늘 집에 빨리 가요? 나: 네, 집에 ( ) 가요.
	①매일　　　　②모두　　　　③일찍　　　　④함께
55	가: 방이 정말 크네요. 나: 네. 이 방이 우리 기숙사에서 제일 ( ).
	①낮아요　　　②넓어요　　　③멀어요　　　④비싸요
56	가: 오늘 수업은 언제 마쳐요? 나: 오후 한 시에 ( )
	①끝나요　　　　②나와요　　　　③떠나요　　　　④모여요.
57	가: 어제 아주 바빴어요? 나: 네, ( ) 바빴어요.
	①같이　　　　②다시　　　　③가끔　　　　④매우
58	가: 경치가 참 예쁘네요. 나: 네, 정말 ( ).
	①즐거워요　　②시원해요　　③아름다워요　　④재미있어요
59	가: 소포를 언제 보냈어요? 나: 어제 ( ).
	①부쳤어요　　②넣었어요　　③모았어요　　④빌렸어요
60	가: 민수 씨는 안경을 써요? 나: 네, 안경을 ( ).
	①껴요　　　　②차요　　　　③받아요　　　　④입어요

61	가: 점심 때 뭘 시킬까요? 나: 비빔밥을 ( ). ①넣읍시다 ②받읍시다 ③요리합시다 ④주문합시다
62	가: 여기 강물이 참 깨끗하지요? 나: 네, 정말 ( ) ①맑아요 ②예뻐요 ③깊어요 ④차가워요
63	가: 제주도에 다시 한 번 가고 싶어요. 나: 그럼 다음에 ( )갈까요? ①또 ②꼭 ③조금 ④빨리
64	가: 고향에 돌아와서 기분이 좋지요? 나: 네, 정말 ( ). ①기뻐요 ②달아요 ③건강해요 ④조용해요
65	가: 영수 씨는 몇 시쯤 집에서 나갔어요? 나: 여섯 시쯤 ( ) ①살았어요 ②앉았어요 ③설명해요 ④출발해요.
66	가: 책상이 너무 무거워요. 나: 그렇지요? ( )무겁네요. ①더 ②항상 ③아주 ④바로
67	가: 여기에 이름을 적어요? 나, 네, 거기에 ( ) ①파세요 ②쓰세요 ③지우세요 ④잊으세요

━ 초급 문항 (3-4학년 27문항)

번호	문항
1	어제는 영수 씨의 생일이었어요. 그래서 선물을 했어요. ( ) ①봤어요 ②줬어요 ③받았어요 ④만들었어요
2	이사갈 집을 구하고 있는데 좋은 집이 있을 까요? ( ) ①갖고 ②들고 ③사고 ④찾고
3	은영 씨는 저보다 세 살이 어려요. ( ) ①길어요 ②짧아요 ③많아요 ④적어요
4	친구들이 다 여행을 갔어요. ( ) ①가끔 ②계속 ③정말 ④모두
5	그동안 잘 지냈어요? ( ) ①들었어요 ②만났어요 ③있었어요 ④보았어요.
6	취직 때문에 고민이 많아요. ( ) ①내용 ②느낌 ③걱정 ④경험
7	저 사람은 사람들이 많이 아는 배우예요. ( ) ①편리한 ②이상한 ③조용한 ④유명한

8	가: 저분이 하는 말을 알아들을 수 있어요? ( ) ①찾을 ②이해할 ③설명할 ④생각할
9	언니에게 전화를 걸었어요. ( ) ①갔어요 ②했어요 ③왔어요 ④받았어요
10	내일까지 할 일을 다 마치세요. ( ) ①잃어요 ②잊어요 ③끝내세요 ④끊으세요
11	수미 씨는 언제나 웃는 얼굴이에요. ( ) ①가끔 ②항상 ③자주 ④매우
12	가: 버스가 조금 전에 떠났어요? 나: 네, ( )갔어요. ①곧 ②방금 ③먼저 ④자주
13	가 : 수진 씨가 참 예쁘지요? 나 : 네, 수진 씨가 ( )예뻐요. ①다 ②아주 ③조금 ④언제나
14	가 : 배가 고프군요. 뭘 주문할까요? 나 : 냉면을 ( ). ①드립시다 ②받읍시다 ③찾읍시다 ④시킵시다
15	가 : 제가 부탁한 편지를 보냈어요? 나: 네, 오전에 ( ). ①부쳤어요 ②떠났어요 ③받았어요 ④만들었어요
16	가: 무슨 색깔 제일 좋아해요? 나: 파란색을 ( )좋아해요. ①조금 ②가장 ③별로 ④항상
17	가: 오늘 정말 재미있었어요. 나: 네, 저도 오늘 ( ). ①예뻤어요 ②화났어요 ③무서웠어요 ④즐거웠어요.
18	가: 기분이 아주 좋은 것 같아요. 나: 네, 어머니 편지를 받아서 기분이 ( )좋아요. ①일찍 ②전혀 ③매우 ④지금
19	가:수미 씨는 정말 친절하지요. 나:네,수미 씨는 ( )친절해요. ①다 ②참 ③같이 ④가장
20	가: 선생님 나중에 다시 올 까요? 나: 네, ( )오세요. ①먼저 ②아마 ③날마다 ④이따가
21	가: 언제 또 볼까요? 나: 금요일 저녁에 ( )봅시다. ①다시 ②가끔 ③잠깐 ④정말
22	가: 오늘 집에 빨리 가요? 나: 네, 집에 ( )가요. ①매일 ②모두 ③일찍 ④함께

23	가: 방이 정말 크네요. 나: 네. 이 방이 우리 기숙사에서 제일 ( ).
	①낮아요 ②넓어요 ③멀어요 ④비싸요
24	가: 오늘 수업은 언제 마쳐요? 나: 오후 한 시에 ( )
	①끝나요 ②나와요 ③떠나요 ④모여요.
25	가: 소포를 언제 보냈어요? 나: 어제 ( ).
	①부쳤어요 ②넣었어요 ③모았어요 ④빌렸어요
26	가: 점심 때 뭘 시킬까요? 나: 비빔밥을 ( ).
	①넣읍시다 ②받읍시다 ③요리합시다 ④주문합시다
27	가: 여기 강물이 참 깨끗하지요? 나: 네, 정말 ( )
	①맑아요 ②예뻐요 ③깊어요 ④차가워요

─ 중급 문항 (99문항)

번호	문항
1	우리 백화점은 친절과 봉사를 무엇보다도 강조한다. ( )
	①미리 ②가장 ③아직 ④갑자기
2	동생은 밤새도록 컴퓨터 게임을 했는지 몹시 피곤해 보였다. ( )
	①아침까지 ②저녁까지 ③밤낮 없이 ④하루 종일
3	건강을 위해 사람들은 운동을 하기도 하고 몸에 좋은 음식을 먹기도 한다. ( )
	①건강을 지키기 위해 ②건강을 자랑하기 위해
	③건강을 확인하기 위해 ④건강을 검사하기 위해
4	어려운 시기에 일을 맡게 되어서 어깨가 무겁다. ( )
	①부담이 많이 된다 ②할 일이 많이 있다
	③서로 도와주어야 한다 ④힘들지만 열심히 해야 한다
5	일주일 동안 같이 생활하면서 그새 친구들과 정이 들었는지 헤어지기 싫었다. ( )
	①서로 싸웠는지 ②서로 친해졌는지
	③마음에 들었는지 ④재미있게 지냈는지
6	우리는 이 책의 제목을 뭐라고 붙이면 좋을지 의견을 나누었다. ( )
	①고치면 ②바꾸면 ③지으면 ④찾아내면

7	시간이 늦어진 관계로 오늘은 이만하고 내일 다시 계속 합시다. ( ) ①남기고　　②끝내고　　③연기하고　　　④포기하고
8	우유는 계란과 마찬가지로 영양이 풍부한 식품이다. ( ) ①달리　　　　　②같이　　　　③저절로　　　④반대로
9	해외 경제학자에 따르면 한국 경제는 당분간 전망이 밝다고 한다. ①예측하기 어렵다　　　　　②미래가 불투명하다 ③장래가 부정적이다　　　　④앞날이 희망적이다
10	내일이 어려우시면 선생님께서 편하게 만나실 수 있는 시간을 다시 알려 주세요. ( ) 　①약하시면　　②곤란하시면　　③불쌍하시면　　④피곤하시면
11	어릴 때 살던 곳에 가 봤는데 너무 많이 변해서 다른 동네인 것 같았어 요. ( ) 　①커져서　　　②바뀌어서　　③발전해서　　　④복잡해져서
12	여러분에게 한 약속은 틀림없이 지키겠습니다. ( ) 　①반드시　　　②뜻밖에　　　③여전히　　　④저절로
13	감기 때문에 입맛이 없어서 아무것도 먹고 싶지 않아요. ( ) 　①솜씨　　　②식욕　　　③양념　　　④재료
14	가짜가 진짜와 너무 비슷해서 구별하기가 힘들다. ( ) 　①분명해서　　②적당해서　　③유사해서　　④확실해서
15	그 분은 나이보다 젊어 보여서 외모만 보고는 나이를 짐작하기 어렵다. ( ) 　①추측하기　　②전망하기　　③일치하기　　④비교하기
16	어렸을 때 나쁜 버릇을 안 고치면 어른이 된 후에도 고치기 어렵다. ( ) 　①습관　　②취미　　　③특기　　　④책임
17	부자들 중에는 알뜰한 사람이 많다. ( ) ①돈을 못 버는　　　　　　②돈을 잘 버는 ③돈을 잘 쓰는　　　　　　④돈을 아껴 쓰는
18	초대장을 이미 다 보냈기 때문에 이제는 모임의 날짜를 바꿀 수 없다. ( ) 　①아직　　②바로　　　③벌써　　　④잠깐
19	그는 가난한 노인을 도우면서 살기로 마음 먹었다. ( ) 　①결심했다　　②약속했다　　③노력했다　　④연락했다
20	그 신입 사원은 수출과 관련된 업무를 맡을 예정이다. ( ) 　①출근할　　②제출할　　　③담당할　　　④입사할

21	모든 병은 인내심을 갖고 꾸준히 치료해야 효과를 볼 수 있다. ( )
	①융통성　　　②사교성　　　③적극성　　　④참을성
22	그는 한 번만 눈감아 주면 다시는 그렇게 하지 않겠다고 했다. ( )
	① 눈을 깜박여 주면　　　　　②모르는 체해 주면
	③관심을 가져 주면　　　　　④시력 검사를 받으면
23	오랜만에 떠나는 외국 여행이어서 가슴이 부풀어 있었다. ( )
	①두려워하고 있었다　　　　　②준비를 하고 있었다
	③기대에 가득 차 있었다　　　　④피로를 느끼고 있었다
24	예정보다 회의 시간이 많이 늦어졌습니다. ( )
	①결정　　　②예약　　　③계획　　　④소식
25	사무실 문이 잘 안 열려요. 얼른 수리해야겠어요. ( )
	①닫아야겠어요　②바꿔야겠어요　③잠가야겠어요　④고쳐야겠어요
26	이 할머니께서는 이곳에서 30년 동안 쭉 장사를 해 오셨습니다. ( )
	① 바로　　②겨우　　③계속　　④그만
27	어머니의 얼굴을 보니 뭔가 나쁜 일이 있는 것이 틀림없다. ( )
	①가능하다　　②뚜렷하다　　③분명하다　　④적당하다
28	집에 비행기 표를 두고 나와서 다시 갔다 왔다. ( )
	①사고　　②놓고　　③빌리고　　④버리고
29	그 가수는 인기가 매우 많아서 몸이 열 개라도 모자란다. ( )
	①고생한다　　②만족한다　　③부족하다　　④한가하다
30	등산을 하면 맑은 공기를 마음껏 마실 수 있다. ( )
	①실컷　　②힘껏　　③그대로　　④골고루
31	아버지께서 타시던 헌 자전거를 고치니 새 자전거가 되었다. ( )
	①준비하니　②정리하니　③전달하니　④수리하니
32	행사를 시작하기 전에 우선 안내 말씀을 드리겠습니다. ( )
	①처음　　②대신　　③먼저　　④바로
33	일이 잘 해결되었으니 이제 더 이상 염려하지 마세요. ( )
	①고생하지　②걱정하지　③결심하지　④생각하지
34	'쿵'하는 소리에 우리는 깜짝 놀라 하던 일을 중단하고 밖으로 뛰어나갔다. ( )
	①남기고　　②멈추고　　③마무리하고　　④내버려두고

35	무더위가 계속되면서 전기 소비량이 늘어나고 있습니다. ( ) ①감소하고　②감량하고　③증가하고　④증량하고
36	만약의 경우를 위해 다른 방법도 마련해야 한다. ( ) ①준비해야　②예상해야　③발견해야　④선택해야
37	오늘은 하루 종일 기침이 났다. 게다가 열도 많이 나서 일을 할 수 없었다. ( ) ①가끔　②당장　③뜻밖에　④더구나
38	갑작스러운 사고로 인해 행사를 다음 주로 미루었다. ( ) ①이동했다　②연기했다　③연장했다　④취소했다
39	회의할 때는 자기의 생각을 분명하게 말하는 것이 좋다. ( ) ①신중하게　②까다롭게　③확실하게　④자유롭게
40	지금까지의 훈련 태도를 볼 때 우리 팀이 반드시 이길 것이다. ( ) ①쉽게　②언제나　③마음대로　④틀림없이
41	어렸을 때는 아무것도 아닌 일로 친구와 다투기도 했어요. ( ) ①싸우기도　②사귀기도　③헤어지기도　④고민하기도
42	급한 일만 끝나면 주말에는 여유 있게 시간을 보낼 수 있다. ( ) ①완벽하게　②느긋하게　③자유롭게　④편안하게
43	저렇게 아프면서도 울지 않는 걸 보니 참을성이 강한 것 같다. ( ) ①책임감　②자신감　③인내심　④호기심
44	오래동안 사귄 친구들을 떠날 생각을 하니까 섭섭하다. ( ) ①우울하다　②부끄럽다　③서운하다　④답답하다
45	자동차 소리가 이상해요. 바로 고치지 않으면 큰일 나겠어요. ( ) ①우선　②이미　③방금　④당장
46	죄송하지만 저희 상담소에서는 그런 문제는 다루지 않았습니다. ( ) ①의심하지　②발생하지　③인정하지　④처리하지
47	현재의 위기에서 벗어나기 위해서는 긍정적인 태도를 가져야 한다. ( ) ①여유　②자세　③상태　④과정
48	이번 대회에서 이기기 위해 모두 최선을 다하기로 마음먹었다. ( ) ①계획했다　②양보했다　③결심했다　④정해졌다
49	예전보다 진한 색 자동차를 선택하는 사람들이 줄고 있다. ( ) ①짙은　②고운　③굵은　④깊은

50	설이나 추석 명절의 의미는 현재까지 변함없이 이어지고 있다. ( ) ①반드시　　②살며시　　③그대로　　　④언제가
51	인구 감소로 인해 여러 가지 사회 문제가 발생할 것이라는 예측이 계속해서 나오고 있다. ( ) ①결론　　　　②비판　　　　③이론　　　　　④전망
52	그 사람은 자기 딸이 귀국했다는 소식을 듣고 얼굴 빛이 밝아졌다. ( ) ①표정　　　②행동　　　　③기분　　　　④희망
53	맡은 업무 이외의 일들에는 별로 신경을 쓰지 않아도 된다. ( ) ①이미　　②제법　　　③그다지　　　④오히려
54	이번 계약을 성사시키지 못하면 그 동안의 노력들이 다 소용없는 일이 된다. ( ) ①끊임없는　②쓸모없는　　③틀림없는　　　④상관없는
55	규모가 작은 기업으로서는 현재의 경제적 상황을 참아 내기 힘들 것이다. ( ) ① 막아　　②견뎌　　　③이겨　　　　④풀어
56	내가 선생님께 거짓말을 했다는 것을 친구가 알게 되어 무척 창피했다. ( ) ①괴로웠다　②안타까웠다　③부끄러웠다　④걱정스러웠다
57	토론을 시작하기 전에 자기 생각을 간단히 정리해 보는 것이 좋다. ( ) ①실력　　②기억　　③소원　　④의견
58	행사관계자는 갑작스러운 폭우로 공연을 연기할 수 밖에 없었다. ( ) ①돌릴　　②미룰　　③진행할　　④그만둘
59	최근 경제 상황이 좋아지면서 취업률이 점차 높아지고 있다. ( ) ①마침　　②도로　　③대충　　④차츰
60	이번 행사는 일자리를 구하려는 대학생들에게 인기가 있었다. ( ) ①조언　　②직장　　③능력　　④취직
61	태풍이 와서 바람이 강하게 불고 있다. ( ) ①세게　　②급하게　　③이상하게　　④시원하게
62	지휘자가 인사를 하는 동안 관객들은 계속 박수를 쳤다. ( ) ①전부　　②금방　　③내내　　④겨우
63	회의장 규모가 작으니까 마이크 소리를 줄여 주십시오. ( ) ①질러　　②낮춰　　③키워　　④막아

64	잘 팔리는 것을 보니까 그 소설은 재미있는 것이 틀림없다. ( ) ①특별하다　②당연하다　③정확하다　④확실하다
65	나는 끈을 매는 것이 귀찮아서 끈없는 운동화를 신는다. ( ) ①묶는　　②차는　　③감는　　④끼는
66	창문 사이로 차가운 바람이 들어왔다. ( ) ①속　　②틈　　③밑　　④쪽
67	선수들의 피나는 노력으로 마침내 우승이라는 꿈을 이루었다. ( ) ①제대로　②뜻밖에　③오히려　④드디어
68	직장에서 성공하려면 먼저 자신의 실력부터 길러야 한다. ( ) ①우선　　②각자　　③특히　　④바로
69	어렸을 때 생긴 나쁜 습관은 나이가 들어도 쉽게 고치기 어렵다. ( ) ①질병　　②기억　　③버릇　　④방법
70	외국에서 혼자 생활하면서 가족의 소중함을 알게 되었다. ( ) ①나누게　②깨닫게　③나타내게　④알아듣게
71	주택가 골목길에는 차를 세울 수 있는 공간이 넉넉하지 않다. ( ) ①댈　　②뺄　　③막을　　④내릴
72	박물관을 찾은 사람들은 대부분 외국에서 온 관광객들이었다. ( ) ①가끔　②혹시　③거의　④별로
73	아파트에서 동물을 키우면 이웃에게 피해를 줄 수 있다. ( ) ①구하면　②아끼면　③맡기면　④기르면
74	친한 사이라도 심한 농담을 하면 관계가 나빠질 수 있다. ( ) ①뻔한　　②거친　　③지나친　　④답답한
75	그는 사람들의 다양한 생김새를 정확하게 그려 냈다. ( ) ①모습　　②바탕　　③무늬　　④자취
76	인천으로 가는 공항버스가 막 도착했다. ( ) ①이미　　②방금　　③아까　　④끝내
77	문제가 생기면 걱정만 하기보다는 빨리 해결 방법을 찾는 게 낫다. ( ) ①연구　②예상　③고민　④기대
78	회사 측은 기숙사를 지어 달라는 직원들의 요구를 받아들였다. ( ) ①이끌었다　②멈추었다　③들어주었다　④알아들었다
79	이 그림을 이번 대회에서 가장 훌륭한 작품으로 뽑았다. ( ) ①뛰어난　②새로운　③색다른　④올바른

80	투표를 하러 온 사람들이 줄을 서서 자기 차례를 기다리고 있다. ( ) ①위치　　　②순서　　　③결과　　　④단계
81	과학의 발달로 세상이 빠르게 바뀌면서 사람들의 삶도 많이 달라졌다. ( ) ①달리면서　②지나면서　　③향하면서　　④변하면서
82	작은 상처라고 해서 쉽게 보아서는 안 된다. ( ) ①가볍게　　②바르게　　③낯설게　　④흔하게
83	그는 어떠한 일이 있어도 결코 고객과의 약속을 어기는 법이 없다. ( ) ①좀처럼　　②적어도　　③절대로　　④당연히
84	이 고기는 아주 연해서 누구나 먹기 좋을 것 같다. ( ) ①약해서　②익숙해서　③가벼워서　④부드러워서
85	창고에 물건이 잔뜩 쌓여 있어서 안으로 들어갈 수가 없었다. ( ) ①내내　②가득　　③더욱　　④살짝
86	활짝 핀 꽃을 보니 그동안 정성으로 키운 보람이 느껴진다. ( ) ①가꾼　②채운　　③담은　　④이룬
87	그는 사람을 웃기는 능력이 있어서 친구들 사이에서 인기가 많다. ( ) ①개성　②재주　　③적성　　④흥미
88	그는 언제나 형편이 어려운 이웃을 따뜻하게 보살펴 준다. ( ) ①붙잡아　②일으켜　　③돌보아　　④이끌어
89	같은 사무실에서 일하게 되면서 두 사람의 사이가 좋아졌다. ( ) ①관계　②심리　　③정도　　④태도
90	지하실은 햇빛이 전혀 들지 않아서 낮에도 캄캄했다. ( ) ①조용했다　②위험했다　　③어두웠다　　④차가웠다
91	보는 사람이 없다고 쓰레기를 함부로 버리면 안 된다. ( ) ①몹시　②금방　　③무척　　④마구
92	일을 끝내고 오랜만에 책상 위를 깨끗하게 치웠다. ( ) ①고쳤다　②씻었다　　③마련했다　　④정리했다
93	장사가 잘 안 돼서 부모님이 무척 힘들어 하셨다. ( ) ①얼른　②몹시　　③자꾸　　④괜히
94	국가의 앞날은 자라나는 아이들에 달려 있다. ( ) ①발견　②현실　　③장래　　④변화
95	선생님은 학생들을 옳은 길로 이끌어 주려고 노력한다. ( ) ①바른　②낯선　　③새로운　　④아쉬운

96	요즘은 휴대 전화를 이용해서 길을 찾는 사람들이 많다. ( )
	①써서　　　　　　②퍼서　　　　　　③열어서　　　　　　④들어서
97	인터넷에 나와 있는 정보가 가끔 맞지 않는 경우도 있다. ( )
	①꽤　　　　　　②흔히　　　　　　③자주　　　　　　④때때로
98	극장에 들어가면 먼저 자리부터 확인해야 한다. ( )
	①실내　　　　　　②계단　　　　　　③장소　　　　　　④좌석
99	시청에서는 내년까지 오래된 아파트를 철거하기로 했다. ( )
	①낡은　　　　　　②깊은　　　　　　③불편한　　　　　　④평범한

－ 고급 문항(55문항)

번호	문항
1	그의 역량을 고려할 때, 주문 받은 작품을 기한 내에 만들어 내는 것은 그다지 어렵지 않을 것이다. ( )
	①매우　　　　②솔직히　　　　③정도껏　　　　④그렇게까지
2	어려서부터 무엇 하나 아쉬울 것 없이 살아 온 그였지만, 다른 사람의 마음을 사는 일만큼은 자신의 뜻대로 되지 않았다. ( )
	①어긋남 없이②모자람 없이 ③더할 나위 없이 ④안타까운 것 없이
3	학생들은 선배가 제시해 준 자료를 바탕으로 글쓰기 연습을 하여, 보고서를 훨씬 더 수월하게 작성할 수 있었다. ( )
	①손쉽게　　　　②평범하게　　　　③과감하게　　　　④지속적으로
4	이번 구조 조정이 성공적으로 마무리되면 우리 회사는 유통 구조도 개선하고 노동 생산성도 높일 수 있다. 한 마디로 일거양득의 효과를 보는 셈이다. ( )
	①대동소이　　　　②사필귀정　　　　③일석이조　　　　④이심전심
5	이번 청문회에서 의원들은 불을 뿜는 것처럼 열기가 확확 쏟아지는 말을 일사천리로 쏟아 놓았다. ( )
	①거세게　　　　②거침없이　　　　③소신대로　　　　④차분하게
6	갑자기 따귀를 얻어맞은 그는 어안이 벙벙한 얼굴로 아내를 쳐다보았다. 워낙 졸지에 벌어진 일이라 식구들도 모두 깜짝 놀란 표정이었다. ( )
	①어설픈　　　　②어수룩한　　　　③어쭙잖은　　　　④어리둥절한

7	화가 날 때 덮어놓고 화를 내는 것도, 그렇다고 덮어놓고 화를 참는 것도 좋지 않다. 이럴 때에는 적절한 방법으로 화를 풀어 주는 것이 좋다. ( ) ①당장　　　　②심지어　　　　③가급적　　　　④무턱대고
8	주식 투자를 하려면 무엇보다도 경제의 흐름을 잘 파악해야 하므로 오늘부터 경제신문을 구독하기로 했다. ( ) ①동향　　　　②유형　　　　③추진　　　　④변경
9	물건을 팔 때만 친절한 모습을 보이고 그 뒤에 소비자들이 겪는 불편은 나 몰라라 하는 태도는 바람직하지 않다. ( ) ①침해하는　　②외면하는　　　③납득하는　　　④제외하는
10	현재와 같은 상황에서 아파트 공급만 확대하는 것은 미분양 현상을 더욱 부채질해 오히려 경제에 악영향을 끼칠 수 있다. ( ) ①부추겨서　②증축해서　　③부풀려서　　④증진해서
11	기존 항공료보다 절반 이상 값을 깎아 주는 항공사들이 속속 등장하면서 기존의 업체들까지 울며 겨자 먹기 식으로 할인 경쟁에 나서고 있다. ( ) ①가까스로　　②자그마치　　③아랑곳없이　　④마지못해
12	청소년 한마당에서는 참가한 모든 청소년들이 모처럼 일상을 벗어나 즐거운 시간을 보내도록 할 계획이다. ( ) ①결코　　　　②일단　　　　③가급적　　　　④오래간만에
13	강도 사건이 잇따라 발생해 경찰이 수사에 나섰지만 아직 사건의 실마리를 찾지 못하고 있다. ( ) ①단서　　　　②원리　　　　③요구　　　　④이유
14	김영수 씨는 자신의 글에서 현대 사회의 부도덕성을 날카롭게 꼬집었다. ( ) ①지적했다　②추구했다　　③수정했다　　④비유했다
15	날씨도 덥고 하루 종일 일도 많았기 때문인지 집에 돌아왔을 때는 몸이 파김치가 되었다. ( ) ①매우 지쳤다　　　　　　　　②무척 가뿐해졌다 ③아주 예민해졌다　　　　　　④완전히 마비되었다

16	어려운 사람들을 위해 봉사와 헌신의 삶을 살았던 슈바이처 박사는 삭막하고 이기적인 오늘을 사는 우리들이 거울로 삼을 만한 분이다. ( ) ①반성　②사례　③표준　④본보기
17	지난달 미국에서 열린 한인 음악 대축제에 스무 개 팀이 참가해 불꽃 튀는 경쟁을 벌였다. ( ) ①화려한　②거대한　③치열한　④엄격한
18	오늘은 공원을 산책하기에 가장 좋은 날씨이다. ( ) ①하는 수 없이　②어쩔 수 없이 ③더할 나위 없이　④두 말할 나위 없이
19	대단찮은 선물이지만 정성껏 준비했으니 꼭 받아 주십시오. ( ) ①변변찮은　②변치 않는　③만만치 않은　④수월치 않은
20	그 사람은 아침 8시가 되면 반드시 학교 앞에 나타나 학생들의 등굣길을 지킨다. ( ) ①기필코　②이따금　③잇달아　④어김없이
21	이번에 맡은 일은 내 공부도 되고 돈도 벌 수 있는 일이니 꿩 먹고 알 먹기 라고 할 수 있지. ( ) ①궁여지책　②일석이조　③약육강식　④어부지리
22	궁지에 몰린 나는 지푸라기라도 잡는 심정으로 평소 친하게 지내던 선배들에게 전화를 걸었다. ( ) ①절박한　②철저한　③소박한　④만만한
23	과거가 고스란히 보존되어 있는 고대 도시에서의 여행은 정말 꿈만 같았다. ( ) ①점차로　②영원히　③그대로　④희미하게
24	한국에서는 결혼식을 한 후 '폐백'을 드리는데, 이것은 예전에 신부 집에서 혼례를 올린 후 시댁의 시부모님께 인사 드리던 풍습에서 기원하였다. ( ) ①유래하였다　②유도하였다　③기술하였다　④전수하였다
25	전통 사찰인 해동사에서 발생한 화재의 원인을 조사 중인 경찰은 빈틈없는 수사를 통해 문화재를 불태운 범인을 반드시 체포할 것이라고 밝혔다. ( ) ①신중한　②당당한　③성실한　④철저한

26	큰 부상으로 더 이상 재기가 어렵다는 판정을 받았음에도 불구하고 그 선수는 부단한 노력 끝에 우승을 차지했다. ( ) ①헛된　　　　②온갖　　　　③적잖은　　　　④끈질긴
27	물가가 오른다고 해서 마구잡이로 물건을 사들이는 태도는 지양해야 한다. ( ) ①아쉬운 대로　②이로운 대로　③닥치는 대로　　④틈나는 대로
28	우리 팀의 승리가 나에게 달렸다고 생각하니 어깨가 무거웠다. ( ) ①능청스러웠다　②유난스러웠다　③부담스러웠다　④고통스러웠다.
29	아무것도 먹고 싶지 않았는데 주위에서 자꾸 권하는 바람에 억지로 조금 먹는 시늉을 했다. ( ) ①의외로　　　　②무조건　　　　③빠짐없이　　　④마지못해
30	집에 다다를 무려 급작스레 퍼붓기 시작한 소나기 때문에 옷이 흠뻑 젖고 말았다. ( ) ①아낌없이　　　②난데없이　　　③어이없이　　　④하염없이
31	회사 사정이 좀처럼 나아지지 않아서 김 사장은 직원들 월급 줄 일로 마음이 무거웠다. ( ) ①허용되지　　　②호전되지　　　③보완되지　　　④개방되지
32	그 사람은 일이 잘 안 풀리면 까닭 없이 주위사람들에게 신경질적인 반응을 보인다. ( ) ①공연히　　　　②도리어　　　　③제멋대로　　　④난데없이
33	올해는 취업 준비생들이 금융 관련 분야를 선호하는 분위기가 뚜렷해 지고 있다. ( ) ①솟구치고　②되풀이되고　③머뭇거리고　　④두드러지고
34	김대리는 소규모 점포를 대상으로 영업하던 경험을 살려 판매 전략 회의를 이끌었다. ( ) ①수립하였다　②주도하였다　③반영하였다　　④보완하였다
35	겨울 바람이 부는 텅 빈거리를 혼자 걷다 보면 그녀 생각에 끊임없이 눈물만 흐른다. ( ) ①하염없이　②손색없이　　③거침없이　　④형편없이
36	김과장은 그간 해외에서 쌓은 경험을 토대로 하여 새로운 시장 관리 방식을 도입할 계획이다. ( ) ①디딤돌　　　②뒷받침　　　③지렛대　　　　④밑거름

37	이 책에는 저자가 직접 찍은 사진들과 함께 여행 중에 겪은 소소한 이야기들이 꾸밈없이 담겨져 있다. ( ) ①어설픈　　　②자잘한　　③가지런한　　　　④까다로운
38	여 년 동안 변함없이 보여준 진실성과 지적인 이미지 덕분에 그는 뉴스 진행자로서의 명성을 이어 올 수 있었다. ( ) ①꾸밈없이　　②꼼짝없이　　③불현 듯이　　　④한결같이
39	자녀가 잘못을 저질렀을 때 무조건 혼내기보다 스스로 뉘우칠 기회를 주는 것이 바람직하다. ( ) ①따돌리기보다　②타이르기보다　③나무라기보다　④쓰다듬기보다
40	한때는 절친한 친구였는데 사소한 다툼 이후로 어색한 사이가 되어 버렸다. ( ) ①어설픈　　②서먹한　③못마땅한　④애처로운
41	노사 협상에 방해가 되었던 임금 인상 문제가 원만하게 해결되면서 양측은 곧 협상을 마무리 지을 예정이다. ( ) ①본보기　　　　②실마리　　　　③걸림돌　　　　④밑바탕
42	얼마 전 막을 내린 '세계 인형극 축제'의 입장객 수가 10만 명에 달하는 것으로 집계되었다. ( ) ①머무는　　　②뒤지는　　　③이르는　　　　④올라서는
43	그 요리사는 평범한 재료를 이용해 최고급 음식을 만들어 내는 뛰어난 능력을 가지고 있다. ( ) ①특이한　　　②범상한　　　③탁월한　　　　④풍부한
44	환경론자들이 제기한 친환경 정책 방향의 문제점에 대해 정부가 마침내 입장을 밝혔다. ( ) ①표명했다　②주도했다　　③진단했다　　　④개발했다
45	그는 방송사의 잘못된 프로그램 제작 관행에 대한 거리낌 없는 비판으로 시청자들의 주목을 받았다. ( ) ①어김없는　②다름없는　③쓸데없는　　④거침없는
46	고객 센터에서는 담당자가 부재중이라는 말만 반복할 뿐 제품 교환 여부에 대해서는 확답을 피했다. ( ) ①내뱉을　　②앞세울　　③늘어놓을　　④되풀이할

47	동료들과 인사를 나누지도 못하고 갑자기 고향에 돌아가게 되어 못내 섭섭했다. ( ) ①지겨웠다　　②서운했다　　③떳떳했다　　④얄미웠다
48	이웃들과 나누어 먹기 위해서 올해는 예년에 비해 김장을 여유 있게 담갔다. ( ) ①넉넉하게　　②조촐하게　　③아담하게　　④풍부하게
49	신제품 설명회를 계획대로 진행하려면 제품 개발 일정에 문제가 생기지 않도록 관리를 해야 한다. ( ) ①확대하려면　　②제작하려면　　③추진하려면　　④지적하려면
50	화재 발생 시 가장 중요한 것은 당황하지 않고 차분하게 건물을 빠져나가는 것이다. ( ) ①명확하게　　②침착하게　　③정직하게　　④심각하게
51	의사들은 심장 질환이 급격히 증가한 원인으로 현대인의 식사 습관을 든다. ( ) ①기른다　　②꼽는다　　③들인다　　④빼낸다
52	김 의원의 시장 선거 출마 선언이 끝나자마자 기자들의 날카로운 질문이 쏟아졌다. ( ) ①예리한　　②선명한　　③신속한　　④적절한
53	자녀에게 의지하지 않기 위해서 은퇴 후 재취업을 준비하는 노년층이 늘고 있다. ( ) ①이르지　　②기대지　　③뒤지지　　④끌리지
54	토론을 할 때에는 적절한 근거를 들어 자신의 주장을 뚜렷하게 드러내야 한다. ( ) ①유사하게　　②신중하게　　③명확하게　　④적합하게
55	햇빛을 오래 쬐면 피부에 나쁜 영향을 미치므로 햇빛이 강한 날에는 외출을 삼가는 것이 좋다. ( ) ①끼치므로　　②묻히므로　　③숨기므로　　④씌우므로